假如给我三天光明

[美]凯勒 著
王伟 译

全译本

吉林出版集团有限责任公司

图书在版编目（CIP）数据

假如给我三天光明／（美）凯勒著；王伟译． -- 2版． -- 长春：吉林出版集团有限责任公司，2015.5
（博文全本经典名著系列）
ISBN 978-7-5534-7543-1

Ⅰ．①假… Ⅱ．①凯… ②王… Ⅲ．①凯勒，H.（1880~1968）—自传 Ⅳ．①K837.127=533

中国版本图书馆 CIP 数据核字（2015）第 117058 号

JIARU GEI WO SANTIAN GUANGMING
假 如 给 我 三 天 光 明

著　者：【美】凯勒
译　者：王　伟
责任编辑：沈丽娟　宁梓茜
封面设计：唐韵设计
开　本：710mm×1000mm　1/16
字　数：220 千字
印　张：15
版　次：2015 年 8 月第 2 版
印　次：2015 年 8 月第 1 次印刷
出　版：吉林出版集团有限责任公司
发　行：吉林出版集团外语教育有限公司
地　址：长春市泰来街 1825 号
　　　　邮编：130011
电　话：总编办：0431-86012683
印　刷：北京天宇万达印刷有限公司

ISBN 978-7-5534-7543-1　　　　定价：22.80 元

前 言

　　国际阅读学会在总结阅读对于人类最大益处的时候，曾经做过一份报告，报告指出，阅读能力的高低，直接影响到一个国家和民族的未来。因此，世界很多国家把阅读作为重要的国家战略，用尽各种办法推动全民阅读。最近几年，我国在国家领导人以及社会各界的倡导下，全民阅读问题已经引起广泛的重视。通过举办"全民阅读活动"，在全国上下形成一个全民读书的良好社会风尚。通过读书，通过学习，进一步提高全民的文化素质。

　　世界文学名著是全世界各民族文化与历史的浓缩，也是全人类智慧的结晶，他作为人类非物质文化遗产的一个重要组成部分，对世界各国文化的交流、传承起着桥梁和纽带的作用。他开启心智、陶冶性情、增长智慧、提升素养。

　　可见，对世界文学名著的阅读是同学们成长过程中不可或缺的一部分。为此，教育部制定了《全日制义务教育语文课程标准》和《普通高中语文课程标准》，对中学生语文课外阅读做了相当明确的规定，并指定和推荐了具体的课外阅读书目。旨在培养学生的人文素养和科学素养，拥有创新精神；培养阅读理解与表达交流在内的多方面的基本能力。结合当前国际、国内形势，根据新的课程改革精神和理念，我们特别邀请了国内教育界权威专家及众多中小学语文特级教师，严格遵循"新课标"的精神编写了本套《博文全本经典名著系列丛书》。

　　《博文全本经典名著系列丛书》特点：

　　一、篇目经典

　　本丛书所选篇目均为"新课标"推荐阅读书目，既有世界文学名著、中国传统文化，又有红色经典阅读篇目。

二、版本权威

本丛书保持作品的完整性，内容无丝毫删减，确保作品的原貌。难懂字句加注了拼音及解释，方便阅读与理解。

三、名家译注

本丛书均由知名翻译家精心翻译，保持了作品语言风格的准确性。

四、印装精美

本套书采用绿色环保印刷，封面运用特殊工艺，既美观又保护视力。

总而言之，本套丛书能够增长你的智慧和知识，有利于世界文化的传承和发扬。衷心希望本套丛书成为你喜爱阅读、乐于接受、可以引用的课外读物；成为你的良师益友。

编　者

目　录

第一章　光明与声音···001
第二章　不一样的童年，一样的快乐··006
第三章　寻求希望之光···012
第四章　走出黑暗···015
第五章　领悟到大自然···018
第六章　爱的真谛···021
第七章　畅游在知识的海洋··024
第八章　欢度圣诞节··030
第九章　波士顿之旅··032
第十章　大海之歌···035
第十一章　山间秋季··037
第十二章　洁白的冰雪世界··041
第十三章　开口说话··043
第十四章　《霜王》风波···047
第十五章　参观世界博览会··054
第十六章　学习拉丁语···058
第十七章　纽约的学习生活··060
第十八章　剑桥女子中学纪事···062
第十九章　备考大学··066
第二十章　大学生活··070
第二十一章　爱书如命···073
第二十二章　多姿多彩的生活···082

第二十三章　温馨友情……………………………………………090
代后记　假如给我三天光明………………………………………096
少女书信（1887—1901）…………………………………………107
莎莉文教育手记……………………………………………………191

第一章　光明与声音

我是怀着诚惶诚恐的心情开始写这本回忆录的。可以说，我的童年犹如被笼罩在一层金色雾霭之中，当我把这层薄幕撩开时，我感到一种无端的犹豫和踌躇。撰写自传是一项很艰难的工作，当我试图通过回忆梳理童年时期的印象的时候，我发现时过境迁，事实和想象搅混在一起，变得相像而难以辨别。女人们通常凭借想象来描述自己的童年经历。在我生命的最初时光，有些印象显得分外鲜活而生动，然而，其余的部分却模糊不清。况且，童年时代的许多欢乐和悲伤大都成为前尘往事，早已被淡忘了，而我早期接受教育过程中的好些极其重要的事情，也被后来发生的一些更加激动人心的事件冲淡了。因此，为了避免冗长乏味，在写作的过程中，我尽力把那些在我看来最有趣和最重要的情节呈现出来。

美国的亚拉巴马州的北部有一个叫做图斯康比亚的小镇，这里位置偏僻但是风光迷人。我的祖先在这里买了土地后，整个家族就定居了下来。1880年6月27日，我就出生在这里。

我的祖先是瑞典人，来自卡斯帕·凯勒家族。他们移民美国后住在马里兰州，而后才移居到图斯康比亚。我有一位祖先曾是苏黎世聋哑学校的教育专家，他写过一本有关聋哑教育的书，谁能料到他竟然会有一个像我这样又盲又聋又哑的后人呢？每当想起这些我都会情不自禁地感慨：世事无常，命运真是无法预知啊！

我的祖父，也就是卡斯帕·凯勒的儿子，来到亚拉巴马州后，购买了土地并最终在此定居，从此，我们这个家族就在这里繁衍生息。我从家人那里得知，当时的图斯康比亚镇是一个偏僻的地方，因此祖父每年都要骑马从图斯康比亚出发，前往760英里以外的费城，购置家里和种植园所需的用品、农具、肥料和种子等。每次在去费城的途中，祖父都会写信给家里报平安。直到今日，姑母还收藏着祖父当时写的许多信件。祖父的文笔很好，他对旅途中迷人景观的生动描写，对沿途所见的人和事的清楚描述，让阅读的人感觉像读历险小说一样，总是那么引人遐想，令人百读不厌。因此，多年以后，子孙们仍喜欢再三地翻看祖父写的那些书信。

我祖母的父亲叫亚历山大·穆尔，是一个侍从武官，爷爷叫亚历山大·斯鲍茨伍德，曾是弗吉尼亚州最早的殖民总督。此外，祖母还是罗伯特·李将军的二表妹。

我的父亲叫亚瑟·凯勒，在南北战争中曾担任过南军上尉，我的母亲凯特·亚当斯是他的第二个妻子，小父亲好几岁。母亲的祖父叫本杰明·亚当斯，他娶了苏姗娜·古德休为妻，在马萨诸塞州的纽伯里居住了很多年。他们的儿子查尔斯·亚当斯就出生在那里，后来他们搬到了阿肯色州的海伦娜。南北战争爆发后，舅舅代表南军参战，后来官至准将军衔。他娶了露西·海伦·埃弗里特为妻，露西同爱德华·埃弗里特和爱德华·埃弗里特·黑尔博士同宗同门。战争结束后，夫妻俩搬到了田纳西州的孟菲斯居住。

在疾病夺去我的视觉和听觉之前，我们一直住在一个狭小的房子里，它由一个正方形的大房间和一个供仆人住的小房间构成。这源自南方人的习俗，他们习惯于挨着宅第加盖一间附属的小房子，以备急需之用。南北战争结束之后，父亲也盖了一所这样的屋子，他和我母亲结婚后就住在那里。小屋被葡萄藤、蔷薇和金银花覆盖着，从远处望去，像是一个美丽的凉亭。小阳台也被满眼的黄玫瑰和茯苓花所遮蔽，成了蜂雀和蜜蜂的乐园。

祖父和祖母的老宅距我们家的玫瑰小凉亭只有几步之遥，由于我们家的房子掩映在茂密的树丛中，又被美丽的英格兰常春藤缠绕覆盖，因此邻居都称它为"常春藤绿地"，这里有我美丽的童年记忆，是我儿时的乐园。

在我的家庭老师——莎莉文小姐到来之前，我常常独自一人沿着方形的黄杨木树篱摸索前行，凭着灵敏的嗅觉，很快就能找到那些刚刚绽放的紫罗兰和百合花，呼吸那沁人心脾的芬芳。心情不好的时候，我也会来到这里寻求慰藉，把自己炙热的脸颊埋进凉气沁人的树叶和草丛之中，让烦躁的心绪平静下来。每当置身于绿色花园,我都会有一种心旷神怡的感觉。我会伸出手摸来摸去,有时触摸到一根枝条,根据花瓣和叶子的形状,我就能分辨出那是荫庇着花园深处的那个摇摇欲坠的凉亭上的藤蔓。这儿还有悠然地在地上匍匐着的卷须藤;有花瓣如羞涩低垂而且香气沁人的茉莉,还有一种罕见的花朵——蝴蝶荷,因它娇嫩的花瓣和蝴蝶翅膀相似的外形而得名。不过最美的还是那些蔷薇花,在北方的温室里,很少能见到长势如此繁茂的爬藤蔷薇,它到处攀爬,一长串一长串地倒挂在阳台上,散发着沁人心脾的芳香,丝毫没有尘土的浊气。每天清晨,它上面沾着亮闪闪的露珠,摸上去柔润而滑爽,使人陶醉,让人禁不住神思遐想,上帝御花园里的日光兰恐怕也不过如此吧!

和诸多弱小的生命一样,我生命的伊始简单而平凡,周围的一切都充满了新奇。一个家庭里第一个孩子的名字往往马虎不得,为了给我起好名字,家人都绞尽脑汁,每个人都认为自己想出来的名字才最有意义。父亲非常希望能以他最尊敬的一位祖先米德尔·坎贝尔作为我的名字,对于这个名字,父亲拒绝做进一步的商榷。而母亲则认为应该用外祖母少女时代的名字"海伦·阿尔弗雷德"作为我的名字。

没想到就在一家人兴高采烈地带我去教堂洗礼时,父亲竟然把起好的名字给忘了,这是再自然不过的事情,因为他本来就不喜欢这个名字。当牧师问他"这婴儿叫什么名字"的时候,他只能记起,我的名字应该随我外婆,这是早就定好了的,于是他给我取名叫海伦·亚当斯。

从家人口中得知,我尚在襁褓中的时候,就表现出倔强的个性,对事物充满了好奇,常常执意模仿大人的一举一动。在六个月大时,我就能奶声奶气地说"你好"了。有一天,我十分清晰地说出了:"茶!茶!茶!"这吸引了家里每个人的注意。我生病之后,虽然忘掉了以前所学的单词和发音,但我仍然记得在生命最初几个月里所学到的一个词,这个词就是"水"。在我完全丧失说话能力之后,我还能模糊地发出"水"这个字的读音。后来,我学会了用拼写来表达自己的意思,才不再用这个发音来表示"水"了。

家人还告诉我,我刚满周岁时学走路的情景。那天,母亲把我从浴盆中抱出来，放在膝盖上。突然间我发现外面树枝的影子在光滑的地板上轻轻闪动，这引起了我极大的好奇心。我从母亲的腿上滑下来，迈着蹒跚的步子想踏住晃动的树荫，等那一股冲劲耗尽了，我一下跌倒在地上，哭着要母亲把我抱起来。

虽然我拥有光明和声音的时间不多，但是美好的大自然依然在我幼小的脑海中留下了深刻而美妙的记忆。春日里，满眼青绿，鸟儿在枝头欢快地歌唱；夏天，诱人的果子挂满枝头，美丽的蔷薇花在风中摇曳；深秋来临，草黄叶红，满园飘香。然而好景总是不常在，幸福美好的时光总是结束得太早。一个鲜花盛开的春天，百灵鸟和知更鸟还在窗外唱着悦耳动听的歌，可这美丽的一切却在一场高烧中悄悄地消失了。在次年阴沉萧索的二月，我突然生病，高烧不退，医生诊断的结果是急性胃充血和脑充血，他们束手无策，几乎宣判了我的死刑。可有一天早晨，我的高烧突然退去，就像它到来时那样奇特。这简直是奇迹，家人惊喜得难以言喻，但是，谁都未曾料到，这场高烧却使我失去了视觉和听力，我再也看不见任何东西，听不见任何声响。美丽的世界刚刚展现在我面前，我还没有来得及仔细去观察，就被残酷地放逐到一个黑暗无声的世界，又开始了像婴儿一样蒙昧地生活，而当时我的家人，甚至连医生对此都全然不知，他们仍沉浸在我奇迹般康复的喜悦之中。

至今，我依然能够模糊地回忆起病中的一些情景。尤其是母亲在我高烧不退，一连数小时昏昏沉沉痛苦难耐的时候，她全心全意地照顾我，温柔地抚慰我。母爱伴随我度过恐惧的日子，帮助我减轻了痛苦和烦躁。记得在高烧退去之后，当我从痛苦和迷乱中醒来时，由于眼睛干涩只感觉眼睛灼热疼痛，光线投射进来，刺得眼睛生疼，我不得不躲开自己以前所喜爱的阳光，翻身面向墙壁。接下来的日子，我的视力一天不如一天，对阳光的感觉日益暗淡，最后就只剩下一团模糊的光影了。

失去视力和听力之前，除了这些短暂的记忆，再也没有别的东西了。事实上，这些回忆恰似一场噩梦，那种巨大的悲哀我永远难以忘记。我的世界只有黑暗和寂静，我渐渐习惯于沉浸在无边的寂静和漆黑之中。直到有一天我的老师——莎莉文小姐的到来，她重新点燃了我心中希望的烛火，照亮了寂静黑暗的世界，为我打开心中的眼睛，让我看到外面精彩的世界。

在我漫长的一生中，光明和声音在我拥有它们19个月之后，突然离我而去。失去视力后，我逐渐忘记了以往的事情，但那广袤的绿色田野、蔚蓝的天空、葱郁的树木、争奇斗艳的花丛，都被我铭记在心，它们装扮点缀了我黑暗沉寂的世界。

第二章　不一样的童年，一样的快乐

生病后的几个月里发生的事情，我几乎都记不起来了。隐约记得我常坐在母亲的腿上，或者是她忙里忙外地操持家务，我就紧紧拉着她的裙摆，跟着她到处走动。我开始用手摸索各种东西，渐渐地，我的双手可以感知各种物体的形状，推断它们的用途，或者通过触摸来揣摩别人的动作、表情，通过这种方式，来了解周围发生的事情，并表达自己想说的、想做的。

我渴望与人交流，于是我开始通过一些简单的动作表达自己的想法，比如，摇头表示"不"，点头表示"是"，把别人往自己这边拉表示"来"，向外推则表示"去"。我想吃面包的时候，就模仿切面包，然后往上涂抹黄油的动作，如果我想让母亲在晚餐时做点冰淇淋吃，我就做打开冰箱的手势，并缩着脖子做出发抖的样子，表示"冰冷"。

母亲也竭尽所能做出各种动作，让我领会她的意思。我总是能和她心有灵犀，很快就能弄清楚她表达的意思，知道她要我帮她拿什么东西。漫长的黑暗中，是母亲的慈爱和智慧让我体会到生命的美好，感觉到自己存在的意义和价值。母亲的慈爱和智慧犹如漫长黑夜里的灯盏，给我心里带来了光明。

随着年龄的增长，我逐渐明白了一些事理，也学会了做生活中的一些事情。五岁的时候，我学会了把洗好的衣服分门别类地叠好并且收起来，在洗衣店送回的衣物中，我能辨别出哪些是我自己的衣服。虽然我看不见也听不见，但我的感觉非常敏锐。从母亲和姑妈的装扮中，我知道她们要外出，便央求她们带着我一起去。亲戚朋友来拜访，我总是被叫来和客人打招呼，当他们走的时候，我会朝他们挥手道别，尽管我那时对这种手势的意义并不十分清楚。

记得有一天，有一位很重要的客人来家中拜访我的母亲，从大门打开的声音中，我知道他们来了。于是我突发奇想，趁大家都不注意的时候快速地跑上楼，悄悄溜进母亲的房间，模仿着母亲在镜子前梳妆打扮。我穿上外出时的礼服，摸索着往头上抹油，往脸上涂脂粉。随后把面纱罩在头发上，用发夹固定后，面纱垂下来搭到肩上，轻轻覆盖着我的脸，最后我还在腰间系了一条很大的腰撑。腰撑悬垂在身后，几乎碰到了裙角。完成了这身可笑的装扮，我就下楼帮助妈妈接待客人了，可以想象当时是多么滑稽。

我已经记不清楚是什么时候我开始意识到自己与众不同了，但这肯定是我的老师到来之前的事。我注意到母亲和朋友们用嘴交谈，不像我用手比划。发现了这个奇怪的现象之后，当别人说话时，我就用手触摸他们的嘴唇。可是，我仍然无法理解他们的意思。于是我试着像别人一样嚅动自己的嘴唇，企图以这种方式和他们交流，可是他们却无法理解我的意图，没有丝毫反应。我大失所望，气急败坏地大发脾气，甚至暴跳如雷地叫嚷踢打，直到筋疲力尽才肯罢休。

我知道乱发脾气无理取闹是不对的，但我还是无法控制自己的情绪，经常为一些鸡毛蒜皮的小事大动肝火。我记得经常把保姆埃拉踢得青一块紫一块的，当我气消时，我就会生出几分懊悔，却没有哪怕一次是因为后悔自己暴躁的脾气而在行动上真正有所改变。当我再次面对不合我心意的事情时，我的理智就又丧失了，又会故伎重演，疯狂地胡乱踢打一阵。

那时候，我基本上没有什么朋友。只有厨师的女儿玛莎·华盛顿和老猎狗贝利陪伴我。同玛莎交流我很少遇到困难，她懂得我的手势，我喜欢吩咐她做事，叫她做什么，她就做什么，而且会很快完成。我身体结实健壮，喜欢争强好胜，我行我素而且不顾后果，有时为了达到目的，甚至会对人拳脚相加。大概慑于我的暴虐，玛莎不敢顶撞我，也可能她认为与其跟我打架，还不如识时务地听我指挥。只要是我命令她做的事情，她都能利索地完成，这一点我尤其满意。我和玛莎经常呆在厨房里揉面团儿，做冰淇淋，研磨咖啡豆，为几个蛋糕你争我夺，争吵不休，或是给聚集在厨房台阶上的母鸡和火鸡喂食。这些家禽大都很温驯，它们会从我手里啄食，并乖乖地让我抚摸。

一天，一只强悍的火鸡一下抢走我手里的番茄，然后一溜儿烟地跑掉了。或许是受它的启发，不久，我和玛莎便把厨娘刚烤好的一个蛋糕偷走了，躲在柴堆里吃得一干二净，后来，我得了一场大病。不知是因为东西不干净，还是上帝对两个调皮孩子的惩罚。只是不知那只抢了我的番茄的火鸡是否也同样遭到了应有的惩罚。

珍珠鸡喜欢把巢筑在偏僻处，我最大的乐趣就是到草丛里搜寻它们的蛋。尽管我不能用语言告诉玛莎我要去找蛋的意图，但我会把两手合成圆形，再把它们放在地上，示意草丛里有这种东西。玛莎一看就懂，马上就能明白我的意思，和我一起兴致勃勃地去找蛋。运气好的话，我们会找到一个鸡窝，可是我从来不让玛莎拿鸡蛋，我会用盛气凌人的手势让她明白，她拿着蛋就会摔跤，鸡蛋就会打碎。

谷仓，马厩，还有每天早晚挤牛奶的乳牛场都是我和玛莎的乐园。挤奶工人常常把我的手放在奶牛的乳部，让我学着挤奶，我也因为好奇在奶牛身上乱摸，使奶牛发起了脾气，用牛尾巴使劲地抽打我。

准备圣诞节也是一大快事。尽管我并不太明白节日的意义，但是我很喜欢那种欢乐的气氛，尤其是那些花样繁多的美味。可是我们碍大人的事，他们为了不让我们捣乱，就给我和玛莎一些零食，让我们安静下来，我们也自得其乐。有时，大人们会让我们俩帮着磨香料，挑葡萄干，我们还可以趁机舔舔那些搅拌过食物的羹匙。我也像其他人那样把自己的长袜挂起来，然而我对这并不真正感兴趣，也没有那么大的好奇心，更不像别的孩子那样不等天亮就迫不及待地爬起来看袜子里究竟装了些什么礼物。

玛莎也和我一样喜欢搞恶作剧。记得七月的一个炎热的午后，我和玛莎坐在走廊的台阶上，一个皮肤黑得像乌炭，头发东一束西一束地用鞋带扎起来，一束束头发竖在头顶上，就像长着很多的"螺丝锥"；一个皮肤白皙，一头长长的金黄色鬈发。一个大约八九岁，另一个才六岁。那个小的盲童就是我，大的当然就是玛莎了。我们俩一直忙着剪纸娃娃玩儿，可是没多久我们就厌倦了这种无聊的游戏，于是就把鞋带剪碎，又把石阶边的能够到的金银花叶子都剪了下来。突然，玛莎那一头"螺丝锥"吸引了我的注意力，我觉得剪起来肯定特别过瘾。起初，她还挣扎，不肯让我剪，但最终还是屈服了。为了公平起见,也为了回报玛莎,我把自己的头发交给她,让她随便剪。刚剪了一缕,母亲就赶来了,幸亏她及时制止,不然我的头发就被玛莎统统剪光了。

我的另一个伙伴贝利,就是我们家那条又老又懒的狗,它宁肯躺在壁炉旁睡觉,也不愿意和我玩耍。我努力教她我的"手语",但它反应迟钝,心不在焉,根本不理睬我在干什么。有时候,它突然兴奋得抖抖狗毛,然后,它蹲下来,全神贯注地看着我,就像要扑向眼前的一只鸟儿时的模样。当然我也不明白它要干什么,但是我知道它肯定不是按我的指挥去做的。这令我十分懊恼,对着贝利一通乱捶,贝利却无精打采地爬起来,伸伸懒腰,哼哼两声,嗅一嗅暖炉,然后转到另一端,又躺下,似乎不愿意和我计较。我感觉自讨没趣,只好丢下那条又老又懒又笨的狗,去厨房找玛莎玩耍。

每当回想起那段无光无声的岁月,童年里那些零碎的记忆片断就会在我的脑海里清晰地浮现出来。

有一天,我不小心溅湿了围裙,便把围裙铺在客厅的壁炉边烘烤。急性子的我觉得围裙干得太慢,就把它放在炉膛里的火炭上面。突然间,围裙一下子烧着了,火苗围绕着我,把我的衣服也烧着了。我惊慌失措地狂叫,惊动了老保姆维尼,她急忙跑过来,急中生智用一条毯子把我裹住,火很快灭了,我也差点被闷死,所幸除了双手和头发被烧外,我并无大碍。

大约此时,我发现了钥匙的好玩奇妙之处。一天早晨,我把母亲骗进储藏室并把她锁在里面了。仆人们都在外面干活,谁也不知道女主人会有这样的遭遇,她被锁在里边足足有三个小时。母亲不停地敲打房门,我坐在走廊的台阶上,感觉到敲击房门的震动开心地笑个不停。这个令人头疼的恶作剧使我的父母意识到,必须尽快找个老师来管教我。于是他们请来了莎莉文小姐。记得在我的老师莎莉文小姐到来之初,我还是故伎重演,伺机把她也锁在了房间里。当时,母亲吩咐我上楼送东西给莎莉文小姐。我出来的时候,她还在里面,我迅速地出了房间,转身砰地一下把门锁上了,将钥匙藏在走廊里的衣柜下面。任凭家人怎么哄劝,我就是不肯说出藏钥匙的地方。无奈之中,父亲搬了一个梯子,把莎莉文小姐从窗口接了出来。我却暗自得意,没有丝毫悔意，几个月之后才把钥匙交了出来。

大约在我五岁时，我们从那间爬满藤萝的小屋搬到了一个新建的大房子里。我们一家六口，父亲、母亲，两个同父异母的哥哥，还有后来出生的小妹妹米珠丽。我对父亲最初的清晰记忆是，我蹒跚地穿过一堆堆的报纸来到他身边时，他总是独自一个人坐着，双手展开一张大报纸挡在前面，我几乎找不到他的脸，原来他的脸整个都埋在了报纸的后面。我怎么也猜测不出他在做什么，于是，学着他的模样，拿起一张报纸，甚至戴上了他的眼镜，以为这样就可以解开疑团了。多年以后我才明白，那些就是报纸，父亲是报社的编辑。

父亲性格温和、仁慈宽厚，是那种极其眷顾家庭的人。除了狩猎季节，他很少离开我们。据家人描述，父亲是一个出色的猎人，枪法很好。除了家人，猎狗和猎枪就是他的最爱了。父亲非常热情好客，热情得似乎有些过火，几乎每次回来都要带一两个客人。父亲最引以为豪的地方就是我们家的大花园。据说，他栽种的西瓜和草莓是全村最好的，他总是带一些最先成熟的葡萄和精选出来的草莓给我品尝，也常常带着我在果林和瓜田间散步，他总是慈爱地抚摸我，看到我很快乐他也就很开心。

父亲还很擅长讲故事，在我学会写字之后，他常常把许多奇闻逸事，用一些浅显易懂而且形象生动的词汇在我的手掌上描绘出来，在"讲完"故事后，他会让我马上"复述"出来，最令他高兴的事情，莫过于听我复述他讲的那些故事了。

1896年夏末，我正在北方享受着夏日最后的宜人时光，突然传来父亲病逝的消息。他病的时间不长，急性发作的疾病很快就把他从我们的生活中永远地带走了。这是我人生中第一次感受到死别的巨大悲恸，也是我对死亡的最初认识。

应该怎样描述我的母亲呢？她是那样地宠我爱我，真的要写到她，反而不知该怎么讲起了。从出生起，我一直认为自己是父母最宠爱的心肝宝贝。可是妹妹米珠丽的出生改变了我的想法。很长一段时间，我都认为她的到来侵犯了我的权利。我开始觉得不平衡，认为自己不再是母亲唯一的心肝宝贝了。她常坐在母亲的膝上，占据了我的位置。我渐渐觉察到母亲的时间和对我的关心似乎都被她夺去了。后来，最让我伤心的是有一件事让我觉得不但母爱被分走了，而且还让我蒙受了奇耻大辱和不公平的待遇。

那时，我有一个心爱的洋娃娃，我非常宠爱我的娃娃，它是我最好的伙伴，陪我度过了无数个寂寞的日子，我给它起名叫"南希"。虽然我很喜欢它，但在我发脾气时，它又成了我的出气筒和坏脾气的牺牲品。它饱经我的折磨，被摔打得浑身是伤，已经惨不忍睹了。我还有会说话的洋娃娃，也有会哭和会眨眼睛的洋娃娃，但南希还是我的最爱。南希有一个专门的摇篮，我常把它放在摇篮里，轻轻地摇着，如同母亲当年摇着我一样。这时，我的思绪也会随之飘荡着，有时一摇就是一个多小时，而我却毫无察觉。摇篮和南希都是我的宝贝，我从不让别人碰一下，可是有一天，我却发现妹妹竟然安静地躺在摇篮里熟睡。我早就嫉妒妹妹夺走了本属于我的母爱，又怎能容忍她睡在我心爱的南希的摇篮里呢？我不禁勃然大怒，冲过去一把就掀翻了摇篮，要不是母亲眼疾手快及时接住了妹妹，恐怕她的小命早就没了。

那个时候，我已经又盲又聋，没有视觉和听觉，双重孤独紧紧地包围着我，根本无法体会到语言的关爱和友情带给心灵的感动。后来，直到我接受教育，懂得事理后，从自己的孤独中走出来，才慢慢懂得了亲情的可贵和人与人之间的幸福，才和米珠丽感情日益深厚，成为知心的姊妹，虽然她看不太懂我的手语，我也听不见她咿咿呀呀的童音，但我们还是常常手拉手四处游逛。

第三章　寻求希望之光

　　我一天天长大，希望能把自己的思想感情充分地表达出来的愿望也更加强烈，然而那几种单调的手势根本就不够用，每当手语不能充分而准确地表达我的意思时，我就无法控制自己的情绪，我就会气急败坏，那种痛苦无助的感觉是一般人无法了解的，仿佛有一双无形的魔爪正在紧紧地抓着我，我拼命挣扎，想挣脱束缚，但却无济于事，只好疯狂地胡闹。我极力挣扎，并不是因为挣扎会有什么效果，只是那反抗的烈火在胸中燃烧。每一次，我和以前一样发疯似的踢打，又哭又闹，甚至在地上打滚、吼叫，以这种方式发泄心中的压抑，直到把自己折腾得筋疲力尽，瘫软在地上。这时，母亲若在旁边，她就会把我紧紧地搂在怀里，任凭我在她怀里痛哭，大哭一场后我就忘了为什么发脾气。黑暗的日子如此难熬，随着时光流逝，这种交流的愿望和生理局限的矛盾越来越深，我的痛苦也越来越多，经常会心情不好，到了难以控制的时候就大闹一次，以至每天都要发脾气，最严重的时候，每隔两个小时就要闹一次。

　　父母把我的状况看在眼里，他们心急如焚却又束手无策。当时，我们居住的图斯康比亚小镇附近根本就没有聋哑学校，父亲考虑过要给我找一个家庭教师，可是即便家中为我聘请老师，又有哪位老师愿意到如此偏远的地方来教一个又盲又聋又哑的孩子呢？亲戚和朋友们都怀疑，像我这样的孩子还能接受教育吗？然而一个偶然的机会，母亲从狄更斯的《美国札记》中看到了一线希望。

　　《美国札记》一书讲述了一个又盲又聋又哑的少女——劳拉·布里吉曼，经过探索传授盲聋哑人知识的先驱——郝博士的教导，接受了良好的教育，终有所成的故事。然而，详细地看下去，母亲发现刚刚得到的一线希望很快就破灭了，郝博士已经去世多年，郝博士的教育方法也许已经失传，母亲为此苦恼极了。郝博士是否有传人，即便郝博士还有传人，可像我这样一个生活在偏远小镇的小姑娘又怎能接受他们的教育呢？我们又陷入了绝望。

我六岁那年，父亲听说巴尔的摩有一位著名的眼科医生，曾成功地治好过许多人的眼睛，这给了父母极大的鼓励，他们立即决定带我去那里接受治疗，希望我能够重见光明。

那是一次愉快的旅行，我至今仍记忆犹新。在火车上，我交了很多朋友。一位女士送给我一盒贝壳，父亲在上面钻出小孔，我摸索着用线把贝壳串起来。很长一段时间，我都兴致勃勃地玩这些贝壳，觉得非常快乐和满足。列车员也很和蔼可亲，他很乐意让我拉着他的衣角跟着他到处跑，来来回回地检票。他还让我玩他检票用的剪子，那实在是一种很好玩的玩具。我专心致志地趴在座位的一角，自得其乐地给一些零碎的硬卡片上打孔，玩几个小时都不厌倦。

姑妈用毛巾给我做了一个大布娃娃。这个即兴而作的玩具看起来滑稽可笑，而且不成形状，它没有鼻子、嘴、耳朵和眼睛，甚至凭借小孩子的想象力都无法拼凑出娃娃的脸孔。奇怪的是，其他的我还可以容忍，最让我不满的是这个毛巾娃娃没有眼睛。我不厌其烦地向大家指出这个毛病并坚持让他们想办法，可是，最终谁也没能为布娃娃加上一双眼睛。突然，我灵机一动，冒出了一个好主意。我溜下座位开始摸索，找到姑妈缀着大珠子的披肩，从上面扯下两颗珠子，用手势示意姑妈帮我缝到娃娃的脸上。姑妈把我的手放在她的眼睛上面，核实我的用意，我使劲地点头，姑妈就为我的娃娃缝上了眼睛。布娃娃有眼睛了，这让我兴奋不已。但没多久，我就玩腻了，对娃娃失去了兴趣。整个旅途中，层出不穷的新鲜事物吸引着我，我忙得不亦乐乎，一次脾气都没发过。

在巴尔的摩，切斯霍尔姆医生热情地接待了我们。他仔细检查了我的眼睛，最后表示无能为力。但他对父亲说，我可以接受教育，并且建议父亲向华盛顿的亚历山大·贝尔博士进行咨询，也许他能给我们一些帮助，提供有关聋哑儿童学校以及老师的资料。按照切斯霍尔姆医生的建议，我们立刻前往华盛顿。一路上，父亲顾虑重重，满腹愁肠，而我却浑然不觉，只觉得在不同的地方游历可以见到很多新鲜的事，来来往往好玩得很。贝尔博士医术高明，深受人们的敬仰。尽管那时我还是个懵懵懂懂的小孩子，但同他一接触，就感到了他的温厚和善良。他把我抱在膝上，让我玩弄他的表并让它报时，这样我就能感觉到表的震动了。他懂得我的手势，我很快就喜欢上了他。当时我并没有意识到，这次会面竟然成为我生命的转折点，给我的人生带来如此巨大的变化。从此，我进入了另外一片天地，从黑暗奔向光明，摆脱了孤独隔绝的状态，进入充满温情的世界，并拥有了开启知识宝库的钥匙。

　　贝尔博士建议我父亲给波士顿帕金斯学校的校长阿纳戈诺斯先生写封信，看看他能否为我物色一位合适的启蒙老师。帕金斯学校正是郝博士创建治疗盲聋哑病人方法的地方，阿纳戈诺斯先生是郝博士伟大事业的继承人。父亲立刻按照贝尔博士所说的写了一封信，几个星期后我们就接到阿纳戈诺斯先生热情的回信，他在信中告诉我们一个令人振奋的消息：我的启蒙教师已经找到了。让我们稍等一等，老师过些日子才能来。我记得收到回信是在1886年的夏天，但等到莎莉文小姐到我们家时，已是第二年三月了。

　　得到这个消息后，我觉得自己像走出了埃及，站在了西奈山面前，我感受到了一种奇妙的难以用语言表达的力量，它使我的灵魂得到激励，它打开了我的视野，让我看见了无数的美景。这些奇景展现在我的眼前，犹如一股神奇的力量触摸着我的灵魂，我似乎听到了那个来自圣山的声音："知识是爱的源泉，是光明的源泉，是智慧的源泉。"

第四章　走出黑暗

我的老师安妮·曼斯菲尔德·莎莉文小姐来到我身边的那一天，是我生命中永远也无法忘记的一天。我记得特别清楚，那是1887年3月3日，当时我6岁零9个月。她的到来给我带来了与以前截然不同的生活，前后对比一番，我不禁感慨万分。

那天下午，我默默地站在门廊里，似乎在期待着什么。从房间里人们忙前忙后的情景，以及母亲的手势，我隐约地猜到，今天将会有什么不寻常的事情发生。于是，我悄悄地走出房门，坐在台阶上静静地等着。午后温暖的阳光透过阳台上茂密的金银花叶子，暖暖地洒在我仰起的脸上。我无意识地捻着那熟悉的花草的叶子，抚弄着那些为拥抱春天而绽放的花朵。我无从知晓我的未来会发生什么样的奇迹，生活会向我敞开怎样的大门。在这之前的数不清的日子里，愤怒、伤心、苦闷一直纠缠着我，已经把我折磨得身心俱疲。

亲爱的朋友们，你可曾在茫茫的大雾中航行过？当白色的浓雾封锁了海面，你是不是会紧张而谨慎地向对岸缓慢驶去？你是不是还会不时地用各种仪器探测方位和距离？是不是你的心会怦怦乱跳，唯恐发生意外？如果有过这些体验，你就会明白我的感觉。在接受教育之前，我就像一艘航行在茫茫大雾中的大船，孤独无助地漂在烟波浩渺的大海上，而且没有任何探测仪器，无从知晓港口的远近，艰难地朝前方驶去，唯恐发生不测。"光明！给我光明！"我常常在灵魂深处呼唤，恰在这时，照亮我心灵的人来到了我的身边，爱的光明照到了我身上。

我感觉到有脚步声由远而近，来到我身旁，我以为是母亲，下意识地伸出了双手。有人握住了我的手，接着把我紧紧地搂在怀里。我感觉到不是母亲,那么她是谁?她就是来向我揭示世间真理的、给我深切至爱的人——莎莉文老师。

第二天早晨,莎莉文老师带我来到她的房间,给了我一个布娃娃。后来我才知道,这个娃娃是帕金斯学校的盲童们送给莎莉文小姐的,劳拉·布里吉曼还亲手为娃娃缝制了衣服。我抱着娃娃玩了一会儿,莎莉文小姐就把我的手掌摊开,在上面慢慢地拼写出"d—o—l—l"这个词,这个举动让我对这种手指游戏产生了兴趣,并且努力模仿她的动作。当我最终正确地拼写出这个词时,我感到无比自豪,兴奋得脸都涨红了。我飞快地跑下楼,找到母亲,拼写给她看。

当时,我并不知道这就是写字,更不知道世界上还有文字这种东西,我只是依葫芦画瓢,单纯地模仿莎莉文老师的动作而已。接下来的日子里,我用这种懵懂的方式学会了拼写很多单词,如"针"(pin)、"帽子"(hat)、"杯子"(cup)这样的名词,还有一些像"坐"(sit)、"站"(stand)、"行"(walk)之类的动词。好几个星期后,我才领悟到,原来世间万物都有自己的名字。

有一天,我正在玩我的新布娃娃,莎莉文小姐把我原来那个大破娃娃也拿来放在我的膝上,然后她又在我手上拼写出"d—o—l—l"这个词,试图让我明白,这两个布娃娃都叫"d—o—l—l",有着同样的名字。一天上午,我们在单词"杯"(m—u—g)和"水"(w—a—t—e—r)之间发生了争执。莎莉文小姐极力向我强调:"杯"是"杯","水"是"水",可是我却把两者混为一谈,固执地认为"杯"就是"水","水"就是"杯"。见我暂时转不过弯来,她也没有办法,只好暂时把这个问题搁在一边,重新练习"布娃娃"(doll)这个词。我正在为刚才的问题烦恼,现在又重复做这种练习,我忍无可忍,一把抓过新娃娃,猛地摔在地上。我感觉到了娃娃在我脚下四分五裂,心里觉得特别痛快。我从来就没有觉得这样发脾气有什么不对,既没有觉得惭愧,也没有悔恨感。我根本不知道爱惜娃娃这一类的东西,在我生活的那个寂静而又黑暗的世界里,根本没有柔情和关爱这两个词。莎莉文老师把可怜的布娃娃的碎片扫到壁炉旁边,我的懊恼随之烟消云散，心情也随之高兴起来。莎莉文老师把帽子递给我，我知道她要带我到外面去晒太阳了，这种想法让我雀跃不已——如果这种无声的感觉能够被称作一个想法的话。

  沿着小路，我们走到井房，房顶上盛开的金银花散发着扑鼻的芳香，令人心旷神怡。有人正在抽水，莎莉文老师把我的一只手放在了出水口处，当一股清洌的水在我手上流过时，她就在我的另一只手上拼写出"水"（water）一词，起初写得缓慢，后来就写得快一些了。我一动不动地站着，全神贯注地感受着她手指的动作。蓦然间，一种长期沉睡的朦胧意识瞬间觉醒了，我恍然大悟，好像记起了一件早已忘却的事，大脑被这种感觉激荡着，我一下子理解了语言文字的奥妙。我知道了"水"这个字就是正在从我手上流过的奇妙而凉爽的东西。水——这个具有生命力的词语唤醒了我沉睡的灵魂，带给了我光明、希望、欢乐和自由。从此以后，我的世界再也不是无尽的黑暗了。当然，以后生活的路上仍然会有许多障碍，但我坚信最终我一定能克服困难，走向光明。

  如果说我的求知欲望先前被无尽的黑暗压制住了，那么这次井房的经历则重新唤起了我的求知欲。原来世界是这么美妙，世间万物都各有名字，而每个名字都能启发我的新思想。回到房间里，我觉得碰到的所有东西都是有生命的，那是因为我开始以全新的观点和新奇的眼光看待周围的每一样东西。我想起了那个被我摔碎的玩具娃娃，心里有些难过，我摸索着来到壁炉前，捡起了娃娃的碎片，想把它们拼凑起来，可是怎么也不能使它像当初那样完好无损了。想起自己的所作所为，我的眼睛里充满了悔恨的泪水，平生第一次对自己的所作所为追悔莫及。我的心变得柔软和温暖，虽然我的双眼仍然看不见，但我已觉察到有一丝亮光照进了我的灵魂。

  那天，我学会了不少新单词，现在虽然已经记不得都是哪些单词了，但我记得有"母亲、父亲、姐妹、老师"，这些神奇的词汇就像一团团花簇把我的整个世界装点得美丽异常。记得那天晚上，我躺在床上，久久无法入睡，心里充满了喜悦，我第一次迫不及待地期盼着新的一天快些到来，开始新的学习，我觉得自己是世界上最幸福、最快乐的孩子。

第五章　领悟到大自然

1887年夏天发生的许多事情我至今仍记忆犹新，莎莉文老师走进了我的生命，让我在井房里张开心灵的眼睛。从此，我的灵魂渐渐苏醒了，我拥有了丰富多彩的回忆。我对每一样东西都充满好奇，整天用手去摸索那些能触摸到的东西，并练习写下它们的名字。我接触的东西越多，对它们的名字和用途了解得越多，感到自己和外界的联系也就越紧密了，我终于从黑暗无声的世界中走了出来，重新认识了这个大千世界。对此，我内心喜悦，信心大增。

美丽的夏天来临了，当雏菊和金凤花争芳吐艳的时候，莎莉文小姐牵着我的手带我穿过田野，在田纳西河边漫步，田野上和山坡上的人们正忙着在田间翻土耕种。我们坐在温暖柔软的草地上，我首次感受到了大自然给与人类的恩惠，我懂得了阳光和雨水如何滋润大地，使花草树木茁壮成长，开花结果；知道了鸟儿们如何搭建巢穴，生存繁衍，如何随季节的变化而迁徙；也明白了松鼠、鹿、狮子等各种动物如何寻找食物，如何保护自己。随着我对周围事物的了解日益增多，我越来越感到造物主的伟大和自然界的美好神奇。莎莉文小姐先是带领我体会什么是美，她引导我抚摸粗壮的树干、细嫩的草叶，还有妹妹光滑的小手，触摸中，我感受到了愉悦，同时也领略了美的含义。我还学会了做算术题，勾画地球的形状。她在大自然中开始对我进行启蒙教育，使那些鸟儿、花朵都成了我快乐的伙伴。

但这期间的一次经历，让我有了另外一种人生感触，那就是大自然并不总是慈爱可亲的，它也有厉害的一面。那天，我和老师正在一次长距离散步的返程途中，早上的天气还不错，此时却变得闷热难耐，我们不得不走走停停，在路旁的树下小憩了两三次。最后一次歇息是在离家不远的一棵野生樱桃树下。这棵树枝叶繁茂，树荫下凉爽宜人，树也很容易攀爬，莎莉文小姐用手托着我爬到树上，让我找了个枝杈骑在上面，轻风拂面，那种感觉真是妙不可言。于是莎莉文小姐提议就在那里吃午餐，我乐坏了，答应她一定安静地坐在树杈上，乖乖地等她回家把午饭拿来。

忽然间风起云涌，太阳的温暖完全消失了，我知道天色变暗了，因为所有的热度，对我而言也意味着光，已经从大气中消失了。接着，泥土也散发出一股怪异的土腥味，我知道暴风雨就要来临了。悬在半空中的我感到莫名的恐惧，一种同亲朋好友隔绝、同坚实大地分离的孤独感油然而生。我一动也不敢动地坐在树上，紧紧地抱着树干，又冷又怕，一阵阵发抖，我急切地盼着老师快些返回。但是对我来说最首要的事情是想从树上爬下来。

一阵不祥的沉寂之后，一阵狂风袭来，树叶哗哗哗地齐声作响，树身也疯狂地左右摇晃，似乎要被连根拔起，我吓得用尽力气紧紧抱住树枝，唯恐被狂风掀落在地。树摇晃得越来越厉害，落叶和折断的小树枝像雨点般劈头盖脸地向我打过来。我又急又怕，想从树上跳下去，却又丝毫不敢动弹。大地一阵一阵地震动，像是有什么重物从空中坠落到地面，震波从地面一直传到我身下的枝干。我惊恐至极，觉得我和大树会一起倒下。恰在这时，莎莉文老师赶来了，她抓住我的手，把我从树上抱了下来。我紧紧地抱着她，我的双脚又一次踏上了坚实的大地。我浑身战栗，既为脱离危险而高兴，也为刚才的余悸而惊恐。从此，我对美好的大自然又多了一层了解：它有时也会向它的儿女们公然开战，在它那温柔美丽的外表下，还隐藏着几分严肃哩！

那次惊险的经历之后，很长一段时间我都不敢爬树，甚至一想到爬树我就两腿发软，浑身战栗。真是"一朝被蛇咬，十年怕井绳"。直到有一天，我面对一棵美丽的开满鲜花的金合欢树，它散发的扑鼻的芬芳让我难以抵御诱惑，我才最终克服了恐惧心理。那是一个春光明媚的早晨，我正独自坐在凉亭里"看书"。微风吹过，一股奇异的清香扑鼻而来，如"春之神"穿亭而过。"是什么这么香？"我一下子站起来，本能地伸出双手，去探寻春天的气息。这是我很熟悉的香气，我马上就分辨出这是金合欢花的气味。我摸索着来到花园尽头，那棵金合欢树就在篱笆附近小路的拐角处。在温暖和煦的阳光下，那缀满繁花的枝条在风中微微颤动，几乎垂到长满青草的绿地上。世上怎么会有如此精巧美丽的花朵？那些美丽的花儿，只要轻轻一碰就会纷纷掉落，在阳光下翩翩起舞。它就像是一棵天堂之树被移植到了人间。我穿过这片美丽的花雨，摸索着走近大树，站在那里犹豫了片刻，然后，我把双脚放在了树杈间，两手抓住树干往上爬。树干比我想象的粗壮，那粗大的树干根本就抓不牢，我的手也被树皮擦破了，但我心中升腾起一种美妙的感觉，感觉自己在做一件奇妙的事。尽管爬得有点艰难，但我还是坚持不懈地往上爬，直至找到一个舒适的座位，那是很久以前别人放置的一把小椅子，天长日久，它竟然成了大树的一部分，与大树浑然一体。我在上面呆了很长的时间，好像空中凌云的仙女一样。从那以后，我常在这棵月宫仙桂上尽情玩耍，坐在小椅子上让思绪尽情游荡，如同遨游在美妙的梦境中。

第六章　爱的真谛

我拥有了语言的钥匙后，急切地盼望着能运用它们。对于听力正常的孩子来说，学习语言是一件轻而易举的事，因为他们能够轻松愉快地理解并模仿别人的话。而聋哑小孩要掌握语言，必须要经过一番缓慢而痛苦的训练，而且学习期间遇到的艰难困苦是别人无法体会的。尽管过程艰辛，结果却是让人欣慰的。最初，我只能从周围的每一件东西的名字学起，由最初含混不清的发音，经过漫长的过程，终于进展到可以灵活自如地表达莎士比亚扣人心弦的十四行诗，而且在欣赏的同时我还能针对内容展开美妙的想象。

起初，莎莉文老师告诉我一些新事物时，我很少发问，因为我了解的事物有限，对一些概念认识不清，掌握的词汇也很少，根本不能产生什么联想。但是随着对外界事物的了解逐渐增加，掌握的词汇越来越多，我的疑问也就多了起来。我开始不断地提问，常常就一件事情一而再、再而三地刨根问底，想了解得更多更细。有时学到一个新的词汇，脑海里就会联想到以前发生过的事情。

还记得有一天早晨，我第一次问老师"爱"这个词是什么意思，当时我认识的字还不是很多。那天早晨，我在花园里摘了几朵刚刚开放的带着露珠的紫罗兰送给莎莉文老师，老师收到花很高兴，她本想低下头吻我的额头，可那时除了母亲外，我不习惯其他的任何人吻我。于是，莎莉文小姐一边轻轻地把我搂在怀里，一边在我手上拼写出"我爱海伦"几个字。

"爱是什么？"我不解地问。

莎莉文老师紧紧地搂住我，用手指着我的心告诉我："爱在这里。"这是我第一次感觉到心脏的跳动，可是对她的话和动作，我依然迷惑不解，因为当时除了那些具体的、能触摸到的东西外，对于抽象的东西我还无法理解。

我低头嗅了嗅她手里的紫罗兰,又是拼写文字又是打手势问道:"爱是花的香味吗?"

"不是。"莎莉文老师回答。

我感受到了温暖和煦的阳光正在照耀着我们,又想了想。

"这是不是爱?"我指着阳光射来的方向问,"是太阳吗?"

当时在我看来,世界上再也没有比太阳更美好的东西了,它赐予人类温暖和光明,滋养着美丽的花草树木使其茁壮成长。可是莎莉文小姐仍然连连摇头,我既迷惑又失望,真是奇怪,老师竟然没有办法让我明白爱的含义,爱究竟是什么呢?

大约过了一两天,我坐在那里用细线串珠子玩,珠子大小不一,我摸索着按两个大的、三个小的这样的次序把它们穿起来,可总是出错,莎莉文老师在一旁耐心地为我纠正错误。最后,我发现有一大段明显穿错了,于是,我静静地坐在那里冥思苦想,我到底怎样才能把这些珠子按次序穿好。正在这时,莎莉文小姐用手轻轻地摸摸我的额头,然后拉过我的手,在上面用力地拼写出了"想"这个单词。

刹那间,我如醍醐灌顶,突然明白了"想"指的就是我用头脑思考问题的过程,这是我第一次领悟到抽象的概念。

我静静地坐了很久,不是想珠子的排列方式,而是在用刚刚意识到的思维方法来寻求"爱"的含义。那天,太阳一直躲到云层的后面,间或有阵阵细雨,可是顷刻间,太阳喷薄而出,发出耀眼的光芒。

我又问老师:"爱是太阳吗?"

"爱有点像太阳出来之前天空中的云彩。"老师回答说。也许她意识到我仍然无法理解,便用更浅显直白的话继续解释说:"你虽然无法摸到云彩,可是你能感觉到雨水。你也知道,在经过一整天酷热日晒后,花草树木和干旱的大地得到雨水的滋润是多么幸福的事啊。爱也是这样,虽然你不能触摸到,但是你能感受到爱带来的甜蜜和快乐,在爱的包围下,你才能快乐地成长,才会觉得幸福。"

刹那间,我似乎对她说的话有所领悟,明白了其中的道理,我感觉到无数线条像雨丝一样穿梭连结在我和别人的心灵之间。

从教育我的第一天开始，莎莉文老师就像对待听力正常的孩子一样跟我讲话，唯一不同的是，她是把要说的话逐字逐句地拼写在我手上，而不直接用嘴说出来。如果我一时无法找到合适的字句或习惯用语表达我的思想时，她会提醒我；当我不能和别人顺利沟通时，她也会在一旁给我提示。

这种教育方式持续了许多年，一个没有听力的孩子要在短短的一个月乃至两三年时间内掌握大量的哪怕是最简单的日常用语和习惯用语也有很大的困难，更不用说能灵活运用了。正常的孩子学习说话是通过不断地模仿和再三地重复，他们可以在听别人讲话的同时大脑跟着进行思考，展开丰富的联想，同时也可以学着表达自己的思想。但耳聋的孩子却有着种种限制，根本无法像正常人一样自然地交流思想。莎莉文老师意识到了这一点，为了弥补我生理上的缺陷，想方设法强化我的表达能力。她不厌其烦地一字一句地重复日常用语，教我在合适的场合说得体的话，告诉我怎样与人交谈。但是这也不是一蹴而就的事情，过了很长一段时间，我才鼓起勇气主动和别人说话；又过了很长一段时间，我才懂得在不同场合应该怎样说话才算得上得体。

盲人或者聋人要掌握对话的技巧确实非常困难，因为他们无法体会正常人之间谈话的细节。而对于既聋又盲的人来说，他们遇到的困难不知更要大多少倍——首先，他们听不到，自然也无法辨别对方说话的语气和腔调的变化，如果没有别人的帮助，他们根本就领会不到其中所包含的意思；再者，他们看不见说话者的面部表情，自然也就无法揣摩从中流露出的内心的真实情感。

第七章　畅游在知识的海洋

掌握了基本的词汇之后，莎莉文老师教我的第二个重要步骤就是大量阅读。

我刚能拼出几个单词后，莎莉文老师就拿给我一些卡片，每张卡片上面都是由凸起的字母组成的单词。我通过触摸上面的字母进行阅读，很快就知道了每张卡片都有不同的意思，或者是代表某种物体，或者表示某种行为，或者形容事物的某个特性……我有一个架子，是用来摆放字母的。老师让我用学会的单词造短句，然后把造好的句子在框架上摆出来。我在用这些卡片排列句子之前，习惯于先用实物把句子表现出来，比如"娃娃"、"在……上"、"床"这几个词，我就会摸索着把写有"娃娃"的卡片放在我的布娃娃上，再把布娃娃放在床上，然后旁边摆上相关的卡片。这样做的好处是既加强了对词汇的记忆，又形象地表现了句子的内容。

一天，莎莉文老师用一种更有趣的方式教我学习句子，她给我"是"、"在……的里面"和"女孩"、"衣柜"这几张卡片。我把"女孩"（girl）的卡片别在我的围裙上，然后站在衣柜里，同时把这几个词摆放在架子上。再没有比这种游戏更让我喜欢的了，我兴奋异常，和老师一连玩了好几个小时，学习成了一件快乐无比的事。那时候，屋子里的每一样东西都被我们设计进我们的造句游戏里。

这种拼卡游戏为我开始阅读打下了良好的基础，它成为我进入阅读世界的台阶。不久，我就捧起了盲人用的"启蒙读本"，在字里行间搜寻着那些我认识的字。我用手触摸那些字句，一旦找到自己认识的字，我就像玩捉迷藏游戏时逮着一个藏起来的伙伴一样手舞足蹈，兴奋不已。就这样，我的阅读生涯正式开始了，最先读的是一些系列故事，至今我还能把这些故事讲出来。

在相当长的一段时间里，我没有正规的学习课程。在这种情况下，即使是我在认真地学习，别人看起来也不像是在上课，倒更像是在做游戏。莎莉文小姐无论教我什么，总用一些动人的故事或者是美丽的诗篇来解释说明。这让我对学习充满了兴趣，也能很容易地接受她讲给我的知识。而且无论何时，只要碰到我感兴趣的事，她都会兴高采烈地与我讨论，她那执着的样子，仿佛自己也是一个小女孩。孩子们最不喜欢的课程，如枯燥乏味的语法，难解的算术题以及要求思维严密的问题解释等，在莎莉文老师别开生面的指导下，我学起来都兴趣盎然，以至于后来回忆起来仍然觉得无限美好。

我无法解释莎莉文小姐对我的喜好和要求所表现出来的特有耐心，也许是由于长期和盲人接触的缘故吧。除此之外，她还有出色的描述才能，那些枯燥无味的细节，经过她的讲解就变得不再枯燥烦闷。她也从不检查我是否记住了前几天学过的功课。她还能循序渐进地讲解那些生涩难懂的科学知识，并将其解释得生动形象，这样一点一滴、生动逼真的讲解，使我自然而然地就能记住那些本来刻板枯燥的内容。

我们经常到户外读书、学习，相比较而言，阳光充足的树林比屋子对我更具有诱惑力。在那里，我早期学到的东西似乎渗透着自然的气息，似乎可以从中闻到松脂的清香混合着野葡萄的芬芳。坐在浓郁的阴凉下，我意识到世间万物都值得认真思考和学习，可以说，万事万物都让我领悟到了它们的魅力和功用。会嗡嗡唱歌的蜜蜂、低声鸣叫的甲壳虫、婉转歌唱的小鸟和含苞待放的花朵……这些大自然里的万物，都是我学习的对象。我常常把蝈蝈和蟋蟀捂在手心里，静静地等候它们振翅鸣叫。还有毛茸茸的小鸡、绽放的野花、木棉和紫罗兰，那有着柔软的纤维和毛绒的棉籽，果树的嫩芽散发出的芳香。微风吹过玉米田，相互碰撞沙沙作响的玉米叶，那被我们抓住的在草地上吃草的小马，它那愤怒的嘶鸣以及嘴里喷出的青草香味，都深深铭记在我的脑海里。

有时候，天刚刚亮，我就从床上爬起来偷偷溜到花园里。草叶和花朵上沾满了湿漉漉的露珠，谁能体会到把玫瑰花轻轻捧在手里的快感，又有谁能领略到百合花在徐徐的晨风中摇曳的婀娜娇姿？我偶尔会在采花的时候抓到一只隐匿在花丛中的昆虫，我能感受到它因惊恐而振翅欲飞时翅膀发出的微弱震颤——这么小的生灵，也有自己的意识，也会对突如其来的压力做出反应。

　　果园是我的另一个乐园，七月初果子就成熟了。毛茸茸的大桃子会自己坠落在我的手中，一阵微风拂过，树枝上熟透的苹果纷纷滚落到我脚边，我捡起苹果，用围裙兜着，我把脸贴在苹果光滑的皮上，还能感受到残留的太阳的余温，那种感觉真是妙不可言。我就这样带着一脸幸福和满足蹦蹦跳跳地跑回屋里去了。

　　我们最喜欢去凯勒码头散步，那是田纳西河边一个荒芜破败的木制码头。它是在南北战争时，为了部队的登陆而修建的。我们在那里一呆就是几个小时，一边玩一边学习地理知识。我用鹅卵石建堤、筑岛、围湖、开河，在玩耍中，不知不觉又上了一课。我越发好奇地"听"莎莉文老师给我描述奇妙的大千世界——又大又圆的地球及火山、被埋在地下的城市、不断移动的冰河以及其他许许多多奇闻轶事。莎莉文小姐用黏土给我制作了立体地图，我可以用手摸到凸起的山脊、凹陷的峡谷，还可以用手指感觉河流曲折的流向。所有这些我都非常喜欢，但我对地球的赤道和两极始终迷惑不解。莎莉文小姐为了更形象地向我描述地球，用一根根细线代表经纬线，用一根小树枝代表贯穿南北极的地轴，这一切都那么形象逼真，以至于直至今日只要有人一提起温带，我脑子里就会浮现出许多一连串的圆圈。我甚至认为，假若有人骗我说白熊会爬上北极那根柱子，我也会相信的。

　　算术是我唯一不喜欢学习的课程，从一开始我就对数字不感兴趣。莎莉文小姐用穿珠子的方式教我数数，通过摆草棍教我学习加减法。但每次做不到五六道题，我就失去了耐心。每天做完几道算术题，我就会心安理得地出去找伙伴们玩。

　　我还以同样轻松悠闲的方式学习了动物学和植物学。

　　一次，一位先生寄给我一套化石标本，他的名字我已经忘记了。其中有带有美丽花纹的贝壳化石，带有鸟爪印的沙岩化石以及如浮雕一般的蕨类植物化石。这些化石犹如一把钥匙，开启了我了解远古世界的心扉。我满怀恐惧地"听"莎莉文小姐讲述那些可怕的猛兽。这些名字古怪生僻的野兽，在广袤的原始森林里四处游荡，折断大树的枝干当食物，最终死在年代久远的沼泽里。很长一段时间，我的噩梦里老是出现这些凶猛的怪兽。与那阴暗恐怖的地质时期相比，现在的人们该是多么幸福快乐啊！阳光普照大地，百花争艳吐芳，田野中回荡着那匹矫健的小马欢快悦耳的蹄声。

又有一次，有人送给我一个美丽的贝壳，莎莉文老师就绘声绘色地给我讲述这小小的软体动物是如何给自己建造如此色彩斑斓的安身之所的，她还给我描述，在风平浪静的静谧夜晚，鹦鹉螺乘着"珍珠船"，在蔚蓝色的印度洋上泛舟的情景，我听得津津有味，惊讶不已。我还了解到很多有关形形色色的海洋生物的生活习性的趣闻，比如小小的珊瑚虫如何在深深的太平洋底形成美丽的珊瑚岛，孔虫类如何形成陆地上的石灰岩山体等。老师常和我一起读《背着房间的鹦鹉螺》这本书，从中我领悟到：人类智慧发展的过程就好比软体动物造壳的过程。正如鹦鹉螺利用奇妙的套膜从海水中吸收物质，然后把它们转换成身体的一部分，成为一颗颗珍珠一样，人们也正是把所学到的点点滴滴的知识经过同样的转换，最后才形成了一颗颗宝贵的思想珍珠。

这样的例子还有很多，比如，从植物的生长过程，我就学习到不少新东西。我们买来了一盆百合花，放在阳光充足的窗台上。不久，一个个嫩绿的、尖尖的花蕾便显出要开放的迹象。开始，纤细修长得如同人的手指一样的叶子缓缓地舒展，好像不大情愿让人窥见里面妩媚的花朵。可一旦开了头，以后的速度就加快了，但依然从容优雅、有条不紊。最为神奇的是，众多可爱的苞蕾中总会有一个最大最美的，于是，群芳就将这个最雍容华贵的花蕾推上舞台。而这个躲在柔软、光滑的绿色外衣里的花朵似乎也知晓自己就是神圣高雅的"百合女王"，其他腼腆的姐妹们则羞羞怯怯地摘下绿色的头巾，直到整个枝头缀满了纯洁无瑕的花朵，清香扑鼻，芬芳四溢。

曾经，在家中摆满花盆的窗台上，放了一个球形玻璃鱼缸，里面养了十一只小蝌蚪。我还记得那时的我想看蝌蚪的急切心情。我经常兴奋地把手伸进水里,感觉蝌蚪在我的手指间自由自在地穿梭游动。一天,一个胆大的家伙竟然跃出鱼缸掉到地上。待我发现它时,它好像已奄奄一息了,只有轻轻摆动的尾巴证明它还有一口气。可我刚把它放回鱼缸,它就一头扎进水底,欢快地游来游去。它曾经跳出鱼缸,见过了世面,如今,它心满意足地回到它那被浓郁的海棠树掩映着的美丽的玻璃房子里,不过,它最终会变成一只神气活现的青蛙。那时,它就会跳进花园尽头绿树成荫的池塘里,用动听的爱之赞歌,把静谧的夏夜装点成音乐的世界。

我不断地接触各种生物,它们是我的活教材,我从生命本身汲取知识。起初,我只是一个懵懂无知的孩子,是莎莉文老师启发了我,把我带进明媚的生活,让我无忧无虑地生活在喜悦和新奇中,让我在爱中成长。自从莎莉文老师到来,我的生活充满了爱和欢乐的气息,我的生命因此变得富有意义。她充分利用一切机会,让我领略世间的美好事物,她每时每刻都在想方设法让我的生活变得更加美好,更加有意义。

正是她的聪明才智和强烈的爱心以及丰富的同情心,并能抓住恰当的时机,寓教于乐,才使我的早期教育变得如此的生动有趣、丰富多彩。她用最好的方法传授知识,使我的学习充满了乐趣,接受知识也变得那么容易。她认识到孩子的心灵就像一条浅浅的小溪沿着溪道千回百转,水面上一会儿映出朵朵鲜花,一会儿映出丛丛灌木,一会儿映出片片白云,里面有着永远欣赏不完的美景。她千方百计以她自己的方式引导我,因为她明白,孩子的心灵和小溪一样,还需要山涧泉水的补充,才能源源不断地流淌。在平静如镜的河面上也映出了连绵起伏的山峦、青翠浓郁的树影、碧蓝的天空和千娇百媚的花朵。而莎莉文老师如同潺潺流动的山泉,用爱和知识充盈着我的心灵。

对于老师来说,把孩子领进教室并不是什么难事,但并不是每一个老师都能让孩子学到真正有用的东西。无论悠闲还是繁忙,孩子只有在感觉到自己的身心是自由的时候,才能充满乐趣地主动学习,而任何强迫式的教育都不会收到良好的效果。要让孩子体会到成功的喜悦和失败的沮丧,他才能勇敢地去接受任务,迎接挑战,运用自己的智慧去解决问题,而不是只会死板地啃书本。

　　我和莎莉文小姐心心相印，不可分离。我无法想象离开她我会是什么样子。我对美好事物的感知，有多少是自己内心固有的，有多少是她悉心引导、熏陶点化而来的，我无法分清。她已经成为我生活中无法分割的一部分，我是沿着她的足迹前进的。我生命中所有美好的东西都是她给予的——我的才能、我的抱负、我的欢乐，无不由她的爱点化而成。

第八章　欢度圣诞节

莎莉文小姐来到图斯康比亚后的第一个圣诞节，我们过得热闹非凡。家里每一个人都筹划着为我准备一份别致的礼物，想给我一个惊喜。而更令我兴奋的是，我和莎莉文小姐也在为其他人准备意想不到的礼物。我激动无比，猜想着他们到底会送我什么样的礼物。而朋友们也千方百计地逗我，故意给我一星半点暗示或者欲言又止的不连续的话，让我猜来猜去。我和莎莉文小姐只有苦苦思索，从这种猜谜游戏中，我学会了许多词的用法，比上课时学到的还多。每天晚上，我们都围坐在暖烘烘的火炉旁玩猜谜游戏，随着圣诞节的日益临近，我们的心情也变得越来越兴奋。

圣诞前夜，也就是平安夜里，镇上的小学生们装饰了一棵圣诞树，邀请我与他们一起欢度佳节。莎莉文老师陪着我来到学校。教室中间摆放着一棵美丽的圣诞树，上面挂满了奇特的果子，在夜晚柔和的灯光照耀下，圣诞树散发着节日的喜庆气息。我兴奋得忘乎所以，围着圣诞树又蹦又跳，觉得这是最幸福的时刻。当我得知每一个孩子都会得到一件礼物时，我高兴极了。那些慈爱的人们让我分发礼物，我忙得不亦乐乎，甚至没有顾得上看看自己的礼物。一切就绪后，我巴不得圣诞节马上到来，我知道这些礼物还不是家里人所暗示的东西，因为莎莉文小姐告诉我，那些礼物要比这些好得多呢。不过她叫我耐心等候，明天一早就会知道是什么东西了。

那个平安夜，我摸索着把长袜挂好，或许是因为太兴奋了，我躺在床上久久未能入眠，我闭着眼睛装作睡着的样子，却保持着警觉，想看看圣诞老人何时会来，来了之后他又会做些什么。后来，实在困得不行，只好抱着我的新娃娃和小白熊睡着了。圣诞节早晨，我最先起床，全家人都被我唤醒了。我用自己独有的方式祝福他们圣诞快乐，然后就急不可耐地去寻找礼物。我不仅在长袜里找到了出乎意料的礼物，连桌子上、椅子上、门上，还有窗台上都找到了令我惊喜的礼物。几乎每迈出一步，都会碰到薄纱纸包装的圣诞礼物。当莎莉文小姐送给我一只金丝雀时，我心里简直乐开了花。

我给这只金丝雀取名"蒂姆"，它成了我的新朋友。小蒂姆乖巧温驯，一点都不怕人，常常跳到我的手指上，我把它喜欢吃的红樱桃拿来喂它，它吃得津津有味。莎莉文小姐教会了我如何喂养小蒂姆。每天吃完早饭，我给它洗澡，把笼子打扫得干干净净，再给它的小杯子里添上新鲜的草籽和清水，它喝的水也是刚从井房打出来的，最后还要在它的跳架上悬挂一小捆繁缕草。

一天早晨，我把鸟笼放在了窗台上，然后去打洗澡水，准备给它洗澡。回来一开门，我感觉到有一只大猫从脚下溜了过去。起初我并没在意，可当我把手伸进笼子里时，我的手却抓空了。我没有摸到小蒂姆美丽的翅膀，它尖细的小爪子也没有来抓我的手指。大猫，我心里一惊，明白了是怎么回事。我无力地坐在椅子上，我意识到我再也见不到我可爱的小歌唱家了。

第九章　波士顿之旅

　　我生命中的第二件大事，是1888年5月的波士顿之行，当时我已经8岁了。从为出发做准备到和莎莉文老师、母亲一同前往，一路上的点点滴滴和到达波士顿的种种情形，这一切就像是发生在昨天一样，一幕幕在我脑海中沉淀着。同两年前的巴尔的摩之行相比，这次旅行迥然不同。我已不再是那个喜怒无常、易于激动、一刻也闲不住地在车上跑来跑去，引得一车人注意的小丫头了。这一次，我安静地坐在莎莉文小姐身旁，聚精会神地听她描述车窗外的美丽景色：秀美迷人的田纳西河，一望无际的棉田，连绵起伏的群山，苍翠茂密的森林。还有火车进站后，蜂拥而至的黑人，他们微笑着向火车上的旅客招手兜售他们的食品，从车窗送进来美味的糖果和爆米花。在我对面的位子上，坐着又大又破的布娃娃南希，虽然它已经破旧不堪，但我仍舍不得把它丢弃。这一次，它穿着一件新做的方格花布外衣，头上戴着一顶皱巴巴的太阳帽，一双玻璃珠子做的眼珠一动不动地盯着我。当莎莉文老师讲得不太吸引人时，我就想起了南希，就把它抱在怀里。多半时候，我都没有照顾它，因为我总是自我安慰说它已经睡熟了。

　　这是南希最后一次陪伴我了，以后我再也没有机会提起它，我想就在这儿给大家讲述一下南希的悲惨遭遇吧。到波士顿以后，它浑身上下粘满了泥土，大概是那天我在火车上的恶作剧的缘故，我做了几个泥饼，逼迫它吃下去，它怎么也不肯吃，我就硬逼着它吃，结果它浑身上下被我弄得脏兮兮的。帕金斯盲人学校的洗衣女工看它这副模样，就瞒着我偷偷给它洗了一个澡，可怜的南希哪经得起水洗啊，等我再见到它时，它已经变成了一团乱棉絮。要不是那一对用珠子做成的眼睛以责备的目光瞪着我，我根本认不出是它了。

火车终于到达了波士顿站，我感觉就像一个美丽的童话故事变成了现实，"很久很久以前"变成了"现在"，"很远很远的地方"就"近在眼前"。

一到帕金斯盲人学校，我就和那里的盲童成了朋友。他们都会用手语，我终于可以用自己的语言同其他孩子讲话了，我的兴奋之情简直难以言表。在此之前，我一直像个外国人一样，必须经过翻译才能同人讲话，而在帕金斯盲人学校，孩子们都用郝博士发明的手语，我们之间可以自由地沟通交流，我好像回到了自己的国度。过了好长一段时间，我才意识到我的新朋友都是盲人。我知道自己看不见，但很难接受周围一群热情好客、活泼可爱的孩子也和我一样看不见这一事实。当他们把手放在我的手上和我交谈，用手指触摸着读书时，我感到既诧异又伤心。尽管在来之前家人已经给我讲过这些，尽管我知道自己的感官缺陷，但我一直模模糊糊地觉得，既然他们能听见，也就能看见，可是我万万没想到他们也像我一样一点儿也看不见。但是他们整天都那么高兴那么满足，同他们打成一片，沉浸在这种快乐的气氛中，我很快就忘掉了痛苦。

一天下来，我便和盲童成了朋友，虽然波士顿是个新的环境，但我感觉就像在自己家一样自在。时光飞逝，每天我都热切地盼望第二天崭新而又快乐的生活。波士顿是我的另一个转折点，既是我的世界之始，也是我的世界之末，我几乎不相信，还有比这里更广阔的世界。

在波士顿期间，我们参观了邦克山，在那里莎莉文小姐给我上了第一堂历史课。从莎莉文老师的讲述中，我知道了我们脚下的这片山地就是英雄曾经激战过的地方，他们的无畏气概令我心潮澎湃，激动不已。在去山顶纪念碑凭吊的途中，我一边数着一级级台阶向上爬，一边想象着当年的英雄们奋勇攀爬，居高临下向敌人射击时的情景。

第二天，我们乘船前往普利茅斯，这是我第一次海上旅行，也是第一次乘船。我觉得很新奇，禁不住感叹海上生活的丰富和热闹。可隆隆作响的机器让我误以为是雷电，我焦急地哭了起来，担心一旦下雨，我们去野餐的计划就泡汤了。到了目的地，最让我感兴趣的莫过于当年移民们登陆时踩踏着上岸的那块巨大岩石了。摸着这块岩石，当年先民们艰苦跋涉，取得辉煌功绩的情形便栩栩如生地展现在我眼前。在参观移民博物馆时，一位友善的先生送给我一小块"普利茅斯岩"模型，我如获至宝，捧在手心里，抚摸它那凸凹不平的表面、中间的裂纹，以及镌刻在上面的"1620"几个数字。对早期移民们开疆拓土时一桩桩可歌可泣的事迹有了更加深刻的理解。

在我幼小的心灵里，他们的辉煌业绩是崇高而伟大的。我认为，他们是最勇敢、最坚强的人。他们背井离乡来到这里，用智慧的头脑和勤劳的双手创建自己的幸福家园。他们不仅为自己争取自由，同时也为同胞争取了一片生存的空间。然而若干年后，当我了解到他们曾经采取过残暴的宗教迫害行为时，内心深感震惊和失望。虽然我一直对他们奋不顾身的精神和积极进取的气概十分崇拜，也对他们不辞辛劳开辟出的"大好河山"满怀感激，但我仍然为他们的暴行深感羞愧。

在波士顿我结识了许多新朋友，其中最难忘的是威廉·恩迪考特先生和他的女儿。他们的热情和友善令我至今难以忘怀。一天，我们去贝弗利拜访他们的农场。我记得当我们穿过美丽芬芳的玫瑰园时，他们家的两只狗一起跑出来迎接我们。大的叫利奥，小的长着一身卷毛，耷拉着两只长耳朵，名叫弗里茨。农场里有许多马，我见到了那些温驯的马匹，其中跑得最快的一匹马名字叫尼姆罗德，它把鼻子伸进我的手里，我高兴地拍了拍它，把手中的糖块和黄油喂给它吃，这些都给我留下了美好的回忆。还有最好玩的是那个农场附近的海滩，那是我第一次在海滩上玩耍，这里的沙子质地坚硬、手感光滑，同布鲁斯特海滨掺杂着海藻和贝壳的松软尖锐的沙子截然不同。恩迪考特先生告诉我，这里是从波士顿起航的大轮船到欧洲的必经之路。后来我又见过他许多次，他一直都那么和蔼可亲。事实上，就是因为他，我才把波士顿称为"慈爱之城"。

第十章　大海之歌

　　帕金斯学校放暑假前,学校安排我和莎莉文老师一起去科德角的布鲁斯特海滨度假,一起同行的还有我们的好友霍普金斯夫人。得知这个消息,我很兴奋,因为我的脑海里已经装满了关于大海的各种神奇而又有趣的故事,早就盼望有一天能进行一次快乐的旅行了。

　　大海,是我那年夏天最生动的记忆。在此之前,我一直生活在内陆,从来没有近距离地接触过大海,更没有尝过咸涩的海水。不过我曾读过一本厚厚的叫做《我们的世界》的书,书中对于海洋的详细描述,使我对大海充满了好奇和向往,我渴望能触摸一下茫茫的大海,去感受波涛汹涌的海浪,去领略巨浪的咆哮。当这个愿望终于要实现时,我的心激动得狂跳不止。

　　到了海边,她们刚替我换好游泳衣,我就迫不及待地奔向温暖的沙滩,我快乐地奔跑着,冲进清凉的海水中,没有丝毫的犹豫和恐惧。巨大的海浪汹涌澎湃、此起彼伏,冲击着我,我被浪花包围着,身体随着海浪时起时伏,这前所未有的快乐让我激动得浑身颤抖。突然,我的脚撞到了一块岩石,随后一个浪头砸在头上,我觉得有些晕晕乎乎,瞬间,内心的喜悦变成了极大的恐惧。我伸出双手,试图抓住什么东西,可是只有劈头盖脸的海水和被海水卷抛起来的海草。我的一切努力都无济于事,海浪似乎在和我搞恶作剧,狂野而随意地把我抛来抛去,弄得我晕头转向,真是太可怕了!我的双脚离开了广袤而坚实的土地,周围除了陌生汹涌的海浪外,一切都不复存在了。没有生命,没有空气,没有温暖,也没有爱。终于,我还是被浪花送回到海边,或许是大海对我这新玩物感到厌倦了,才把我放开。莎莉文老师立即把我紧紧地搂在怀中。哦!这是多么温暖、舒适的怀抱啊!我慢慢地从恐慌中缓过神来,说的第一句话就是:"是谁放这么多盐在海水里的?"

经过这次水中历险，我见识了大海的厉害，不敢再轻易下海。但我仍然喜欢穿着泳衣坐在一块大岩石上，那样也很好玩，可以感受到气势磅礴的海浪拍打岩石的震动，四溅的浪花洒在身上，还可以感受到滚滚波涛猛烈拍打海岸的时候，小鹅卵石滚动时发出的咔嗒咔嗒的撞击声。狂怒的海浪似乎要摇撼整个海滩，空气也随着海浪颤动。海浪激荡在岩石上，破碎了，垂头丧气地退回去，但它并不气馁，随后又聚拢来，发起新一轮更加猛烈的袭击。我紧紧地抱着岩石，一动不动，听着大海的怒吼咆哮，觉得既紧张又陶醉。

海岸对我有无限的吸引力，我在海边总觉得呆不够。海边纯净清新的空气，让我的内心变得平静，让我的思绪变得冷静从容，贝壳、卵石、海草及藏在海草中的小生物，都向我展示着无穷的魅力。一次，一只样子奇特的大家伙正在海边懒洋洋地晒太阳，被莎莉文老师看见。莎莉文老师走上前把它捉住了。这是一只长得像马蹄靴的大螃蟹，以前我从未见过这种东西。我上前对它摸来摸去，对它背上驮的房子很好奇。我突然心生一念，把它带回去喂养，它很可能会成为一个好玩的宠物。于是，我用双手抓住它的尾巴把它拖回家。只是这只大螃蟹实在太重了，拖着它走了半英里路，几乎用尽了我所有的力气。

回到家，我央求莎莉文小姐把它放在井边的水槽里。我认为这里是最安全的地方，它不会从这儿跑掉。可是第二天早上，我到水槽边查看时，发现螃蟹不见了。没有人知道它逃到哪里去了，也没有人知道它是如何逃走的。一时间我既失望又懊恼，但是随着时间的推移，我逐渐意识到，把一个不能说话的可怜生物圈在这里，既不仁慈，也不明智，一想到它可能已经返回大海了，我的心情又愉快起来。

第十一章 山间秋季

那一年秋天，我带着无数美好的回忆回到了南方，回到了我温暖的家。每当想起这次波士顿之行，我的心中便充满了快乐，不禁感叹这次旅行中丰富多彩的见闻。这次旅行让我的生命变得丰富而又厚重，是我生活的转折点，从此一个全新而美丽的世界展现在我面前，把它所有的宝藏置于我的脚下。我尽情地汲取知识，体会快乐，用全身心来感受世间的一草一木，片刻也不愿意停歇。我的生命充满了活力，就像那些朝生夕死的小虫子一样，把一生浓缩为一天，尽情地释放着我的精力和激情。我遇到过许多人，他们在我手掌上写字同我"交谈"，正是以这种方式，我和他们交流思想，因为思想上的共鸣而感到快乐，这难道不是奇迹吗？想想以前，我和别人根本无法沟通，我们的心灵之间就像隔着一片寸草不生的荒原地带。现在却是百花争艳，绿草如茵，一派生机勃勃的景象。

在距离图斯康比亚大约十四英里的地方有一座山，那里有我们家的避暑山庄，就是在那儿，我和家人度过了一个美好的秋天。人们把那里叫做"凤尾草采石场"，因为附近有一个早已废弃的石灰石矿场。山上满是岩石，在这些岩石缝隙中有多股泉水，清冽的泉水从岩石上倾泻而下，汇合成三条小河，河水在山里曲曲折折地流动着。遇到岩石阻挡，河水便倾泻而下，形成一个个小瀑布。这些小瀑布恰如一张张笑脸，迎接发现它的人，随后又唱着欢快的歌儿向前奔去。旷野上长满了茂密的凤尾草，把石灰石遮得严严实实，有些地方甚至把小溪也盖住了。山上树林茂密，有高大的橡树，也有枝繁叶茂的常青树，这些树的树干就像长满了青苔的石柱，枝蔓上挂满了开满小花的常春藤和槲寄生。还有缀满果实的柿树，散发出的迷人芳香弥漫在密林中的每一个角落，让人闻了神清气爽，心情顿时也好了起来。有些地方，野生的圆叶葡萄和斯卡巴农葡萄（美国南部产的黄绿色大粒葡萄）的藤蔓从这棵树攀附到另一棵树上，纵横交错，形成了由成片藤萝组成的绿色棚架，蝴蝶和蜜蜂在藤架间翩翩起舞。黄昏时分，密林深处万绿丛中，散发出阵阵清爽宜人的芬芳，置身其间，令人陶醉，使人心旷神怡。

我们的别墅坐落在山顶上，四周环绕着高大的橡树和松树。虽然只是个简陋的宿营地，但环境优美。房间很小，分为左右两排，中间是一个露天的长长的走廊，房子的外围是一圈宽广的游廊，山风吹来，带来了树木的醇香。我们大部分时间都是在游廊上度过的，在那里上课、吃饭、玩耍。靠近后门有一棵巨大的灰胡桃树，周围砌了石阶，屋前也是绿树成荫，树离游廊很近，在游廊上伸手就能摸到树干，可以感受到树枝在清风中徐徐摇动，树叶瑟瑟地飘落。

经常有很多朋友来拜访我们。晚上，男人们聚集在篝火旁打扑克，或者是聊天做游戏消磨时光。他们夸耀自己捕猎野禽、打捞鱼蟹的本领如何高超，描述打了多少只野鸭和火鸡，捉住了多少条凶猛的鲑鱼，如何用布袋诱捕狡猾的狐狸，如何用妙计捉住灵敏的负鼠（一种小型袋鼠），如何出其不意追赶上跑得飞快的山鹿，他们讲得绘声绘色，引人入胜。我心想，在这些足智多谋的猎手面前，豺狼虎豹恐怕也没有容身之所了。最后，当人们陆续散去睡觉时，他们总是以"明天猎场上见！"作为晚安问候。他们就睡在门外走廊里临时搭建的床铺上，我在屋里甚至能感觉到猎人和他们的狗儿睡熟时深沉的鼾声。

黎明时分，我被咖啡的香味儿、猎枪的撞击声及猎人们来回走动的沉重的脚步声唤醒，他们正准备出征，去寻找狩猎季节的好运气。我还能感觉到马蹄的声音，这些马是猎人从城里骑来的，一整夜就拴在树上，到早晨便高声嘶鸣，迫不及待地想挣脱缰绳，随主人上路。终于，猎人们一个个纵身跃上马背，就像民歌里唱的那样：骏马飞驰，缰绳索索，鞭策嘎嘎，猎犬在前，猎人啊！出征了！

将近中午，我们开始忙着准备野外烧烤。在一个深深的土坑里点燃木柴，火堆上方架着又粗又长的树枝，肉就挂在上面炙烤。火堆周围蹲着几个黑皮肤的仆人，挥动长长的枝条驱赶着飞虫。烤肉冒着烟，发出嗞嗞的响声，不一会儿诱人的香味在空气中弥漫开来，使我们垂涎欲滴，餐桌还未布置好，我就已饥肠辘辘了。

正当大伙忙碌而兴奋地准备野餐时，猎人们也三三两两地赶回来参加狩猎聚会了，他们个个精疲力竭。马儿大汗淋漓，口吐白沫。那些猎犬则气喘吁吁，垂头丧气，一头猎物都没有打到。每个猎人都声称自己至少看到了一头鹿，而且近在咫尺，眼看猎犬就要追上了，猎人的枪口也已瞄准猎物，可偏偏就在要扣动扳机的一刹那，鹿儿倏忽不见了踪影。讲述狩猎经过时，他们的"运气"像童话故事中的小男孩，说自己差点儿捉到一只兔子，其实他只不过看见了兔子的足迹而已。欢乐的气氛很快就使猎人们忘记了不快，围坐在一起享受端上来的美食，不过不是鹿肉之类的野味，而是烤牛肉和烤乳猪这类家庭美食，谁让他们打不到鹿呢！

有一年夏天，我在山上养了一匹可爱的小马驹，我管它叫"黑美人"，这个名字来源于我刚读完的一本书，我的这匹马和书里的马像极了，都有黑得油光发亮的鬃毛，脑门上有一颗白星。我常愉快地骑着它在外面玩耍，度过了许多快乐的时光。有时候，在马儿温驯的情况下，莎莉文老师就会松开缰绳，放任马儿四处自由走动，它一会儿停下来吃路边的小草，一会儿又啃几片小树的叶子。

如果上午不想骑马，我和莎莉文老师就会在早餐后到树林里散步。有时兴之所至就故意在荒僻生疏的树林和葡萄藤之间乱钻，那里人迹罕至，只有牛马踩出的小径。我们经常遇到灌木丛拦路，不得不绕道而行。每次我们总能满载而归，怀里抱着一大束在山上采的野花，主要有桂花、鼠尾草、凤尾草等南方特有的花草。

有时候，我也和米珠丽，还有我的小表姐妹们一起去摘柿子。我并不喜欢吃柿子，但是我喜欢闻它们的香味，喜欢在树叶间和草丛中寻觅它们的感觉。我们有时还去采摘坚果，摘回来后，我帮她们剥开栗子的刺皮，或者敲开核桃和山胡桃的硬壳，里面的果仁真是又大又甜！

山脚下有一条铁路，火车常常呼啸而过，汽笛凄厉的长鸣声，常常会把我们吓得朝家中奔跑。米珠丽有时会兴奋地告诉我，有一头牛或者一匹马还在铁轨上游荡呢，似乎根本就没有听到火车的尖叫。铁路沿线大约一英里之外的深谷中，横跨着一座高架桥。桥极窄，上面的梁木间距又很大，走在上面让人胆战心惊，就像行走在刀刃上。我从来没有在上面走过，直到有一天，米珠丽、莎莉文小姐和我在树林里迷了路，我们转了好几个小时都没有找到一条回家的路。突然，眼尖的妹妹指着前方高声喊道："高架桥，那有一座高架桥。"如果在平时，我们宁愿绕道也不愿走这座桥。但是此时天色已晚，而且高架桥是离家最近的通道。没办法，我们只好小心翼翼地从高架桥上通过。我踮起脚尖小心地摸索着向前走去，开始还不算很害怕，走得也算平稳。突然，远处隐隐约约地传来一阵阵"隆隆"的声音。

"火车来了！"妹妹喊道。我们赶忙爬到下面的交叉柱上，如果不是这样，恐怕我们就要被轧得粉碎。火车头喷出的蒸汽扑到我们脸上，煤烟和煤灰呛得我们快要窒息了。火车从我们身边隆隆驶过，高架桥被震得剧烈摇晃，好像要把我们抛到脚下的万丈深渊中去。我们紧紧地抓住栏杆，费了九牛二虎之力，终于又重新爬到桥上，好在有惊无险。到家时天早已经黑了，小屋里悄无一人，原来家人们全都出去找我们去了。

第十二章 洁白的冰雪世界

经过了那一次波士顿之行以后，几乎每年的冬天我都是在北方度过的。有一年冬天，我到新英格兰一个村庄去过冬，寒冷的冬天，这里的湖泊被冰封冻起来，一望无际的原野上覆盖着厚厚的白雪。在这里，我见到了银装素裹的冰雪世界，也第一次领略了冰天雪地的妙趣。

我惊奇地发现，神奇的自然之手会把树木和丛林的外衣剥去，只剩下零星的几片枯叶挂在枝条上。鸟儿已不见了踪影，光秃秃的树上只留下装满雪的鸟巢。高耸的山岭、广漠的田野，到处是一片萧索的景象。冬之神施展法术，把大地冻得僵硬麻木，树木的灵魂也退缩到根部，似乎一切有生命的东西都蜷缩到阴暗的地下进入梦乡，大地上的生机全都消失了。甚至当阳光普照大地时，白天也精神不振，散发出寒冷的气息，就像一个老人，血管和五脏六腑已经枯萎衰老。他有气无力地挣扎着爬起来，睁开蒙眬的双眼，只是想看一眼这个被寒冬笼罩着的冰雪世界。

干枯的草丛和灌木也都变成了一片冰雪森林。

一天，天空阴沉沉的，像一整块铅板一样，越压越低，这是暴风雪即将来临的先兆。没多久，雪花就飘落下来了，我们跑到屋外，用手去迎接那最早飘落下来的雪花。纷纷扬扬的雪花悄无声息地从天空飘落下来，一连下了几个小时。大雪遮盖了山川河流，广袤的原野变得白茫茫一片，整个世界都成了雪的世界。清早起来，人们发现，村庄和田野变得让人几乎认不出来，道路被白雪覆盖，看不到任何可以辨认道路的标志，只有光秃秃的树木在皑皑白雪中矗立着。

傍晚，刮起了东北风，猛烈的狂风卷起地上的积雪，将雪花吹得四散飞扬。我们一家人围坐在熊熊燃烧的炉火旁，讲故事，做游戏，几乎忘记了我们完全处于一种与外界隔绝的状态下。夜里，风越刮越大，发出呜呜的号叫，我们也感到了莫名的恐惧。房顶被狂风吹得嘎吱嘎吱乱响，屋外的大树也在疯狂地摇摆，被刮断的树枝不停地击打着窗户，发出哗啦哗啦的响声。

大雪整整下了三天。雪停后，太阳从云层后面探出头，金色的阳光照耀在一望无际、绵延起伏的白色原野上，放眼望去，有高高的雪丘，有锥形的雪堆，各种各样，姿态万千。

我们在积雪中铲出一条条狭窄的小路。我披上斗篷系着头巾走出来，冷风飕飕地刮着，空气刺骨地寒冷，脸颊被冻得生疼生疼的。我们一会儿走在铲出的小路上，一会儿深一脚浅一脚走在积雪中，最后我们来到了大牧场边上的松树林。松树裹着一身银装，静静地矗立在雪地上，就像用洁白的大理石雕刻而成。往日熟悉的松香的芬芳现在也闻不到了。阳光照射在树枝上，上面的积雪犹如钻石一般闪烁着耀眼的光芒，只要轻轻一碰，积雪就像宝石雨一样纷纷洒落下来。经过洁白的雪地的反射，阳光分外耀眼，那晶莹剔透的光线是如此炫目，几乎穿透了蒙在我眼睛上的那一层黑暗。

积雪一天天地消融，但在这场大雪还没来得及完全融化之前，另一场暴风雪又从天而降。整个冬天，大地都覆盖着一层厚厚的积雪，我几乎感觉不到脚下的土地。在风雪短暂的间歇中，树上的冰棱偶尔也会融化，地上也会露出纸莎草和枯黄的矮树丛，不过，即使有阳光照射，湖面也总是被冰封冻着。

那年冬天，滑雪橇成为我们最喜爱的游戏。由于结冰，湖岸有些地方非常陡峭，我们就从坡度很大的地方往下滑。大家在雪橇上坐好后，一个孩子在后面用力一推，雪橇便顺势滑下去，穿过积雪，越过洼地，径直向下面的湖泊冲去，一下子穿过晶莹闪亮的冰面，最后滑到了湖的对岸。真是好玩极了，这是多么有趣、多么疯狂的游戏啊！在那风驰电掣的一刹那，狂野和兴奋似乎挣脱了捆绑在身上的枷锁，把我带上云霄，我们也仿佛脱离了大地的怀抱，御风而驰，飘飘欲仙了。

第十三章　开口说话

　　1890年春天，那一年我刚刚10岁，开始学习说话。其实在很早以前，我就有想要发出声音的强烈冲动。我常常把一只手放在喉咙上，一只手放在嘴唇上，试着发出一些声音。我对任何能发出声音的事物都很感兴趣，无论是猫儿喵喵的叫声，还是狗儿欢快的吠叫，我总喜欢用手摸它们的嘴巴；有人歌唱，我也会用手去摸他们的喉咙；有人弹钢琴，我也喜欢把手放在钢琴上面，感受音箱的振动。在我还是一个正常孩子，能够听得见看得见时，我学习说话的速度非常快。但是那场大病之后，耳朵听不见了，我也就说不出话来了。我整天坐在母亲的腿上，用手抚摸她的脸，这样就可以感觉到她说话时嘴唇的开启闭合，我觉得很有意思。虽然我早已忘记了如何说话，但我还是学着母亲的样子，嘴唇一张一合地动。亲戚朋友们都说，那时我虽然不能说话，但哭声和笑声听起来都非常自然。有时，我嘴里也能发出声音，拼出一两个单词，这并不是在和别人说话，而是我在不由自主地锻炼发音器官。得病以后，我唯一能记得的字就是"水"（water），我总是发出"wa—wa"的声音，慢慢地，这个字的意思也被我渐渐淡忘了，直到莎莉文小姐教我以后，我学会了用手指拼写这个字，就再也没有发这个音了。

　　我很早就意识到，自己与周围人的交流方式不尽相同。虽然当时我还不知道聋哑孩子也能学会"说话"，但我已不满于自己现有的交流方式——完全依赖手语交流，总感到处处受限，最明显的一点就是交流的速度非常慢。这种感觉越强烈，我就越极力想摆脱这种束缚。我常常因为急于想表达心中的想法而像逆风而行的飞鸟拼命扑打着翅膀一样，一个劲儿地嚅动嘴唇，希望能说话。家里人不支持甚至阻止我用嘴巴说话，他们怕我学不好会灰心丧气。但我毫不气馁，一次偶然的机会，我听说了拉根希尔德·卡塔的故事，我深受鼓舞，练习说话的信念就更强烈了，家人也就不再阻拦我了。

1890年，刚从挪威和瑞典访问回来的拉姆森夫人专程来看我，她曾是劳拉·布里吉曼的老师。她告诉我，挪威有个又聋又盲的女孩，叫拉根希尔德·卡塔，她已经成功地学会了开口说话。不等拉姆森夫人把故事讲完，我学习说话的愿望之火已经熊熊燃烧了起来。我暗自下定决心，一定要学会讲话。我缠着莎莉文小姐陪我前往波士顿，在别人的建议和帮助下，找到了霍勒斯·曼恩学校的校长萨拉·富勒小姐，这位和蔼可亲的小姐亲自为我授课。1890年3月26日，我开始跟她学习说话。

富勒小姐的授课方法是这样的：她发音的时候，让我把手轻轻地放在她的脸上，这样，我就能感觉到她的舌头和嘴唇的位置和动作。我用心地模仿她的每一个动作，一个小时之内我就学会了"m, p, a, s, t, i"六个字母的发音。富勒小姐总共给我上了十一堂课，我永远也忘不了当我第一次连贯地说出"天气很温暖"这句话时，我是何等的惊喜！尽管这句话说得结结巴巴，但这毕竟是人类的语言。我感受到一股新生的力量油然而生，把我从灵魂的枷锁中释放出来，我就像插上语言的翅膀，奔向知识的殿堂，并获得信仰。

只要是迫不及待地想表达那些他从未听说过的字眼，渴望走出无声的世界的（可以逃出没有柔情细语、听不到虫鸣鸟叫、没有美妙音乐的寂静的世界）聋哑人，他无论如何也不会忘记，他开口说出第一个单词时，那像电流一样传遍全身的欣喜若狂的感觉。只有这样的人才能理解，我是怀着多么热切的心情不停地同玩具、石头、树木、飞鸟以及不会说话的动物们交谈。只有这样的人才能体会到，当妹妹能听懂我的招呼，小狗能听懂我的命令时，我溢于言表的喜悦心情。如今能够用长满翅膀的语言说话，而无需别人的翻译，这种方便是难以用语言描述的。现在我可以边思考边讲话，而不像以前那样只能先想好了再用手指拼写出来。

不过，我在如此短的时间内并未真正地学会了说话，事实上，我只是掌握了说话的基本要领而已，而且只有富勒小姐和莎莉文小姐明白我说的话，对于大部分人来说，我说一百个词，他们也未必能听懂一个。掌握了学习语言的要领，并不等于真正学会了说话，剩下的就要靠我自己去摸索了。如果没有莎莉文小姐富有创造性的教导和她孜孜不倦的努力，我就不可能如此神速地学会与人自然交谈。最初，我夜以继日地苦练，才使我最亲密的朋友们听懂我的话。随后，在莎莉文小姐的帮助下，我反复练准每个字音，反复练习将各种音节自由组合的发音。直到现在，她仍会在日常交流中改正我不正确的发音。

只有教过聋哑孩子的老师才明白这意味着什么，也只有他们才能体会到我所面对的困难。我完全依靠手指来感受老师的发音，我用触觉感知喉咙的颤动、嘴唇的闭合和面部表情。而这种感觉往往是不准确的，我只有强迫自己一遍遍练习那些发不准确的词语或句子，有时一练就是几个小时，一直到发正确为止。我的任务就是练习，练习，再练习。气馁和厌倦的情绪时常困扰着我，但是一想到我即将回到家和亲人共同分享学习成果，我的信心就会大增，我急切地想看到他们为我的成功而露出赞赏的笑容。

"我的小妹妹就要能听懂我的话了。"这成为我战胜任何困难的坚强信念。我常常欣喜若狂地反复念叨："我现在不是哑巴了。"每每想到我能快乐地和母亲交谈，能够理解她口形变化的不同含义，我就会充满信心。而且，当我发现语言交流要比用手指拼写容易得多时，我惊讶不已。我不再使用手语字母和别人交流，但是和莎莉文小姐及几个朋友交谈时，我仍然用字母拼写，因为对我而言，手语字母更方便，理解得也更快一些。

说到这里，也许应该好好解释一下盲聋人使用的手语字母，因为这似乎让很多不了解的人感到困惑。人们要为我读书或和我交谈，就要用聋哑人使用的手拼字母法，我把手轻轻地放在说话者的手上，既不妨碍别人写字，又能敏感地感觉到它的移动，这种感觉就和普通人看书一样，当你为我"读书"的时候，我感到的是一个个字，而不是单个的字母。长期的训练令手指变得异常灵活，有些朋友的拼写速度非常快，就像一个熟练的打字员在打字机上打字一样快。当然，这种拼写方式同写字一样，也成了我一种下意识的动作。

我能够开口讲话了，我抑制不了激动的心情，迫不及待地想要赶回家。

这一快乐的时刻终于到来了，我踏上了返乡的旅程。一路上，我不停地用嘴和莎莉文小姐说话，这并不是为了表达什么意思，而是尽量利用一切机会，提高自己的说话能力。不知不觉火车已经停靠在图斯康比亚车站，全家人都在站台上迎接我。一下车母亲就把我紧紧地搂在怀里，她浑身颤抖着，激动得说不出一句话，只是侧耳倾听我发出的每一个音节。小妹妹高兴地抓住我的手，又蹦又跳，吻个不停。父亲站在一旁一言不发，只是关切地注视着我，慈祥的脸上露出了欣慰的笑容。直到现在，一想到相会的情景，我就禁不住热泪盈眶，就像是《以赛亚书》中的预言在我身上应验："山岭齐声欢唱，树木欢呼鼓掌。"

第十四章 《霜王》风波

1892年冬天,我原本快乐美好的童年生活突然被一片乌云笼罩,为此,我很长一段时间都沉浸在痛苦、焦虑和恐惧之中,连书都没有心思读了,活泼开朗的我开始郁郁寡欢地度日。直到现在,一想起那段可怕的日子,我仍然心有余悸。事情的起因是这样的:我写了一篇题目叫做《霜王》的小说,并把它寄给了帕金斯盲人学校的阿纳戈诺斯先生,没想到这个举动却给我引来了巨大的麻烦。为了让大家了解事件的来龙去脉,我必须把整件事如实地告诉大家,也为了我自己和莎莉文老师都能得到公正的评判。

在我学会说话后的第一个秋天,我写了这篇小说。那年夏天,我们在山间别墅住的时间比往年都长,莎莉文小姐常常向我描述树叶在不同的时节是什么样子的,是如何如何的美丽。她的讲述让我想起了一篇文章,以前别人念给我听的,我在不知不觉中记住了那篇文章。我想,我也要编写一个故事,于是热切地想在忘记以前把它写出来。我思如泉涌,洋洋洒洒地写了起来,完全沉浸在创作的喜悦之中。优美流畅的语言、栩栩如生的形象从我的笔尖跳出来,我仔细地把这个故事写在盲人专用的布莱叶纸板上。现在,假如有什么文思毫不费劲地涌入我的脑海,我就会毫不犹豫地怀疑,它们也许不是我大脑的产物,而是从别人那里捡来的零星碎片。但在那时,我如饥似渴地读书汲取知识,这种界限观念很模糊。即使是现在,我也常常无法分清,哪些是我自己的思想,哪些是别人书里记载的东西。或许,这一切是因为我无法亲自去认识事物,大都是通过别人的眼睛和耳朵看到听到后转述而来的缘故吧。故事一写完,我就读给莎莉文老师听。至今,我仍然清楚地记得自己陶醉于那些精彩的段落的情景,还有被老师纠正单词读音时的懊恼之情。晚餐时,我又把故事读给全家人听,他们都惊讶不已,没想到我写得如此之好，甚至有人问我，这是我独立创作的，还是从别的书里读到的故事。

这个问题让我感到非常吃惊，因为我根本不记得有谁曾为我读过这样的故事。我大声说道："不是，这是我自己创作的，我要把它献给阿纳戈诺斯先生。"

随后，我把小说重新抄好，并且把它作为生日礼物寄给了阿纳戈诺斯先生。小说的原名叫《秋天的落叶》，根据家人的建议，我把它改成了《霜王》。在去邮局的路上，我得意洋洋，觉得自己仿佛走在了云端，当时做梦也想不到，我竟要为这个小说付出惨痛的代价。

阿纳戈诺斯先生非常欣赏《霜王》，把它刊登在帕金斯盲人学院的校刊上。这把我的得意心情推到了极点，但是没过多久，我就从快乐的巅峰重重地跌入了痛苦的深渊。我到波士顿不久，就有人发现了一篇同《霜王》类似的故事，那个故事名叫《霜仙》，作者是玛格丽特·坎贝尔小姐。这篇故事收在一本叫做《布莱迪和他的伙伴们》的书中，这本书早在我出生之前就出版了。这两篇文章无论在思路上还是语言上都非常相似，因此有人说我曾读过坎贝尔小姐的文章。这意味着：我的小说是一篇剽窃之作。起初，我并不了解问题的严重性，但是搞明白以后，我感到既震惊又伤心，我承受了任何孩子都不曾遭遇过的痛苦。我自己颜面尽失不说，还令我最爱戴的人遭受猜忌。可是，这一切是怎么发生的呢？我绞尽脑汁苦思冥想，我在写《霜王》之前到底读过什么描写霜的文章或书籍，可我不记得看过这类故事。我只想起杰克·弗罗斯特（FROST的音译）为孩子们写的一首叫做《霜的奇想》的诗和霜有关，可我绝没有把诗里的内容引用到我的小说中。

最初，尽管阿纳戈诺斯先生感到此事比较棘手，但是他还是信任我的，对我仍然宽厚和蔼，这总算驱散了我心头的乌云。不久学校举办庆祝华盛顿诞辰纪念活动，为了让他高兴，我尽量掩饰住自己的不快，打扮得漂漂亮亮去参加了活动。

在同学们演出的一场假面舞剧中，我扮演了谷物女神。记得那天我身上穿着华丽优雅的服装，头上戴着色彩斑斓的秋叶扎成的花环，手上和脚上满是果实和谷物。可在花花绿绿的装扮下，在欢乐的气氛中，我内心深处却充满了忧伤和苦闷。

就在庆典活动的前一天晚上，学院里的一位老师又向我问起《霜王》这篇小说。我告诉她，莎莉文小姐曾跟我介绍过杰克·弗罗斯特及其出色的诗作。不知怎的，我的话使她认为我确实看过坎贝尔小姐的《霜仙》。虽然我一再重申她的推断错误，但她还是把自己的判断告诉了阿纳戈诺斯先生。

一向对我信任有加的阿纳戈诺斯先生听信了这位老师的话，认为我欺骗了他，无论我如何辩解，他都充耳不闻，而且不再相信我的话。他认为：莎莉文小姐和我其中至少有一个人故意抄袭了别人的作品，以博得他人的赞赏。紧接着，学校教师和官员组成的调查"法庭"，把我叫去接受"审判"，而莎莉文小姐则被告知要暂时回避。他们在"法庭"上反复盘问我，好像要迫使我承认，有人曾经给我读过坎贝尔的小说《霜仙》。从他们提出的每一个问题中，我可以感觉到他们对我的怀疑和不信任。我感觉到阿纳戈诺斯先生正在用责备的眼神看着我，那种难受的感觉真是无法用语言形容。我的心怦怦地乱跳，语无伦次地回答他们提出的问题，有时结结巴巴甚至一句话也说不出来。虽然我知道这纯粹是一场误会，但却丝毫不能减轻自己内心的痛苦。盘问终于结束了，我头昏目眩地走出房间，老师和朋友都走来安慰我、鼓励我，可我实在无心去听。

晚上，我躺在床上难过得痛哭失声，恐怕没有哪个孩子哭得像我这样伤心。我感到浑身冰凉，心想："也许活不到明天早上了。"这种想法倒使我感到一丝宽慰。现在回过头来想想，如果这场误会发生在我年龄稍大一点的时候，我一定会精神崩溃的。随着时间的推移，那段令人痛苦的记忆也就渐渐淡忘了。

莎莉文小姐从来没有听说过《霜仙》这篇小说，也不知道前面提到的收录这篇小说的那本书。在亚历山大·格雷厄姆·贝尔博士的帮助下，她仔细地调查了这件事，最后终于有了些眉目。事情是这样的：1888年，索菲娅·C·霍普金斯夫人有一本坎贝尔小姐的《布莱迪和他的伙伴们》。那年夏天，我们正好和她一起在布鲁斯特度假。现在霍普金斯夫人已经无法找到那本书了，但是她告诉我，当时莎莉文小姐独自去度假，不在我身边，为了给我解闷，她就从各种各样的书中找些有趣的故事念给我听。她不记得是否曾为我读过《霜仙》这个故事，但她确信她曾从《布莱迪和他的伙伴们》这本书中挑选了小说念给我听。霍普金斯夫人说，她在把布鲁斯特的房子卖掉之前，处理了大量的青少年读物，诸如老课本和童话故事书之类，或许《布莱迪和他的伙伴们》就在其中。

当时，这些故事并没有给我留下什么特别的印象，但故事中出现的奇异生词，却使没有任何娱乐百无聊赖的我产生了兴趣。虽然当时讲故事的情景我一点都记不起来了，但是我却无法忘掉当时我曾极力想记住的那些单词，想等莎莉文老师休假回来后解释给我听。因此，可以肯定的是，小说的语言在我脑海中留下了深刻的烙印，只是很久以来，我并没有意识到这一点。

莎莉文小姐回来后，我并没有对她提起《霜仙》这篇小说，这可能是因为她一回来就给我读《方特勒罗伊小君王》，我的脑子被这个故事装满了，把别的事都抛到了一边。事实上霍普金斯夫人给我读过坎贝尔小姐的故事，我虽然当时暂时忘记了它，可不久以后，残存的记忆又自然而然地在脑海中浮现，以至于我丝毫没有觉得它是别人思想的产物。

在那段艰难的日子里，我得到了很多人的同情和关爱，朋友们无一例外地向我伸出援助之手，把我从低谷中拉上来。坎贝尔小姐也来信鼓励我："将来总有一天，你会写出自己的巨著，使人们从中得到鼓舞和帮助。"但是这个美好的预言到现在都没有实现。从那以后，我再也不敢为了消遣而舞文弄墨了，我总是提心吊胆，害怕写出来的东西不是自己想出来的。有很长一段时间，即便是给妈妈写信，我也会感到惴惴不安、如临大敌，我一遍遍地反复念每一个句子，直到确信自己并没有在某本书中读到过这些话。如果没有莎莉文小姐坚持不懈的鼓励，我这辈子恐怕都不会再去碰纸和笔了。

事实上，我确实读过《霜仙》，我又回头读了那时写的一些信，发现其中果然有"借鉴"坎贝尔小姐的地方。如1891年9月29日写给阿纳戈诺斯先生的信中，措辞和感情与坎贝尔小姐有些雷同。当时，我正在写《霜王》，像很多别的信一样，其中一些段落也包含了那篇故事所使用的语句。当然，这些语句都是被我融会贯通后，又表达了我自己的思想。比如，我假想自己是莎莉文老师向自己描述秋日中金黄色的树叶："是的，唯有绚丽多彩的秋叶才能寄托我对即将流逝的夏日的眷恋之情。"而坎贝尔小姐的那篇小说中也有几乎同样的语句。

那时我养成了一种习惯，学习了喜欢的东西后，再把它们转化成自己的思想表达出来，这种情况在我早期的书信和写作中常常能看到。我在描写希腊和罗马的古城的文章中，极尽渲染铺张之能事，所用词语都是从以前读过的书中"借"来的。我知道阿纳戈诺斯先生喜欢古迹，对古希腊和罗马文明更是情有独钟、推崇备至。于是，我在读书时，便刻意留心相关的诗歌和历史，以便取悦于他。阿纳戈诺斯先生则说我描写古城市的文章"饶有诗意"。但我并不明白的是：他竟然相信一个十一岁的盲聋小女孩能写出这样的作品。不过，我也曾认为，不能因为我的文章中有别人的词句，就一文不值了，毕竟这也表明我已经能用形象生动的语言来描述美好的事物，表达诗意的意境了。

早期的文章就像智力训练课程，和所有缺乏经验的年轻人一样，我也是通过汲取和模仿，逐渐学会了将自己的思想用文字表达出来。凡是书中能引起我兴趣的东西，都被我自觉或不自觉地记下来，并转化为自己的东西。

年轻作家史蒂文森曾说过，初学写作的人，大都本能地模仿自己最钦慕的作品，并以令人惊讶的变化力将它转化为千变万化的文字。即使是伟大的作家，也只有经过经年累月的训练，才能具有非凡的文字驾驭能力，用这些文字准确形象生动地表达出自己的思想。

也许直到现在，我仍然没有完成这一过程。说真的，我常常无法辨别哪些思想是我自己的，哪些思想是我从书中获得的，书里的思想已经变成了我的精神食粮，和我融为一体。所以，我的作品就好像初学缝纫时用各式各样、七零八碎的布片拼成的一件色彩斑斓的衣服，其中有精美的丝绸和天鹅绒，也有粗布头，而且粗布头占绝大部分，十分显眼。同样，我的文章虽说反映了我的一些粗鄙见解，但其间也夹杂着别人的真知灼见和成熟的观点，这些都是我从书里读来并记在心里的。在我看来，写作的最大困难就在于，当自己的思绪还不是很有条理，甚至还有些幼稚的时候，该如何用所学到的语言将它们理性地表达出来。写作就像拼七巧板，先在脑海中勾勒出一幅图案，然后用文字把它描绘出来。但有时却词不达意，或者是词语很恰当，但组合起来的文字却与原来的构思相去甚远。尽管如此，我还是锲而不舍地努力尝试，因为我知道，既然别人能行，我也一定能行，我怎么能认输呢？

史蒂文森说："人如果生来就没有创造才能，便注定他一辈子都不可能创造出什么东西。"我也许就是这样的人。不过，我还是希望有朝一日写作能力有所长进，能把自己的思想和经历充分自如地表达出来。凭着这种信念，我坚持不懈地刻苦练习，最终战胜了《霜王》事件给我带来的对写作的恐惧。

虽然这件事让我经受了很多痛苦，但从另一方面来说，这次不愉快的经历未尝不是一件好事，它促使我认真地思考有关写作的一些问题。如果有什么无法弥补的遗憾的话，那就是我因此失去了最亲爱的朋友阿纳戈诺斯先生的友谊。

我在《妇女之家》杂志上发表了《我的生活》之后，阿纳戈诺斯先生在给梅西先生的一封信中说，在《霜王》事件中，他相信我是无辜的。他说，当时的那个调查团由八名成员组成，四名盲人，四名正常人。其中的四人认为有人给我读过坎贝尔小姐的那篇小说，而另外四人则不支持这种观点。阿纳戈诺斯先生说，作为调查团成员之一，他投了支持我的一票。

无论这一事件的结果如何，也无论阿纳戈诺斯先生站在哪一方，我感觉到当我走进他的办公室时，有人对我抱怀疑的态度，周围弥漫着敌对的气氛，我产生了一种不祥的预感，其后发生的事果然印证了这种感觉。而在此之前，每当我见到阿纳戈诺斯先生时，他总会放下手头的工作，把我抱在膝上嬉戏玩耍一会儿。我感觉到，事情发生后的两年间，阿纳戈诺斯先生似乎一直相信我和莎莉文小姐是清白无辜的，但后来不知什么原因，他改变了看法。学校为什么要调查这件事，我不清楚，甚至连调查团成员的名字都叫不出来。后来他们也不和我说话。在他们盘问我的时候，我的心里充满了恐惧，顾不上注意其他事情，而且情绪激动，根本无法提出异议。事实上，我几乎回想不起来我说过什么话以及别人对我说了些什么。

我之所以把《霜王》事件的前前后后叙述得这样清楚，是因为这件事深深地影响了我早期的成长和教育，为了避免误解，我尽可能地将事件的来龙去脉原原本本地说清楚，以做到问心无愧。我不想为自己辩解，更不会去埋怨任何人。

第十五章　参观世界博览会

《霜王》风波平息后,我回到了家乡亚拉巴马州,和家人一起度过了夏天和冬天。回家的感觉真好,我仿佛又看到了希望的种子发芽、开花、结果,我把所有的不快都抛到了脑后,笑容重新出现在我的脸上,《霜王》风波的不快自然也忘得一干二净。

夏日渐渐远逝,秋天悄悄来临。大地上铺满了落叶,有深红色的,有金黄色的。花园的尽头,那些深绿的葡萄藤上挂满了一串串晶莹的葡萄。在阳光的照射下,那些葡萄褪去青色,渐渐变成了红褐色。在这里,我开始创作有关我的生活的文章,此时距我写《霜王》那篇小说已有一年多时间了。

那个时候,我对自己写的东西仍然心存疑虑,担心我笔下的东西不完全是我自己的,那种不确定的想法常常折磨着我。除了莎莉文老师外,没有人知晓我内心的忐忑不安。这种神经过敏的古怪心理,使我不能提及《霜王》这个话题。有时,在同老师交谈的过程中,当我萌生出一个新想法时,我就会对她拼写出这样的句子:"我不太肯定这是我自己的。"有时候,我写着写着,就会自言自语地说:"你写的这些东西可能早已经有人写过了。"一想到这些,我就似乎被毫无道理的恐惧缚住了双手,这一天便无法再写下去。直到现在,我还能时常感受到这样的焦虑和不安,那次可怕的经历给我留下了难以磨灭的印记,使我的心灵受到了创伤。至于影响有多严重,直到今天我才理解。莎莉文老师总是千方百计地安慰我,帮助我,为了使我恢复自信,她鼓励我为《青年之友》写一篇回忆我的生活经历的小文章,题目就叫做《我的生活介绍》。当时我只有十二岁,写这样的文章还比较吃力,回想起来,我当时似乎已预料到自己会从这篇文章中得到心灵的慰藉,否则的话,我一定写不出来的。

虽然下笔时有些战战兢兢，但是在老师的鼓励和帮助下，我还是不屈不挠地写了下去。莎莉文老师知道，只要我能够坚持不懈，就一定能展现自己的才能，重新树立起信心。在《霜王》风波之前，我一直是一个懵懂无知的小孩。其后，我变得沉默寡言了，经常思考一些形而上学的哲理。渐渐地，我从那段不愉快的阴影中逐步摆脱出来，人也开朗起来，经过磨练，我的头脑比以前清醒多了，对生命的真谛也有了更深刻的认识。

1893年，我生活中几件主要的大事是：在克利夫兰总统就职典礼期间的华盛顿之行，参观尼亚加拉瀑布和世界博览会。在这种情况下，我的学业有时会中断数周之久，因此，要系统地讲述这一年的学习是很不容易的。

我们是在3月去的尼亚加拉，站在美洲最壮观的瀑布边的高崖上，感受着空气的震颤和大地的摇晃，我激动的心情难以言表。

也许很多人会感到奇怪，像我这样又盲又聋的人是如何被尼亚加拉瀑布的雄浑绮丽感动的呢？他们总会问我："你既看不见惊涛拍岸，也听不到巨浪咆哮，那么美妙和音乐对你来说意味着什么？"答案是明显的，我觉得它们代表了一切，正如"博爱""宗教""善良"不能以斤称、以斗量一样，它们的意义也是无法估量的。

这年夏天，莎莉文小姐和我随同亚历山大·贝尔博士参观了世界博览会。那段快乐时光在我心里留下了美好的回忆，小时候的许多天真的幻想全都变成了美妙的现实。我似乎每天都在梦中周游世界，用手触摸每一件展品，感受人类勤劳智慧创造的奇迹以及多姿多彩的生活。

我最喜欢的地方是博览会的万国馆，这里就像"天方夜谭"一样，充满了各色各样的新奇事物。有和书本中描写的印度风情一样的摆满了"欢乐神"和"象神"的奇特集市，有开罗城的景观模型，有金字塔和清真寺，还有长长的骆驼队穿行其中。再过去就是威尼斯的水道，每天晚上，我们都泛舟其中，在灯光绚烂的城市和喷泉间游弋。我还登上一艘放置在微缩城池外面的北欧海盗船，在波士顿的时候我也曾登上过一艘军舰，然而，我对这些海盗船更感兴趣，它上面只有一个水手，他一个人总管一切，无论是狂风暴雨，还是风平浪静，他都勇往直前，百折不挠，他一边大喊"我们是海上英雄"，一边使出浑身解数同大海搏斗，没有人帮助他，甚至连个与他交流的人都没有。相比而言，现在的水手则沦为机器文明的附庸，这正应验了"人只对人感兴趣"这句老话。

距离海盗船不远，还有一艘"圣玛利亚"号帆船模型。"船长"领我参观了当年哥伦布住的船舱，桌子上放着一个沙漏，这个小巧的仪器给我留下了深刻印象。因为它勾起了我一连串的想象：当他绝望的同行者企图反叛时，这位无畏的航海家凝望着沙子一粒一粒地漏下，他感到身心多么的疲惫呀。

世界博览会主席希金鲍瑟姆先生对我特别关照，允许我随意触摸每一件展品。我就像当年皮萨罗掳掠秘鲁的金银财宝时一样，贪婪而迫不及待地用手指触摸博览会的一件件艺术珍品，整个博览会就像个美丽奇妙的万花筒，每件展品都让我感到无比新奇，我对每件展品都爱不释手，特别是那些法国青铜雕像，栩栩如生、活灵活现的形象，让人怀疑是天使下凡，被艺术家们捕捉并还以人形。

在"好望角"展厅，我了解了许多开采钻石的知识。在保证安全的前提下，一有机会，我便用手摸摸正在运转的机器，以便清楚地了解人们如何称矿石的重量，又是如何把它们切割抛光。我在淘洗槽中还摸到了一块钻石，在场的人们连声赞叹，说这是在美国参展的唯一的一颗真正的钻石。

贝尔博士自始至终都陪同着我们，一遇到特别稀奇有趣的东西，他就兴致勃勃地给我讲述一番。在电子展览大厅，我们试用了电话机、对讲机、留声机和其他发明。贝尔博士详细地向我解释了信息是如何突破空间和时间的限制而在电线上传递的，这种发明就像普罗米修斯将火种从天宫带到人间一样伟大。我们还参观了人类学展区，这里也使我大开眼界。我对古代墨西哥文物产生了浓厚兴趣，粗糙的石器是远古时代留存下来的唯一记录，是历史的唯一见证，也是没有文字时大自然的子孙树立的碑石（这是我用手指触摸后的感想），当历代的帝王与圣人都归于尘土，它们却将永远不朽，流传千秋万代。我对埃及的木乃伊也很感兴趣，但却只能敬而远之，甚至连碰一下都不敢。这些古代遗物让我更多地了解了人类文明进化过程中的知识，其中许多都是我闻所未闻、见所未见的。

我在世界博览会上足足度过了三个星期,这段经历大大丰富了我的知识,开拓了我的视野,我从一个沉迷于童话故事和玩具的小孩子,一跃成为懂得欣赏平凡世界真实事物的有心人。

第十六章　学习拉丁语

　　1893年10月以前,我断断续续地自学了许多东西,但它们都支离破碎,不成系统。我读了希腊、罗马和美国的历史。我有一本盲文版的法语语法书,上面的字是凸印的,因此,我也学习了一些法语。我常常用学到的新词默默地在脑海里做一些小练习,把这当作一种娱乐。我把随意想到的词语组成句子,但对于语法规则或其他用语则不怎么花工夫。那本书上的一些词已经标注了音标,在无人帮助的情况下,我甚至尝试掌握法语发音。当然,这对我来说是困难重重,就像是想用微弱的力量去获得巨大的成功。但不管怎么说,却使我在阴雨霏霏的日子里不至于无事可做。我的努力终究没有白费,我掌握了一些语法知识,并且可以饶有兴趣地阅读拉·芳丹的寓言,莫里哀的《被逼迫的医生》,以及拉辛的《阿太利》中的段落。

　　我也用相当多的时间来提高我的说话能力。我摸着盲文书高声朗读课文给莎莉文小姐听,有时也背诵几段自己喜爱的诗歌。她不断纠正我的发音,告诉我哪儿该断句,如何做到音调的抑扬顿挫。直到1893年10月,也就是在我从参观世界博览会的疲劳和兴奋状态中恢复过来后,我才开始在固定时间上课,学习特定的课程。

　　那时,莎莉文老师和我正在宾夕法尼亚州的休尔顿市,我们专程拜访了威廉·韦德先生一家。他的邻居艾恩先生是一位出色的拉丁语学者,所以跟他学习拉丁语也就成了顺理成章的事。我仍然记得,艾恩先生是一个个性温和、学问广博的人,他主要教我拉丁语语法,偶尔也教我算术,我觉得算术难学而又乏味,学起来很是费劲。艾恩先生和我一起阅读丹尼森的《怀念》。我以前虽然也读过很多书,但从来没有以评论的眼光去读,这次我开始学着如何去了解一位作者,辨识他的文风,这种感觉很好,就像和老朋友握手，温和又亲切。

　　起初，我很不情愿学习拉丁语语法。每一个词的意思都已十分清楚了，干吗还要浪费那么多时间去作语法分析呢？什么名词属性啊、所有格啊、单复数啊、阴阳性啊，真是繁琐极了。我想，学这些东西还不如用生物学的分类方法了解我的宠物猫呢。目：脊椎动物；门：四足动物；纲：哺乳动物；属：猫科；具体到我那只，就是塔比了。然而，随着学习的深入，我越来越觉得有趣了，渐渐地陶醉在拉丁语的优美之中。我情不自禁地朗读拉丁文的文章，把这作为一种消遣。有时我把学过的词挑选出来玩味其中的含义。直到现在，我也没有放弃这种消遣方式。

　　我想，没有什么比用刚掌握的语言来表达瞬息万变的景象、情感和脑海中层出不穷的思想更美妙的了。这就像用神奇变幻的想象，再现那划过思想天空的流星。我上课时，莎莉文小姐总在我旁边，将艾恩先生的讲解拼写在我手上，帮我查阅字典。当我们起程返回亚拉巴马老家时，我已经开始用学过的拉丁文顺利地读恺撒的《高卢战记》了。

第十七章　纽约的学习生活

　　1894年夏天，我参加了美国聋哑人语言教育促进会在夏达奎市举办的第一次会议。在那里，我被安排在纽约市的赖特休梅森聋哑人学校上课。10月，我由莎莉文小姐陪同前往就读。我选择这所学校的一个重要原因就是，在这里我可以提高发音和唇读的能力，除了这些必修的科目，在学校的两年中，我还学习了数学、自然地理、法语和德语课程。

　　我的德语老师瑞米小姐懂得手语，在我掌握了少量词汇后，一有机会，我们就用德语交流。几个月之后，我就基本上能明白她所有的话了。在学习一年之后，我已经可以很轻松地阅读《威廉·退尔》这部小说了。的确，我在德语方面的进步远胜于其他学科。相比而言，我学习法语就困难重重了。奥里维埃夫人教我法语，这位法国女士不懂手语，只能口述授课，而读懂她的唇语，是一件很不容易的事，同德语相比，我的法语进步要慢得多。尽管如此，我还是设法重读了《被强迫的医生》，这本书确实非常有趣，但和《威廉·退尔》相比，我还是更喜欢后者。

　　在唇读和讲话方面，我取得的进步并没有像我和老师以前期望的那么大。我非常自信，相信自己可以像正常人一样说话，我的老师也相信我能达到这一目标。但是，尽管我刻苦练习，依然没有完全达到预期的目标。或许是目标定得太高，所以失望也就在所难免。

　　我仍然把数学看得像陷阱一样可怕，遇到问题后，我总是喜欢"推测"而不是去"推理"。这个不好的习惯再加上我的天资愚钝，给自己和老师带来很大麻烦。有时还在胡乱猜想的基础上武断地下结论，感官的迟钝，学习不得要领，更加剧了我的学习困难。

　　我有时为此而感到灰心丧气，但我对其他科目，尤其是自然地理却兴趣十足。揭开自然界的奥秘是一大乐趣，用《旧约全书》里优美的语言描述如下：自然地理告诉我，风为什么会从四面八方吹来；水蒸气如何从大地表面冉冉升起；河流是怎样穿过岩石欢快地流淌；崇山峻岭是怎样拔地而起的；以及人类又是如何战胜强大无比的大自然的。在纽约度过的两年快乐时光，给了我许许多多美好的回忆。

我尤其记得，莎莉文老师和我每天都要到美丽的纽约中央公园散步，这个公园是这座城市里我唯一喜欢的地方，在这个美丽的中央公园里，我度过了许多快乐时光。每次跨进公园大门，我都希望有人为我描述这里的美景。公园里景色宜人，变化多端，我停留在纽约的九个月中，每一天它都有与众不同的风景，美丽多姿，令人目不暇接。

春天，我们还到许多风景名胜区游览。在哈德逊河上泛舟，在绿草如茵的河岸上漫步，这里曾是布莱恩特吟咏诗篇的地方，我喜欢河边质朴而又陡峭的崖壁。我们还参观了西点军校，游览了华盛顿·欧文的家乡泰瑞镇，那个地方有一条"睡谷"，我们曾经从中穿行而过。

赖特休梅森聋哑学校的老师特别热心，他们常常想尽办法让聋哑儿童和普通儿童一样享有各种学习机会。他们会以学生的兴趣作为教学出发点，即使是我们之中年龄很小的同学，经过引导，也能充分发挥他们被动记忆力强等特点，克服其身体缺陷所造成的限制。

在我即将离开纽约时，快乐的时光突然为凄惨的阴云所笼罩。一个噩耗像晴天霹雳一般传来，波士顿的约翰·斯鲍尔丁先生不幸于1896年2月逝世，我陷入巨大的悲痛中，这是我有生以来第二次陷入极大的悲痛之中，这悲痛仅次于当年我父亲去世。只有那些了解约翰·斯鲍尔丁先生并敬重他的人，才会理解我们之间的友谊是多么深厚。他不仅乐于助人，而且不使被他帮助过的人有过意不去的感觉，对莎莉文小姐和我尤其如此。每当想到他的慈爱，想到他对我学业上的帮助，我就对未来充满了信心。他的离世给我们的生命留下了无法弥补的巨大空白。

第十八章　剑桥女子中学纪事

1896年10月，我进入剑桥女子中学学习，这是为了进入哈佛大学德克利夫学院做准备。

小时候，我曾参观过韦尔斯利女子学院，我不喜欢那个地方。那时，我就意志坚定地对朋友们说："将来我一定要上大学，而且还要进哈佛大学！"听了我的话，朋友们都很吃惊，大家都知道，哈佛大学的入学考试难度非常大。他们问我为什么不选择韦尔斯利女子学院，我回答说，因为那里只有女生。

从那时起，上大学的念头就在我心里扎下了根，而且一直是我最热切的愿望，是我不懈努力的动力。我有许多真诚而又明智的朋友，他们坚决反对我的选择，但我没有接受他们的意见，毅然决定要和视听正常的女孩子们一争高下。当我离开纽约时，上大学的念头已成为我不可动摇的既定目标，我下定决心前往剑桥女子中学学习，因为这是通往哈佛、实现童年梦想的一条捷径。

在剑桥女子中学，莎莉文小姐每天陪我一起听课，并将老师的授课内容翻译给我。剑桥的老师们没有教授聋哑学生的经验，他们都不会手语，因此和他们交流的唯一办法就是唇读。一年级开设的课程有：英国历史、英国文学、德语、拉丁文、数学、拉丁文写作和其他一些科目。在此之前，我没有为进大学而专门学过某种课程，但在莎莉文老师的精心辅导下，我已经有了较好的英语基础。不久，老师们就认为，除了大学临时指定的几本教材外，我不需要在英语方面进行专门的学习了。在此之前，我的法语已有一些基础，拉丁文也学习了六个月，而我在学习德语上用的时间最多。

经过我的刻苦努力，学习上已经具备了一些优势，但我前进的道路上还是充满荆棘的。莎莉文小姐不可能把所有要学习的内容都在我手上拼写出来。尽管我伦敦和费城的朋友们马不停蹄地忙着为我赶制盲文课本，但也需要一些时日才能印好。所以我不得不暂时用盲文把拉丁文抄下来，这样就能方便和其他女生一起朗读。我说话不能像正常学生那样流利，但是老师们很快就习惯了我那断断续续的语音，并能解答我提出的问题，及时纠正我的错误。虽然我无法在课堂上记笔记或做练习，但我在课后会用打字机写作文和做翻译。

莎莉文小姐每天陪我一起上课，不厌其烦地把老师们讲的内容在我手上拼写出来。她还帮我查字典，有许多注释和图书没有凸印版，她就一遍又一遍地为我拼写，其单调乏味实在难以想象。学校里只有德语老师弗劳·格鲁特女士和校长吉尔曼先生学习用手语为我讲课。我仍记得弗劳·格鲁特女士缓慢又不得法的拼写，然而她一片好心，不辞劳苦地坚持每周为我上两次课，好让莎莉文小姐得到片刻休息。尽管大家热心帮助我，但只有莎莉文小姐把这种枯燥的工作变得充满乐趣。

那一年，我学完了数学，复习了拉丁文语法，阅读了恺撒的《高卢战记》的前三章。德语方面，得益于莎莉文小姐的帮助，我阅读了一些德文著作：席勒的《钟之歌》和《潜水者》、海涅的《哈尔茨山游记》、弗雷格的《菲特烈大帝统治时代散记》、里尔的《美的诅咒》、莱辛的《米娜·冯·巴尔赫姆》，以及歌德的《我的一生》。这些书给了我莫大的享受，尤其是席勒优美的抒情诗，如对菲特烈大帝丰功伟绩的赞颂、对歌德生平的精彩描述，都使我经久难忘。《哈尔茨山游记》更是让人回味无穷，诙谐幽默的语言随处可见，书中生动形象地描写了紫藤遍野的山冈、阳光下潺潺流动的小溪、富有传奇色彩的蛮荒之地，以及神话中的灰姑娘，只有那些将自己的感情和喜好融入大自然的人才能写出如此引人入胜的篇章。

那年，吉尔曼先生曾教过我一段时间英国文学，我们一起阅读《皆大欢喜》、贝尔克的《调停美洲的演说》、麦考雷的《塞缪尔·约翰逊传》。吉尔曼先生文史知识广博，讲解起来出神入化，使我对学习变得饶有兴趣，这是机械的"填鸭式"教学所无法比拟的。

贝尔克的演说是我所读过的最具有启发性的一本政论书。我的心也随那个动荡的岁月激荡不已，两个对立国的许多重要历史人物似乎都栩栩如生地出现在眼前。贝尔克预言如果坚持敌对，结果将是美国受益英国蒙羞。令我困惑不解的是：英国乔治国王和众臣们怎能对他如此富有哲理、澎湃激昂的演说充耳不闻呢？然而这位伟大的政治家却在党内孤立无援，在党外不受欢迎，真是让人为之惋惜呀。如此宝贵的真理和智慧的种子，竟然撒落在无知和腐朽的草堆中，让人叹息不已。

麦考雷的《塞缪尔·约翰逊传》也很吸引人，但风格迥异。这位在克鲁伯街上啃着面包的落魄男人令人同情，然而，即使在身心遭受双重磨难的情况下，他也还是一心慰藉那些贫苦大众。我为他取得的成功欢喜雀跃，对他的过失避而不言。我对他的过失并不惊诧，而感叹他竟没有因为这些过失而萎靡不振。麦考雷才华横溢、笔锋犀利，能化腐朽为神奇，使万物栩栩如生，令我佩服得五体投地。然而他的自负却令我厌恶，我常常审视他那因为迁就实用而牺牲真理的做法，这和我对德摩斯迪尔的崇敬态度是截然不同的。

在剑桥学习期间，我平生第一次领略到与同龄人为伴的快乐。我和几个同学合住在与学校相连的一幢房子里（豪厄尔斯先生曾在这里居住过），我们就如同一家人。我们一起游戏、捉迷藏、打雪仗，常常携手散步、讨论学习、朗读美文。一些女孩学会用手语和我交谈，这样莎莉文小姐就用不着为我翻译了。

圣诞节期间，母亲和妹妹赶来和我共度节日。其间，热心的吉尔曼先生还把我妹妹安排在剑桥读书。就这样，米珠丽和我一起待在了剑桥，我们几乎形影不离，共度了差不多六个月的快乐时光。每每想起那段一起学习、嬉戏游乐的快乐时光，我就会情不自禁地笑出声来。

1897年6月29日至7月3日，我参加了德克利夫学院的入学考试。初试科目有初级德语、高级德语、法语、拉丁文、英语、希腊语和罗马史。考试共用了九个小时。我不仅通过了全部考试，而且德语和英语成绩还得了"优"。

也许有必要描述一下当时考试的情景。每门功课总共有16分——初级考试12分，高级考试4分。每次起码要得15分。试卷于早晨九点由专人从哈佛送到德克利夫。试卷上不写名字，只写号码，我是第233号，但因为我用（盲文）打字机答卷，所以我的试卷不是秘密的。

在考试中，我享受了特殊待遇。为了避免打字机的敲击声影响其他同学，学校把我安排在一个单独的房间，吉尔曼先生用手语拼写为我读考题。为了不受打扰，门口还设了一名守卫。

第一天考德语。吉尔曼先生坐在我身边，先把试卷给我整体描述一遍，我又一句一句地复述一遍，然后他再一句句地拼写，以确保我没有理解错误。考题难度相当大，我用打字机答题时心里感到十分紧张。吉尔曼先生把我的答案读给我听，我再告诉他哪些地方有必要修改，然后由他直接帮我修改。这样方便周到的条件，我在以后的考试中再也没有享受过。进了德克利夫学院，在考试的时候，我写完答案就没有人会读给我听了，因为考试时间一般都很紧张，除非我能提前做完答卷，否则我也没有机会修改错误。即使还剩一点时间，也只能根据我的记忆把要修改的疏漏之处，统统写在卷子的底部。我初试的成绩比复试的好，这有两个原因：其一，复试时没有人把我打出的答案读给我听，让我去改正错误；其二，初试时的科目有相当一部分都是我在剑桥中学学过的课程，因为在这年年初，我已经通过了英语、历史、法语和德语的考试，试题用的是吉尔曼先生从哈佛大学拿来的往届的考题。

考试结束时，吉尔曼先生把我的答卷送交主考官，并写了一个证明，说明这是233号考生的答卷，同时在上面签上了我的名字。

其他几门科目的考试大同小异，但都没有德语考试那么难。我记得在考拉丁文时，试卷刚发放下来，希林教授就走过来告诉我，我的德语考试已经顺利通过了，并且成绩很好。这一消息令我信心倍增，我轻松愉快而又得心应手地完成了后面所有科目的考试。

第十九章　备考大学

当我在剑桥中学开始第二年的学习生活时，我的内心充满希望，对未来也抱有必胜的信心。可是没有想到，在最初的几个星期里，我就遇到了一些意外的困难。这个学年，吉尔曼先生同意我主修数学。当时我要修的课程还有物理、代数、几何学、希腊语和拉丁文等科目。不幸的是，这些课程都已经开始了，我需要的许多书还没有及时制成盲文，因此在有些科目上，我缺少了必要的学习工具。而且，这些科目都是大班上课，学生很多，老师根本没有精力为我单独辅导。莎莉文小姐只得把所有的课本读给我听，还要为我翻译老师的话。时间比较紧张，工作量又是这样繁重，在这种情况下，莎莉文小姐那双灵巧的手显得有些力不从心，这是十一年来从未有过的。

按规定，代数、几何和物理的练习必须在课堂上完成，但我根本做不到，直到我们购置了一台盲文书写器，我的学习才能顺利进行。通过这台机器，我可以把做题的每一个步骤"写"下来。我无法看到那些画在黑板上的几何图形，想要弄懂它们，我唯一的办法就是把这些几何图形用直或弯的细铁丝在坐垫上拼出来。我不停地抚摸它们，在脑海中描摹这些图形。正如凯斯先生在他的报告中所说的那样，我不但要在脑海中勾画出图形的形状，还要进行假设、演算和推理论证。这些困难让我觉得学习中处处布满了障碍，所以有时难免会心灰意冷，萎靡不振，甚至还常常面露沮丧，把低落的情绪完全摆在脸上，如今回想起这些，我就惭愧万分，特别是回忆起为此曾向莎莉文小姐发脾气时，我就不禁汗颜。她不仅是我的好朋友，更是为我披荆斩棘的人。

渐渐地，我的困难开始消失了。随着凸版书籍和一些辅助用具的增添，我恢复了信心重新投入到学习中去。代数和几何这两门课程仍然是我难以攀登的两座大山。正如我以前说过的那样：我天生缺乏数学才能，许多难点长期积累，已经让我无法理解。那些几何图形更是令人头痛，因为我无法看到图形，也想象不出不同图形之间的关系，即使在垫子上摆放也不行。直到凯斯先生教我后，这种痛苦的状态才总算有了改善。

困难刚刚克服，随后发生的一件意想不到的事改变了一切。

就在我需要的（盲人）专用书快要到达的时候，吉尔曼先生对莎莉文小姐纵容我的过度用功提出了忠告，他还不顾我的抗议，坚持削减我的课时量。起初，我们曾达成协议，如果有必要的话，我应该用五年的时间备考大学。但在第一学年结束的时候，我以优良的考试成绩向莎莉文小姐、哈勃小姐（吉尔曼先生聘用的院长），还有其他人证明，我并不需要那么长的准备时间，两年时间足矣。一开始吉尔曼先生同意我的想法，但是随着功课难度逐渐加深，他便认定我用功过度，并且认为我还应该再学三年。我不喜欢他的计划，我更希望能与其他同学同时进入大学深造。

11月17日早晨，我感觉身体不适，所以就没有去上课。莎莉文小姐知道我的病并无大碍，但是吉尔曼先生坚持认为我是被繁重的课业压垮了，于是就对我的课程安排进行了调整，结果就导致我不能随班参加期末考试了。最终，吉尔曼先生和莎莉文小姐观点的分歧导致了我的母亲把我和妹妹米珠丽从剑桥女子学校接回了家。

经过了短暂的耽搁，母亲决定请剑桥中学的凯斯先生做我的家庭教师，辅导我继续学习。这一年的冬天，除了在学校学习，剩余的时间我和莎莉文小姐都是同我们的朋友一起度过的。我们的朋友钱伯林家住在伦萨姆，距波士顿有二十五英里远。

1898年2月至7月，凯斯先生每周到伦萨姆两次，教我代数、几何、希腊语和拉丁文课程。莎莉文小姐在一旁给我翻译。

1898年10月，我们返回了波士顿。在其后的八个月中，凯斯先生每周给我上五次课，每次大约持续一个小时。每次上课，他首先讲解我前一节课还没有弄明白的地方，然后布置新的练习；同时，他把我用打字机完成的希腊文作业带回家仔细批改，然后反馈给我。

我正是以这种方式为考大学做着准备，从未间断。我发现，同课堂学习相比，单独听课更加轻松，也更富有乐趣。单独听课不需要追赶进度，也就不会手忙脚乱了。我的家庭老师有充足的时间讲解难点，所以，我学得又快又好，其效果远比在学校学习要好。不过，同我所学的其他学科相比，数学仍然是最棘手的。要是代数和几何能有外语和文学一半那么容易就好了！但是即使像数学这样的课程，凯斯先生也能把它讲解得妙趣横生，深入浅出，化难为易，使我能够完全明白。在他的引导下，我思路活跃，推理严密，能冷静而合乎逻辑地论证求解，而不是胡乱猜测。他总是对我宽容有加，尽管我的愚笨会让约伯（基督教《圣经》中的人物）也失去耐心，可他却总是那样亲切温和并且不厌其烦。

1899年6月29日和30日，我参加了德克利夫学院的入学考试。第一天考的是初级希腊语和高级拉丁文，第二天是德语、代数和高级希腊语。

校方不允许莎莉文小姐为我读试卷，所以，学校就请了帕金斯盲人学院的教师尤金·维宁先生为我把试卷译成美式布莱叶盲文。维宁先生并不认识我，除了写盲文，无法交流。而监考人也是一个陌生人，他也不打算以任何方式同我交流。

在对付语言方面，盲文可以说是绰绰有余的，但要将它翻译成几何和代数就太困难了。我感到很沮丧，几乎有些气馁，浪费了不少宝贵的时间，在代数上花的时间尤其多。事实上，我对这个国家通用的三种盲文熟稔于心——英式、美式和纽约浮点式；但这三种盲文翻译出来的几何和代数的符号是大相径庭的，而在代数中，我只使用过英式盲文。

在考试前两天，维宁先生给我寄来了一份哈佛大学旧代数试题的盲文本。令我感到沮丧的是，这是一份美式盲文试卷。于是，我立刻坐下来给维宁先生写信，请他给我解释那些符号。随后，我收到另一份试卷和一张数学符号表，就这样，我开始着手学习这些符号。在考代数的前夜，我还在手忙脚乱地运算那些复杂的习题，可老是分辨不清那些括号、大括号和方根的混合使用。凯斯先生和我都有些灰心，对第二天的考试很不乐观。好在我们在考试那天提前到了一小会儿，又请维宁先生详细地把美式符号的用法给我讲解了一遍。

在几何考试中,我遇到的最大困难就是:过去我一直习惯于行列印刷的阅读命题,或者是让人把命题在我的手上拼写出来。可是不知怎么回事,明明命题是正确的,一转换成盲文就特别乱,我脑海里根本无法清晰地呈现出我读到的内容。考代数的时候,困难就更大了,自以为刚刚学过的符号都弄得一清二楚了,可到了考场上,以前头脑里的那些符号又跳出来,两种符号在一起打架,我分不清楚它们。此外,我也无法看到自己在打字机上打出来的文字。我以前总是用盲文演算,或者是心算。凯斯先生一贯鼓励我使用心算解决问题,并没有特别训练我如何书写答卷,因而我答题速度非常慢,我心急如焚,但又不得不一遍又一遍地阅读考试题目,争取弄懂题意,然后着手去做答案。说实话,直到现在我也不敢说我把所有的符号都理解无误了。要做到百分之百正确,实在是太困难了。

我不会责备任何人,德克利夫学院的行政委员无法想象我答题的困难,他们不会意识到他们为我设置的考试障碍有多大,也无法体会我要克服的困难的特殊性。如果说他们是无意之间给我设置了这些障碍的话,当我将这些障碍一一克服的时候,我感到无比欣慰。

第二十章　大学生活

在经历了许多艰难困苦之后，我的入学考试结束了，哈佛大学德克利夫学院同意我随时入学。但是，我的家人和朋友都建议，最好让凯斯先生辅导我一年，然后再入学。因此，直到1900年，我20岁的时候，我的大学梦才得以实现。

我热切地开始了我的大学生活。在我面前，一个美丽的新世界向我敞开了大门。我确信自己有能力掌控命运，即使在心灵上，也能像别人一样自由。

然而，开学不久，我发现大学并不像我想象的那样浪漫，许多儿时瑰丽的梦此时已不再绚丽迷人，它们在白天的阳光下渐渐褪色枯萎，进入大学学习的种种不如意开始出现在我的面前。

有时候，我很想把将要学习的东西减掉一半，因为负担沉重的大脑与心灵已无法接受那价值连城的真正的知识珍宝。我认为，一个人在一天之中读四五种语言文字、内容风格都不同的书，还要不失重点，这是很难做到的，也只是为读书而读书罢了。当一个人为了考试和测验而匆匆忙忙、紧张兮兮地学习时，脑子里就会堆满了杂七杂八的小玩意儿，我目前就处于这种状态，满脑子的无序混乱，理不出头绪。每当我试图走进自己的内心世界时，就如同一只贸然闯进瓷器店的公牛，零零碎碎的知识片段犹如杂乱纷扰的冰雹劈头盖脸地砸到我头上，我千方百计想要躲过它们，但各种学术理论就像精灵鬼怪一样穷追不舍。对这些专程前来膜拜的偶像，我现在真想把它们摔个粉碎。

大学生活中最恐怖的莫过于形形色色的考试了。虽然我已经顺利地通过了许多次考试，把它们打翻在地，但它们依然很顽强地爬了起来，张牙舞爪地扑向我，吓得我瑟瑟发抖。考试前几天，我急急忙忙地把各种古怪的公式和不易消化的年代资料一个劲儿地填塞到脑子里，犹如强行咽下令人反胃的食物。这种感觉让我希望同书本和科学同归于尽，沉没海底。

那个可怕的时刻终于来了。如果你看完试卷，觉得胸有成竹，并能把需要的东西信手拈来，那么恭喜你，你就是上帝的宠儿。但常常是，你准备了许多东西，可考试的内容恰恰是你没有准备的，就像军号已经吹响，却无人响应一样。记忆力和平时精确的分辨力在紧要关头偏偏张开翅膀飞得无影无踪了，真是让人气急败坏，辛辛苦苦储存在脑子里的东西在这关键时刻怎么就不起作用？

"请简述赫斯及其生平事迹。"赫斯？赫斯是何许人也？他做过什么？这个名字似乎颇为熟悉，我绞尽脑汁，努力在记忆中搜寻着，就像要在一个碎布包裹里翻出一小块绸缎，实在是太困难了。这个问题肯定背诵过，答案似乎就在眼前，而且那天回顾宗教改革的开端时，还碰到过，可现在它却远在天边。我把脑子里储存的东西几乎翻了个底儿朝天——历次革命、教会分裂、大屠杀、政治制度等等，但是赫斯又在哪儿呢？让我莫名惊诧的是，自己耳熟能详的东西在试卷上一个也没有出现。我一怒之下把脑子里的东西一股脑儿地全倒出来了。这才发现，它躲在一个角落里若无其事地独自沉思，丝毫不知道它给人家造成了多大的麻烦。

可是就在我刚刚找到它的时候，监考老师踱着方步过来通知考试时间到了。我怀着无比烦躁的心情一脚把那堆垃圾踢到角落里去，然后回家。这时，脑子里蹦出一个革命性的想法：教授们提问也应该经过同意，为什么不能废除这种教授随意提问的习惯呢？

在这一章中，我采用了许多形象的比喻，可能会招致人们的嘲笑。那闯进瓷器店遭受冰雹袭击的公牛和面目狰狞、凶狠的鬼怪，这些不伦不类的东西如今似乎都在笑话我。我用这些言辞只是为了形象地表达我的心境，因此只能对这些嘲笑不屑一顾。我要郑重地声明：我对大学的看法已经发生了根本性的改变。

进入德克利夫学院之前，我对大学生活存有十分美妙浪漫的设想，现在这些浪漫色彩已经退却。但在从浪漫到现实的过渡过程中，我仍然学到了许多东西。倘若没有这段实践，我根本不会有如此深刻的体会。我学到的最为宝贵的经验就是耐心。我懂得了，接受教育是一个漫长的过程，学习知识，就要像在乡间散步一样从从容容、怡然自得、胸怀宽广、兼收并蓄。这样获得的知识就如同波澜不惊的潮水，把各种思想潜移默化、不露痕迹地渗透到我们的心田。我觉得，与其说"知识就是力量"，不如说知识就是幸福。因为有了广博精深的知识，就可以分辨真假善恶，区分高低优劣。掌握了标志人类进步的各种思想和成就，恰如摸到了长久以来人类活动的脉搏。如果一个人不能体会到在这脉搏中跳跃的人类伟大的愿望，那他就无法懂得人类生命的和谐乐章。

第二十一章　爱书如命

至此，我已把我的生活轨迹作了一个简略的回顾，但我还没有告诉大家我是如何迷恋书籍的。因为书籍不仅带给人们愉悦和智慧，而且它还能给予人们知识。那些知识对别的人来说可以靠视听获得，而我则是全部通过书籍。事实上，书籍在我的整个教育过程中，对我的重要性不是其他正常人所能比拟的。因此，我要从我读书的起始之日说起。

1887年5月，七岁的我第一次阅读了一篇完整的短篇小说。从那时起，我就如饥似渴地品尝着手指触摸到的一切书籍。在前文中我也提到过，我起初接受的教育是不正规的，读书也是随心所欲的。

当时，我手头的书少得可怜，只有很少几本凸字书：一套启蒙读物、一本儿童故事集，还有一本有关地球知识的书，叫做《我们的世界》，这就是我全部的书籍。我把这些书籍当成宝贝，每天都翻来覆去地阅读它们，直到上面的字迹磨损得面目全非，无法再辨认。有时，莎莉文小姐把她认为我能理解的故事和诗歌读给我"听"，并用手指在我手上拼写。但我还是愿意自己去读书，因为这样我可以一遍又一遍地欣赏自以为有趣的作品，并且不断回味，沉醉其中。我喜欢这样的感觉。

事实上，我真正的读书生涯，是在第一次去波士顿时开始的。在学校，老师允许我每天到图书馆看一段时间的书，因此，到图书馆看书是我一天中最快乐的时光了。我慢慢地在书架前摸索着来回走动，随意翻阅想看的图书。尽管书中的单词我认不出几个，但我仍照读不误。因为文字本身就让我着迷，所以不管读的是什么，能否读懂，可能我都无意识地把它们铭记在心里了。那段时期我的记性很好，许多字句尽管我一点也不明白它们的内涵，但也都把它们记下来了。后来当我开始学说话和拼写的时候，有些单词就自然而然地蹦了出来。我掌握的词汇如此之丰富，令朋友们惊讶得目瞪口呆。尽管我不求甚解地读过许多书的片段以及大量的诗歌，但那段时期我从没善始善终地读过一本书。直到后来发现《方德诺小伯爵》这本有价值的书，我才第一次从头到尾把一本书读懂读完。

那是我八岁那年的一天，莎莉文老师发现我蹲在图书馆的一个角落里阅读小说《红字》。她问我是否喜欢书中的皮尔，还给我讲解了几个生涩难懂的单词，然后告诉我她有一本关于一个小男孩的小说，扣人心弦，比《红字》更有意思，这本书就是《方德诺小伯爵》。她答应夏天时读给我听，但其实直到八月份我才看到这本书。到海边的头几个星期，新奇的事物层出不穷，以至于我把这本小说的事都抛到九霄云外了。接下来的一段日子，老师离开我去波士顿看望朋友去了。

等她回来后，我们做的第一件事就是阅读《方德诺小伯爵》。我至今仍然清晰地记着当时阅读这本书第一章的情形。那是八月份一个温暖宜人的下午，我们俩躺在一张摇摆的吊床上，这张吊床就吊在屋外不远处的两棵墨绿色大松树之间。为了尽可能读整个下午，午饭后我们匆匆忙忙地收拾了餐具。当我们穿过草地奔向吊床时，许多受惊的蚱蜢乱飞乱撞，纷纷跳到我们的衣襟上，老师坚持要把这些小虫子捉下来才肯坐下，而我认为没有必要，是在浪费时间。莎莉文老师不在时，吊床无人问津，上面早就落满了一层松针。和煦的阳光洒落在松树上，清新的空气中洋溢着阵阵松香，同时还夹杂着丝丝海洋气息。

在开始阅读前，莎莉文小姐向我讲解了一些我不太清楚的背景，在读的过程中还不断为我讲解一些生词。起初遇到的生词很多，我们常常读读停停。一旦我了解了故事情节，就急不可耐地想知道故事的发展而不愿理会那些生词了，对莎莉文老师认为有必要的解释也听不进去了。当她由于手发软而不得不停下来时，我急得忍无可忍，把书抓在手里，如饥似渴地摸索着书页。当时那种急切的心情，我永远难以忘怀。

此后，经不住我热切的请求，安那诺斯先生终于把这部小说印成了凸版。我又反反复复地读了许多遍，烂熟于心。《方德诺小伯爵》成了我童年时代亲密无间的伙伴。我之所以不厌其烦地描述这些细枝末节，是因为在此之前，我读书都是随心所欲的。如此专心致志地读一本书，还是平生第一次。

这本书真正引发了我读书的兴趣，在其后的两年间，我在家中和波士顿都读了许多书。我早已忘记了都是些什么书，作者是谁，也想不起读的先后顺序。现在还记得的有：《希腊英雄传》、芳丹的《寓言》、霍桑的《奇书》、《圣经故事》、拉姆的《莎士比亚故事集》、狄更斯的《英格兰历史儿童读本》、《天方夜谭》、《瑞士人罗宾逊一家》、《天路历程》、《鲁滨孙漂流记》、《小妇人》和《海蒂》。《海蒂》是一部精彩的小说，后来我又读过德文版本。我在课余时间读这些书，兴趣十足。我从不研究这些书写得好坏与否，也从不过问文体风格和作者背景。作家们将他们思想的瑰宝呈现在我面前，我像享受阳光和友爱一样，欣然接受它们。

我喜欢《小妇人》，因为它让我从中体会到了自己同那些能听能看的正常孩子之间相同的思想感情。由于我的生活受到种种限制，因此我只好从一本本书里去了解外部的世界。

我不太喜欢《天路历程》和《寓言》，其中《天路历程》我都没有读完。我最初读的是芳丹的《寓言》的英文版本，只是走马观花，后来读了法文原本，虽然故事生动，语言精炼，但依然没法引起我的好感。个中原因我也无法说清，但书中那些像人类一样会说话的动物从来就没有引起过我太大的兴趣。给我留下印象的不过是一些滑稽可笑的动物，而并不是其中的寓意。

再来说说芳丹，他的作品没有陶冶我们高尚情操的功用。他认为人最重要的是自爱和理性，自爱是道德的根源，只要用理性驾驭和控制生活，人们就能得到真正的幸福，这种思想在他的作品中贯穿始终。而我认为，自爱是万恶之源，也许是我错了，毕竟芳丹了解和观察人类的经验要比我丰富得多。我并不是对讽刺寓言不以为然，只是认为没有必要由猴子和狼来宣扬伟大的真理。

比起上面那些寓言故事，我更喜欢《丛林故事》和《我所了解的野生动物》。因为我喜欢的是动物本身，是真正意义上的动物，而非被拟人化的。我和它们有着相同的爱憎，它们的滑稽每每逗得我笑得前仰后合，有时我也为它们的悲惨遭遇痛哭流涕，其中也有所寓意，极为含蓄，几乎都意识不到。

我对古代的思想心仪已久，古希腊对我而言有一种神秘的诱惑力。在我的想象中：希腊的天神依然行走在那里的大地上，与人类面对面地交谈。在我的想象世界里，仍然供奉着最敬爱的神灵。希腊神话中的仙女、英雄和半神半人，我尤为熟悉，而且喜爱至极，不，也不尽然，美狄亚和伊阿松残忍而又贪婪，简直罪不可赦。我疑惑不解，为什么上帝让他们做尽坏事后才惩罚他们，直到如今我仍然不明白。

可以说，正是《伊利亚特》史诗把古希腊变成了我心目中的天堂。在读原著之前，我就已经熟悉特洛伊的故事了。学习了古希腊文文法以后，我在书林中探幽取胜，将古希腊文著作中的珍宝尽收囊中。杰出的诗篇，英文的也好，古希腊文的也罢，只要与它息息相通，其他的解释便全是多余。相反，许多人牵强附会的分析和评论，把许多伟大的作品都扭曲了，也将许多杰出的诗人丑化了。要是这些人能懂得这个简单的道理就好了！理解和欣赏一部杰出的诗篇，并不需要弄清楚每一个词的作用，更无需在词法和句法属性上纠缠不清。我知道，有些学究，从《伊利亚特》中发掘出的东西远胜于我。但我一点也不羡慕。我不在意别人比我聪明，纵然他们博古通今，却无法说明对这首光辉史诗究竟欣赏到何种程度。当然，我自己也说不清楚。而当我读到其中最精彩的篇章时，只觉得正在升华的灵魂，将我从狭隘逼仄的生活圈子中解脱出来，游荡于形骸之外，超然于广袤无边的天上人间。

虽然《伊尼伊德》比《伊利亚特》稍逊一筹，但我依然对它爱不释手。在阅读时，我尽量不查阅字典，不借助注释，独自领会这部史诗，还翻译了最喜欢的一些章节。维吉尔的文笔的确精彩，他笔下的天神和凡人往往充满了喜怒哀乐，如同蒙上了一层伊丽莎白时代的面纱。而《伊利亚特》中的人物则欢呼雀跃，纵情歌唱。维吉尔塑造的人物婉约恬静，如同月光之下的阿波罗大理石像；而荷马则是阳光下秀发飘动、俊逸活泼的少年。

不出一天的时间，我已经从《希腊英雄传》游到了《伊利亚特》，在书卷间遨游的确是很方便。不过对我而言，其中的路径也绝非轻松惬意的。很多人可能已经周游世界好多遍了，而我却还在语法和字典的迷宫中徘徊，筋疲力尽，甚至常常坠入深谷之中。这深谷就是考试，是学校专门用来和寻求知识的学生作对、较劲的工具。就如同《天路历程》一样，也许最终能渐入佳境，途中偶尔也会有意料之外的美景引人入胜，然而其中的路程毕竟太漫长了。

我很早就接触过《圣经》，但我当时并不能充分理解其内容。现在想起来仍觉得有些不可思议，我竟然在很长一段时间对其中和谐一致的精神无动于衷。我清楚地记着，那是一个下雨的周末清晨，我无所事事，便央求表姐给我读一段《圣经》故事。虽然她知道我无法理解，却依然在我手上认真地拼写着约瑟兄弟的故事。我听得索然无味，奇怪的语言和重复的叙述使得整个故事显得很不真实，何况本来就是天国的事情。还没等读到约瑟兄弟穿着色彩斑斓的衣服到雅各的帐篷里说谎，我已经倒头睡着了。我至今也不明白，为什么自己对那些希腊故事如此着迷，而对《圣经》故事毫无兴趣。难道是因为我在波士顿求学期间结识了好几个希腊人，结果被他们对希腊故事的热情所感染？或是因为我从未遇到过一个希伯来人或埃及人，并由此推断说他们是一群野蛮人，他们的故事也只不过是后人杜撰出来的，因此就觉得《圣经》里的名字和重复的叙述手法很是古怪。不过说来也怪，我从来不觉得希腊人名离奇古怪。

但我又该如何言说从《圣经》中发现的智慧与荣耀呢？原因很简单，近年来，《圣经》对我的启发和吸引日益增长，它渐渐变成我最珍爱的书，尽管如此，《圣经》中仍然有很多地方同我的本性相抵触，以至于我都后悔曾经把它一字不漏地读完。同它强加于我的种种不快相比，我并不认为我从书中获得的历史知识对我是一种补偿。我和豪威斯先生都希望将书中所有丑陋野蛮的东西剔除掉，但也坚决反对把这部伟大的作品改得面目全非，毫无生气。

《旧约圣经》之中的《以斯特记》简洁明快，最引人入胜，富有戏剧性的是以斯特面对她邪恶的丈夫时的场景。她很清楚自己的生命就攥在邪恶的丈夫手中，没有人能拯救她。然而她克服了女性的懦弱，被忠贞的爱国情怀鼓舞。她一步步走向她丈夫，心中只怀有一个信念："若要我死，仅亡我一人！若要我活，我的民众则将活。"

《路德记》则富有东方神韵，淳朴的乡村生活和繁华的波斯首都风格迥异。路德是如此的善良和忠诚，当她和那些农民们一起，站在麦浪滚滚的庄稼地里收获时，是何等的惹人爱怜啊。在那暗无天日的残暴年代，路德的美丽和无私犹如黑夜中光芒四射的星辰。路德轰轰烈烈的爱情，冲破了宗教信仰的束缚，打破了根深蒂固的种族偏见，在全世界也极为罕见。

我忘不了《圣经》给予我的那句富有启示的谚语："有形之物勿永久，无形之物乃永恒。"

从我开始读书之日起，我一直钟爱莎士比亚的作品。虽然记不清楚我是从何时开始读兰姆的《莎士比亚故事集》的，但是我知道最初是出于孩童的好奇心，并以儿童的心理来理解它。令我印象最深的是《麦克白》，一次阅读就足以让其中的人物和故事情节印在脑海，经久不忘。很长一段时间，书中的幽灵和女巫常常在梦中与我纠缠。我能清清楚楚地看见：那把匕首和麦克白夫人纤细苍白的手上的斑斑血迹，就跟极度悲伤的王后看到的情景一模一样。

接下来，我读了《李尔王》。当格罗赛斯特的双眼被挖出时，我紧张得浑身发抖，恐怖传遍了全身。我愤怒了，再也读不下去了，我怔怔地坐了良久，心里七上八下，那一刻，我体会到了一个小孩子胸中所能积蓄的所有愤恨。

我一定是在同一个时期接触到夏洛克（莎士比亚的剧本《威尼斯商人》中的角色，一个放高利贷的犹太人，贪婪而又凶狠的复仇者）和撒旦（基督教中的魔王）的，因为我总是把两者混为一体。我记得我曾为他们难过了一阵子，我依稀觉得：即使他们希望变好，也不可能成为好人，因为似乎没有人肯帮他们一把，也没有人会给他们一次改过的机会。直至现在，我也不认为他们一无是处、罪大恶极。有时我甚至觉得，像夏洛克、犹大（耶稣门徒，出卖耶稣的叛徒）乃至撒旦之流，就像人类历史车轮里折断的车辐一样，总会被及时地修复如初。

奇怪的是最初接触莎士比亚的作品，并没有给我留下许多美妙的回忆。包括那些明快、唯美而又富于想象的戏剧（我目前最喜欢的戏剧类型之一），也没有给我留下什么深刻的印象，这或许是因为它们所反映的不过是快乐的儿童生活而已。"世上最变幻莫测的莫过于孩子的想象了：铭记什么，忘却什么，难以预料"。

我读过莎士比亚的剧本许多遍，其中的一些片段我甚至能倒背如流，可是我却无法说出我最喜欢哪一部。我对它们的喜爱常常随心所欲，在我看来，短小的民谣和十四行诗同长篇的戏剧一样不同凡响。但是，出于对莎士比亚的喜爱，我决定通读所有评论家对每行诗的解读，但这确实令我筋疲力尽。我试图记住评论家们的释义，但是繁重的任务每每令我心灰意冷、气恼不已，所以跟自己私下达成"协议"，再也不这样读书了。直到后来在吉特里奇教授的指导下学习莎士比亚著作，"协议"才被我打破。我知道，在莎士比亚的著作里，乃至在整个世界上，我不理解的东西太多了。当一层层的神秘面纱陆陆续续被揭开时，我分外欣喜地看到初见端倪的思想和境界。

除了诗歌，我还对历史怀有浓厚的兴趣。我把能用双手触摸到的历史著作读了个遍。从枯燥的大事记、单调的年表到格林所著的公正而又生动的《英国民族史》；从弗里曼的《欧洲史》到埃默顿的《中世纪》，这些都在我的阅读之列。而我接触到的第一本具有历史价值的书是斯温顿的《世界史》，它是我十三岁时的生日礼物。虽然现在它对我已毫无用处，但我仍然把它视如珍宝。它让我了解到：各个民族如何在地球上逐步发展壮大起来，并建立起自己的城市；少数强大的人间坦泰（希腊神话中曾经统治世界的巨人族的成员之一）如何把自己凌驾于万物之上，把千百万人的生死苦乐玩弄于股掌之间；各种族如何在艺术文化上为人类文明的发展奠定基础，开辟道路；人类文明如何遭受腐朽堕落的灾难，又是如何像凤凰涅槃一样获得重生；高尚的圣贤先人又是如何倡导自由民主、宽容谦让和文明教化，为拯救并振兴全世界力挽狂澜。

大学期间，我读得最多的是法语和德语的文学作品。德国人总爱凸显力量，不追求唯美，追求真理而又淡漠传统，这种民族性格在他们的日常生活和文学作品中随处可见。他们无论做什么事情，都充满了勇猛的干劲，他们说话并不是为了给别人造成什么影响，而是如鲠在喉，一吐为快。

我十分欣赏德国文学的含蓄，而其中最为宝贵的是对女性为爱情自我牺牲精神的颂扬和昭示。这种思想在德国文学作品中俯拾可得，而在歌德的《浮士德》中表现得尤为突出：

> 万物昙花一现，
> 却有痕迹留下。
> 人世间的缺憾，
> 终会成为圆满。
> 不可名状的事情，
> 这里却已发生。
> 女性的灵魂，
> 指引我们向前！向前！
> ……

在所有拜读过的法国作家中，我最喜爱莫里哀和拉辛。巴尔扎克和梅里美的作品也很清新宜人，欣赏他们的作品就像阵阵海风迎面吹来。阿尔弗雷德·缪塞的作品最不可思议！说起维克多·雨果，虽然我并不十分喜欢他的文学风格，但十分钦佩他的创作才华和别具一格的浪漫主义。雨果、歌德和席勒以及各民族的诗人和作家，都是人类永恒主题的阐释者，他们用非凡的才华创作出的伟大的作品，把我带入了真善美的境界，我的灵魂将虔诚地追随他们。

我是否在读书方面说得太多了，但实际上我只提到了自己最喜爱的作家，也许有人会误以为我的阅读面很狭窄，事实不是这样的。每个作家都有自己的特点，他们独特的风格令我喜欢。卡莱尔文笔粗犷、爱憎分明；华兹华斯崇尚天人合一；胡德拥有精灵古怪之笔；赫里克高贵典雅，他的诗歌中似乎还弥漫着百合和玫瑰的芳香；惠蒂尔充满热情，性格耿直。对我们友谊的美好回忆，更使我加倍地感受到其诗歌带给我的快乐。我还喜欢马克·吐温——又有谁会不喜欢他呢？天神们也宠爱并赋予他让人羡慕的智慧才华，同时，为了避免受到悲观主义的侵袭，还专门在他的心中架起了一道爱与信仰的彩虹；我喜欢司各特，他的作品新奇不落俗套，泼辣又诚实。我热爱所有像罗威尔一样的作家，他们让我感觉到，乐观的心灵就像明净的池水。在阳光的照耀下，池水泛起阵阵涟漪，那是快乐和善良的不竭之泉，时而略带愤怒，时而夹杂同情。

总而言之，文学是我的精神家园。在这里，我享有和正常人一样感受作品的权利，生理上的缺陷不能阻碍我和作者们的倾心交流。他们与我娓娓而谈，毫无隔阂。与他们的"博爱与仁慈"相比，我所学到的那点知识是那么的微不足道。

第二十二章　多姿多彩的生活

我相信读者朋友们，不会仅从前面章节的叙述就得出结论，认为我所有的快乐都来源于阅读。实际上，我生活中的乐趣丰富多彩，远远不止阅读这一项。

在前面我多次提到，我对农村风光和户外运动非常喜欢。我很小的时候就学会了划船和游泳。在马萨诸塞州的伦萨姆期间，一到夏天，我几乎整日呆在我的船上。朋友来访时，我便邀请他们一起去划船，这是非常快乐的事情。当然，我无法出色地掌舵，通常情况下，当我划船时，就会有人坐在船尾为我掌舵。有时我划船，不需要别人掌舵。虽然我无法独自平稳地驾驶船只，但是我可以辨别水草和睡莲以及岸边灌木的气味，以此来掌握方向。我把桨用皮革固定在桨环上，从水的阻力来判断双桨是否用力均衡，是否逆水而行。我喜欢与风浪搏击，让这桀骜不驯的小船完全服从于我的意志。它轻快地掠过波光潋滟的水面，时而平稳，时而激昂，并随之上下起伏，我坐在小船里，享受着大自然赋予的乐趣，还有什么比这更令人心旷神怡的呢？

我也喜欢划独木舟，当我说自己尤其喜欢月夜泛舟时，你们也许会哑然失笑。的确，我看不到月亮爬上松枝，悄然穿行于天际，在大地上铺设一条泛着银光的道路。但是，我能感觉到月光。每当划船划累了的时候，我就会平躺在垫子上，把手伸入水中，想象着她微光闪烁的倩影。偶尔会有勇敢的小鱼从我的指间滑过，而睡莲则害羞地抚摸着我的手。这时，我仿佛看见月光正从此经过，我已触摸到了它那光滑美丽的衣裳。通常，当船驶出小河湾，我就会觉得眼前豁然开朗，暖暖的气息将我围裹其中。我从来没有搞清楚这热气是来自被太阳晒热的树林，还是来自波光粼粼的水面，甚至在市中心，这种奇异的感觉也曾冒出来；在风雨交加、寒冷无比的白天，在寂静的漫漫长夜，这种感觉也会在不经意间袭来，仿佛温润的双唇亲吻着我的脸颊。

乘船航行也是我喜欢的娱乐项目。1901年夏天，我去诺瓦斯科舍半岛旅游，那是我第一次有机会真正地领略海洋的魅力。莎莉文小姐和我在伊万杰琳的家乡小住了几日，朗费罗有几首诗对这里的风光做了描写，并大加歌颂，使这个地方更加吸引游人了。随后，我们还去了哈利法克斯，在那里度过了大半个夏天。这座海港城市简直成了我们的乐园，我们玩得非常愉快。我们乘船去了贝德福德海湾、麦克纳勃岛、约克锐道特以及西北海湾，真是美妙绝伦！静谧的夜里，我们在海港停泊的巨大战舰附近悠闲地划行，妙趣横生，无与伦比，这愉快的回忆终身难忘。

有一天，我们经历了一件惊心动魄的事情。许多军舰派出小艇在西北海湾参加划船比赛。我们随同众人乘着帆船观看比赛。上百条帆船参加比赛，只见帆来帆去，海面依然风平浪静。就在比赛结束，我们正准备调转航向回家时，人群里有人发现从远处飘来了一块乌云。乌云越堆越多，黑压压地布满了整个天空。只见风起云涌，海浪翻滚。我们的小船无所畏惧，扬起风帆，拉紧缆绳，一会儿被抛上浪尖，一会儿被卷入漩涡，一会儿被摔入深谷。风在吼叫，帆在呐喊，我们的心狂跳不已，手臂剧烈抖动，我们异常兴奋，毫不畏惧。我们极具冒险精神，况且我们的船长又是对付风浪的老手。他经历过不计其数的险风恶浪，凭借着双手的耐力和敏锐的洞察力，逃过了无数的劫难。我们驶进港湾，所有的船只纷纷向我们鸣号致意，水手们也为船长的壮举而欢呼呐喊。船驶抵码头时，我们已是饥肠辘辘、筋疲力尽了。

去年夏天，我在新英格兰一个风景如画、甜蜜幽静的村庄度过了一段愉快的时光。可以说，马萨诸塞州的伦萨姆与我有着不解之缘，我在这里留下了我的喜怒哀乐，我的人生与这个地方息息相关，钱伯林先生的家就在菲利浦王池畔的红色庄园。多年来，我一直以此为自己的家。我由衷地感谢这些亲切友善的朋友们对我的照顾，以及和他们共度的美好时光。对我而言，同他们的孩子建立起的友谊倍加珍贵。我们共同游戏，在林中携手漫步，在水中尽情嬉戏。那些年幼的孩子们叽叽喳喳地给我讲许多新鲜事，我也给他们讲精灵和地神、勇敢的英雄和狡猾的黑熊的故事，同这些小孩子们谈天说地，感受着他们的快乐，这一切实在是令人回味无穷。钱伯林先生还带我探寻树木和野花的奥秘，后来，凭着第六感觉我听到了橡树树液流动的声音，看到了叶间闪烁的阳光。那情形如同这样的诗句——

　　树根虽深埋于阴暗的泥土，
　　却依然能分享到来自树冠的愉悦，
　　明媚的阳光、辽阔的天空以及鸟儿的飞翔，
　　感谢自然的眷顾！
　　我亦如同树根，能感知看不到的事物。
　　……

在我看来，我们每一个人都具有理解自古以来人类所经历的想法和情感的潜能。每个人都在潜意识中留有对茵茵大地和潺潺流水的记忆，聋盲人也不例外，谁也无法剥夺他们这种与生俱来的能力。这种被赋予的能力就是第六感——视觉、听觉、触觉多者合一的心灵感应。

在伦萨姆我有许多树朋友，其中一株让人叹为观止的橡树，令我引以为豪。我带着所有的朋友来拜访这位树中之王。它矗立于陡峭的悬崖边，默默地俯瞰着菲利浦王池畔，据专家考证，它已经在那里挺立了八百到一千年了。传说菲利浦王——一位英勇的印第安人的领袖，就是在这棵大树下与世长辞的。

另外一位树友，与树中之王相比，显得随和而平易近人得多，就是生长在红色庄园里的那棵菩提树。在一个电闪雷鸣、风雨交加的午后，我感觉到房子的后墙受到了剧烈的碰撞，我立刻猜出是那棵菩提树被雷击倒了。我走到这棵英雄的树旁，它饱经了无数狂风暴雨的肆虐，看到它经过奋勇抗争而轰然倒下，我不禁心如刀绞。

让我们回过头来着重提一下去年夏天。我考试一结束，莎莉文小姐和我就急匆匆地前往伦萨姆避暑山庄。那里有三个很著名的湖，我们的小别墅就坐落在其中的一个湖边。在这里，我们尽情地享受阳光普照的浪漫白日，将工作、学习和城市的喧嚣统统抛到九霄云外。虽身在僻远的伦萨姆,外界的声音却不时地传入我们的耳畔——遥远的太平洋彼岸发生的残忍的战争以及资本家和工人之间的阶级斗争。在我们的世外桃源之外,人们追逐名利、忙忙碌碌、挥汗如雨,丝毫不懂怡然自乐。世俗之事稍纵即逝,不必过分留意。而湖泊、林木,漫山遍野的雏菊和沁人心脾的草原,才会永恒地存在。

许多人认为只有耳目才能感知外界,为此,他们对我竟然能辨别出自己是在城市街道上还是在乡间小路上行走,感到大为惊讶。他们忘记了,我的整个身体都能觉察到我周围的环境。除了有无铺设路面以外,城市的喧嚣刺激着我的面部神经,我能感受到路人来去匆匆的脚步,刺耳的喧嚣使我忐忑不安。对于一个需要集中精力辨别事物的聋盲人而言,载重车碾过路面的隆隆声和机器的轰鸣,这一切都让人难以忍受。

在乡间,人们满眼看到都是大自然的杰作,不必为拥挤不堪的都市里残酷的生存竞争而郁郁寡欢。我去过几次狭小、肮脏的贫民聚居区的街道,我禁不住愤懑不平,深感不公,那些有钱有势者在豪宅里悠然自得,保养着健壮的身体和美丽的容颜;而一些贫民却蜷缩在阴暗潮湿的贫民窟里,变得日益丑陋、干瘪。污秽不堪的巷子挤满了衣不蔽体、饥饿难耐的小孩子,面对伸来的援助之手,他们惶恐地退缩,以为是暴打来临。这些可怜的小生命,他们的身影不断浮现在我的脑海,挥之不去,我深感痛苦。还有一些身体佝偻、扭曲的男男女女,我曾抚摸过他们僵硬、粗糙的双手,不由得感叹他们卷入了一场无休止的生存抗争——不断的奋战、失败和绝望。他们拼命地在努力奋斗,却又收获渺茫的机遇。常言道:人人都有权利免费获得上帝赐予的阳光和空气,事实果真如此吗?在城市肮脏的小巷里,整天暗无天日,空气污浊。世人啊!岂能对自己的兄弟姐妹如此冷漠?当一个人在餐桌旁祷告"感谢主赐予我们食物"时,他的兄弟姐妹却一无所有!为什么不远离城市,抛弃这个喧哗杂乱、纸醉金迷的尘世,到森林和田野中去过简单朴实的生活?这样,孩子们一定会像树木一样茁壮成长,他们的思想也会如同路旁的花朵一样纯洁无瑕。当我结束一年的都市生活回到乡间后,不由得萌生了如上感想。

再次踏上松软、富有弹性的土地，是多么让人欣喜啊！沿着绿草如茵的小径来到蕨草丛生的溪边，让潺潺流水浸湿我的手指，翻过那堵石墙，跳进碧绿的田野，恣意地奔跑、翻滚、跳跃！

除了休闲散步，我还喜欢骑着双人自行车到处兜风。凉风拂面、铁马驰骋，感觉分外惬意。御风而行既轻快自如又感受到了力量，我不禁心神荡漾，飘飘若仙。

只要可能，我的狗儿都会陪伴我散步、骑车或划船。我有过许多狗儿朋友——躯体健壮的玛斯第夫犬、目光温驯的斯派尼尔犬、顽皮聪明的萨脱猎犬以及忠实驯服的第锐尔狼犬。目前我最为宠爱的是一条纯种的第锐尔狼犬，它尾巴卷曲，一脸滑稽相。我的狗儿朋友们似乎都明白我的缺陷，当我独自一人时，它们总是跟我形影不离，伴我左右。我喜欢它们简单明了的示爱方式，以尾巴摇摆来表示对某人的爱慕。

每当阴雨绵绵，无法外出时，我就呆在家里，跟其他女孩子一样做点编织，这儿一行、那儿一行地浏览图书，或者同朋友下下棋。我有一个特制棋盘，棋盘上的方格被重新雕琢，棋子可以稳稳地站立在凹陷的棋盘的方格内。黑子扁平，白子略微凸出；每个棋子中间都有圆孔，而带有铜柄的则是"国王"。棋子也有两种型号，白子略大于黑子，这样走完一步，我就可以抚摸棋盘了解对方的意图和棋势。而棋子拔出和放进方格的声响则提醒我是否该我走棋。

如果碰巧我孤身一人，百无聊赖，我就会玩我喜欢的单人纸牌游戏。这种纸牌的右上角印有盲文符号，以此可以辨别纸牌。

如果有小孩子在旁边，我就同他们做游戏，那是再有趣不过的事情了。即便是很小的孩子，也能成为我的好伙伴，孩子们都喜欢我，这令我很是欣慰。他们会带我四处走动，还把他们认为有趣的事物给我看。那些小不点自然不会用手拼写，我就设法读懂他们的唇语。有时唇语不行，就打手势。有时我误解了他们的意思因而做错了事时，他们就孩子气地哄堂大笑，于是哑剧就重新上演一遍。我也常给他们讲故事或教他们做游戏，快乐的时光就这样悄悄地飞走了。

博物馆和艺术馆是我快乐和灵感的另一源泉。很多人满腹狐疑——不用眼睛，单靠双手的触摸就能感知一块块冷冰冰的大理石雕像的表现形态、表达思想和艺术魅力？是的！抚摸这些伟大的艺术作品，我的确获得了无上的快乐。当这些艺术品在我的指尖滑过，我就能体会到艺术家要表达什么样的思想感情。从诸神和英雄的脸上，我能觉察出他们爱憎分明、英勇无比的性格，正如我能从活生生的面孔摸出他人的情感和性格。我从狄安娜雕像表现出的神态上，可以体会到这位森林女神驯服猛狮，抑制强烈欲望的力量和精神，以及森林的广袤秀美和自由自在。从维纳斯雕像的优雅曲线和安详的神态上，我感受到了灵魂上的喜悦；从巴雷铜像，我窥视到了丛林的奥秘。

我书房的墙上挂着一尊荷马的圆形浮雕，低低的，伸手即可摸到，我常无比崇敬地抚摸他俊朗而又略带忧伤的面庞。我对他眉宇间的线条了如指掌——记录着他生命的踪迹，见证了他忧国忧民的心境和为国为民的艰苦奋斗精神；即使在冰冷的石膏中，他那双盲眼仍然在为他所至爱的希腊探寻一片蓝天和阳光，虽然结果总不如人愿。他的嘴角美丽、真实、坚定而又温柔。这是一张诗人的脸庞，一张历经沧桑的男人的面庞。我多么了解他的失明之痛啊，与他相伴的唯有漫长的黑夜：

哦，黑暗，黑暗，
藏身于正午灿烂阳光下，
无可挽救的黑暗，
毫无希望的全然的黑暗！
……

在想象中，我仿佛听到了荷马的吟唱，伴随着巡逻的脚步声，他在歌唱生命、爱情和战争，在歌颂一个高尚民族的丰功伟绩。这雄壮华美的杰作为这位盲诗人赢得了不朽的桂冠和万世景仰。

我有时也想，是不是双手在雕塑欣赏方面真的比不上眼睛的敏锐？我认为手更能敏锐地察觉到雕塑线条的节奏和脉络。信不信由你，我能从一尊尊古希腊诸神雕像上抚摸出古希腊人思想的变迁。

与其他娱乐相比，欣赏歌剧是我偶尔选择的项目。我喜欢有人给我描述正在上演的剧情，这比阅读剧本要有趣得多，因为这样会有身临其境的感觉。我有幸结识了几位演技高超的演员，他们如同魔法般的表演能使我忘记身在何处，把我带到了浪漫主义时代。演技极棒的艾伦·泰莉小姐，有一次扮演我心目中的理想王后时，亲切地让我抚摸她的脸部化妆和服饰。我能感受到王室的神圣以及高贵气质。站在她身旁的是佩戴着国王的王冠和服饰的勋爵亨利·欧文，他的举手投足间，无不流露出君王的雄才大略和皇家威严。他扮演的国王，脸上那种冷漠和不可名状的忧伤令我经久难忘。

我也认识杰弗逊先生，我以结交他这样的朋友为荣。每次我经过他的演出场地时，都去拜访他。第一次看他表演是在纽约上学的时候，当时他正在演出《里普·梵·温克尔》。我曾读过这个故事，但是看过戏剧后，我才真正地体会到里普那慢条斯理、古怪而友善的行为方式。杰弗逊先生那优美动人、感情充沛的表演使我非常兴奋。我的手指上"保留着"一幅"老里普"的画像，我永远也不会忘记。演出过后，莎莉文小姐带我到后台，我触摸了里普奇特的装束和飘拂的发须。杰弗逊先生亲切地让我抚摸他的化妆，这样我就能想象出二十年后里普的模样；他还向我表演了可怜的老里普走路时步履蹒跚的姿态。

我也看过他在《对手》中的表演。记得有一次我在波士顿拜访他，他特地为我表演了《对手》中最精彩的情节。我们见面的会客厅被当作一个临时舞台，他和他的儿子坐在一张大桌子旁，鲍勃·埃克斯书写着他的战表。我用双手追随他的动作，捕捉着他滑稽可笑的肢体语言，在某种程度上，这种语言是无法拼写的。接着，他们进行决斗，我感觉到了刀光剑影、锋芒闪避，鲍勃勇气殆尽时的身形摇晃。接着，这位出色的演员猛地扯下战袍，双唇抽搐。转瞬间，我就感受到了瀑布般的发须，施奈德毛发蓬松的脑袋正抵着我的膝盖。杰弗逊先生背诵了《里普·梵·温克尔》中的精彩对白，这是一段令人笑中含泪的情节。他还让我尽量地解释与台词匹配的手势和形体语言所表达的意思，当然，我对舞台表演一无所知，只能胡乱猜想而已，但是，他的表演却栩栩如生。如同杰弗逊先生吟诵的人们对里普的慨叹："死去的人儿很快就会被人遗忘吗？"在经历了长眠之后，他失魂落魄地寻找他的猎狗和枪，签订德里克合约时，他滑稽可笑、优柔寡断的举动。所有这些似乎源于生活本身，也就是理想的生活，事情像我们想象的一样发生发展。

　　我清晰地记得第一次看戏的情景，那是十二年前的一天。儿童演员莱斯莉正在波士顿演出，莎莉文小姐带我去看她出演的《王子与乞丐》。这位小演员表演得有板有眼，剧情悲喜交加，随着剧情的跌宕起伏，观众或喜或忧。当时的情景我至今历历在目。散场后，莎莉文小姐带我到后台与身着华丽戏装的莱斯莉见面。她微笑地站在那里，一头柔软的金发从肩上垂下。虽刚从紧张的舞台上退下，她却一点也没露出紧张疲惫和不愿见人的样子。那时我刚开始学说话，来之前我反复地练习了说她的名字，直到能够清晰地说出来。当她听到我喊她的名字，兴高采烈地伸手欢迎我时，我也兴奋不已，几乎要跳起来。

　　那一刻，我深深地体会到，虽然我的身体有缺陷，但我依然能够触摸并感受到世间万物之美。美好事物无处不在，即使在黑暗和沉静的世界里也能发现美。无论身处何境，都要学会满足，感谢生活！

　　的确，偶尔也会有强烈的孤独感将我包围，我如同独坐在紧闭的生活之门前，寒冷的浓雾笼罩着我。远处是光明、动听的音乐和真挚的友情，但我无论如何也走不进去，命运之神冷酷无情地挡住了我的去路。我真想义正辞严地抗议，因为我满腔热情，憧憬自由，但是那些尖酸刻薄而又徒劳无功的话语却无法说出，就像我默默地把泪水咽进肚里一般，无边的寂静压在我心头。然后，面带微笑的希望之神对我耳语"忘我就会获得快乐"。于是，我努力把别人眼里的光明当作我的阳光，把别人耳中的声响当作我的乐章，把别人嘴角的微笑当作我的快乐。

第二十三章　温馨友情

我拥有今天的幸福生活，是因为我得到了许多人热情而真诚的帮助，如果我能把曾经帮助过我的人一一写下来，那该是一件多么美好的事啊！我在书中已经写过一些人，这些人想必大家已经熟悉，并觉得他们亲切可爱，可还有一些人是默默无闻、鲜为人知的。尽管如此，他们塑造并改变了我和我的生活，使我永生难忘。结识一些良师益友是我最感荣幸的事情。他们就像是一首首优美动听的诗歌，陶冶了我的性情，他们和我握手时倾注了发自肺腑的同情，他们的亲切和爽朗的性格，消除了我的烦躁和忧虑，使得我一觉醒来焕然一新，困惑和烦恼如噩梦一样逃遁得无影无踪，我又重新领略到上帝和真实世界的美好与和谐，烦恼就此化为美好。总之，正是有这些益友陪伴在身旁，我才觉得心里踏实。也许和他们仅有一面之交，然而他们沉静成熟的心态治愈了我内心不满的病症，犹如清泉涌入海洋，淡化了海水的咸涩。

经常有人这样问我："难道你不厌烦别人吗？"听到这样的话，我觉得莫名其妙。这种愚蠢、怪异而又不合时宜的问题多半出自新闻记者。我也不喜欢那些迎合我的理解屈高就下跟我谈话的人，他们就如同那些和你一起走路，却虚伪地缩短步幅以适应你的速度的人一样。以上两种虚伪的行为，让人心生不快。

与人握手这一举动也很能说明问题。有的人握手时倨傲无礼，似乎觉得自己高人一等；有的人郁郁寡欢，同他握手就如同握住寒风，指尖冰冷；而有的人活泼快乐，他的手就像阳光一样使我的心感到温暖。也许只是孩子拽着你的手，然而他确实传递给你阳光，如同别人关爱的一瞥带来的温暖一样。一次真挚的握手、一封友善的来信，都带给我最真切的快乐。

我有很多未曾谋面的远方朋友。他们的信件像雪片一样飞来，以至于我无法一一回复他们的来信,借此机会,我要感谢他们的亲切来信,只是我又怎么感谢得完呢?

我有幸结识了很多智者并有机会与他们促膝交谈。只有认识布鲁克斯主教的人,才能感受到做他朋友的快乐。还是孩子时,我就喜欢坐在他的膝上,一只手紧紧攥住他的大手,而他的关于上帝和精神世界的精彩述说,则被莎莉文小姐一一拼写在我的另一只手上。带着小孩子的好奇和喜悦听他娓娓道来,虽然那时还不能完全理解他的话,但我又惊又喜,从此萌生了对生命的兴趣。随着年龄的增长,我的理解也慢慢地加深了。记得有一次,我问他:"为什么世界上有着各种各样的宗教?"他说:"海伦,有一种无处不在的宗教,那就是爱的宗教,全身心地爱你的天父,竭尽所能地爱他的儿女,同时要时刻牢记,善有善报,恶有恶报,通往天堂大门的钥匙在你自己手里。"他的一生完美地阐释了这个伟大的真理。事实上,他的生活正是这种伟大真理的完美写照。在他崇高的灵魂里,博爱思想和广博的学识融入信仰,成为一种洞察力。他看到——

上帝解放你,鼓舞你,
使你谦逊、柔和,并得到慰藉
……

布鲁克斯主教从不对我说教,但他的两种伟大思想深深地影响着我——上帝赐生命于万物、四海之内皆兄弟。这两种思想是所有的信条和教义建立的基础。上帝是爱的化身,是众人之父,我们是他的儿女。有了这样的信念,乌云总会被驱散,邪恶总会被击败。

我在这个世界上生活得无比快乐,以至于从未考虑过身后之事,只是难免想起几位远在天堂等我的挚友。尽管时光飞逝,他们仿佛还在我的身边,如果什么时候他们像从前一样拉住我的手,并且和我亲切地交谈,我丝毫也不会觉得不可思议。

布鲁克斯主教去世后,我通读了整部《圣经》,还有一些从哲学角度论述宗教的著作。其中有史维东堡的《天堂与地狱》和德鲁蒙德的《人类的阶梯》，但我依然觉得，最能慰藉我灵魂的依然是布鲁克斯主教爱的信条。我认识亨利·德鲁蒙德先生，他和我握手时的热情令我感激不已。他待人热情、学识广博而又健谈和善，只要他在场，气氛就会非常活跃。

同奥利佛·温代尔·霍姆斯博士第一次相见的情景，我至今记忆犹新。他邀请莎莉文小姐和我在一个星期天的下午去拜访他。那时正值初春，我刚学会说话不久。我们被带到他的书房，他正在壁炉旁的一张扶手椅上坐着。炉火熊熊，炭火噼啪作响，他说正沉浸在怀旧的思绪中。

"您在倾听查尔斯河的细语吗？"我不禁问道。

"是啊，"他说，"它让我浮想联翩。"

书房里弥漫着一股油墨和皮革的味道，我猜想肯定满屋都是书，我不由自主地伸手去寻找。我的手指落在一卷精装的《但尼生诗集》上，当莎莉文小姐告诉我书名后，我就开始背诵：

冲吧，冲吧，冲吧，大海，
冲向那冷灰色的礁石！
……

突然间，我停止了背诵。我感觉到我的手上浸满了泪水，我已经令我所钟爱的诗人落泪。为此，我也感到巨大的忧伤。他让我坐在他的扶手椅上，还拿出很多有趣的东西让我鉴赏。在他的要求下，我还背诵了自己最喜欢的诗《被紧闭的鹦鹉螺》，那之后，我多次拜访过霍姆斯博士，我从他身上不但学到了诗，也学会了做人。

在会见霍姆斯博士之后不久，一个阳光明媚的夏日，莎莉文小姐和我去了梅里麦克河，拜访了惠蒂尔先生幽静的家。他温文尔雅、彬彬有礼、谈吐不凡，给我留下了很深的印象。他曾出版过一本凸版的诗集，我选读了其中的一首——《学生时代》。他对我的准确发音赞赏不已，并告诉我他毫不费力就能听懂。我问了他很多关于这首诗的问题，我把手指放在他的嘴唇上

"听"他的解答。他说他就是诗中的那个小男孩,而那个女孩的名字叫萨莉,还有其他的一些,我已记不大清楚了。我还为他背诵了《赞美上帝》,当我吟诵到最后一句时,他把一个奴隶的雕像放在我手中。两条锁链从那蹲着的奴隶身上滑落,我仿佛看到彼得被天使护送出监牢的情形。后来,他带我们去了他的书房,他为莎莉文小姐亲笔题词,以表达对她的钦佩之情,而后对我说:"她是你心灵的解放者。"他送我们到门口,轻轻地吻了吻我的额头。我答应他第二年夏天再去拜访他,可是没等我履行诺言,他就去世了。

我还拥有许多忘年之交,爱德华·埃弗雷特·黑尔博士就是其中之一,我八岁时就认识他了。随着年龄的增长,我对他愈加敬重。他博学而又善良,每当莎莉文小姐和我身处困境时,他都帮助我们跨越艰难险阻,不仅对我们如此,他对任何身处困境的人都如此的慷慨相助。他的博爱赋予了旧教条以新义,他言传身教,展示给人们应该如何信仰,如何生活,如何追求自由;他以身作则,热爱祖国,关爱人民,不断进取;他是人类的先知和启蒙者,言语的伟大执行者,可以说是全人类的朋友——愿上帝保佑他。

我已经提到过同亚历山大·格雷厄姆·贝尔博士初次会面时的情景。后来,在华盛顿和布赖顿岛中心他的家中,我们又共度了一段美好的时光。无论是在他的实验室,还是在巴拉斯德奥尔河岸广阔的田野上,我都兴趣盎然地听他讲述种种试验。我们还一起放风筝,他希望以此来发现控制未来飞船的规律。贝尔博士在许多方面都有很高的造诣,他能把所接触到的任何学科,即使是深奥难懂的理论,也能讲得深入浅出,让人兴趣十足。和他在一起,你会感觉哪怕只用须臾时间,也可能成为发明家。他幽默而又富有诗意,对孩子满怀爱心,当他怀抱小聋儿时,高兴得无以复加。他为聋人所做的贡献将会发扬光大,并造福后代。我们同样对他满怀敬爱,不仅为他的伟大成就,还为他对他人的感召。

在纽约的两年间,我结识了许多知名人士,虽然对他们的名字早已久闻,却从未想到能与他们谋面并交谈。同他们中的大多数相见是在好友劳伦斯·休顿先生的家中。我十分荣幸能到休顿夫妇家中做客,参观他们的藏书室,阅读许多才华横溢的朋友给他们的题词留念。据说休顿先生有唤起任何人潜质的能力，确实如此。不必阅读《我了解的人》，就可以了解他。他胸怀坦荡、待人宽厚，是一个完全可以患难与共的朋友。

休顿夫人是一个极其真诚的朋友，我思想上许多宝贵的东西，都得归功于她。她不遗余力的引导和帮助使我的学习取得了长足的进步。有时学习困难重重、心灰意冷时，她的来信就会鼓舞我，让我重新燃起斗志。她让我深深地体会到，道路越走越宽广的道理。

休顿先生还把我介绍给他文学界的很多朋友，其中有大名鼎鼎的威廉·狄恩·霍尔斯和马克·吐温。我见到了理查德·沃特森·吉尔德先生和埃德蒙德·克拉伦斯·惠特曼先生，还结识了查尔斯·杜德里·华纳先生。他的小说引人入胜、扣人心弦，深受人们喜爱。他的博爱和丰富的同情心众所周知，他爱人如己。有一次，华纳先生陪同和蔼可亲的森林诗人约翰·柏洛夫先生来看望我。他们温文尔雅、风度翩翩、才华横溢，我非常钦佩他们创作的才华，现在又切身感受到他们的迷人风度。这些文学界的名士谈笑风生、纵横捭阖、妙语连珠，我真是望尘莫及呀。我就像小阿斯卡留斯一样，前脚赶后脚却总跟不上阿留斯的流星大步。他们热情地同我攀谈，吉尔德先生向我讲述了他穿越大沙漠走向金字塔的月光之旅。在一次给我的来信中，他特意在署名下做了个深深的标记，这样我就能轻而易举地摸出来。这使我想起了黑尔博士别具一格的签名方法，他给我来信的署名都是刺孔的盲字。我用唇读法听了马克·吐温朗读的两篇精彩小说。马克·吐温的思维和言语行为方式独特。同他握手时，我能感觉到他炯炯有神的双眼，即使他以一种难以形容的滑稽腔调讽刺挖苦时，依然能感觉到他伊利亚德化身般的同情心。

在纽约我也结识了许多有趣的人物，其中有《圣尼古拉斯》杂志社的编辑玛丽·曼普斯·道奇女士，还有《懦夫》的作者里格斯夫人，也就是凯特·道格拉斯·维格女士。她们送给我一些饱含深情的礼物，包括蕴涵她们思想的书籍、情义浓浓的书信，还有她们的照片，这些都让我爱不释手。

这里我必须提一提我的另外两位朋友。一位是匹兹堡的威廉索夫人，我常去她林德斯特的家做客。她总是乐于助人、慷慨大方、循循善诱，和她交往的这些年间，对我的求教，她总是不厌其烦地提出中肯的意见，令我的老师和我永生难忘。

卡耐基先生是另一位让我受益匪浅的朋友。他具有非凡的经营管理企业的才能，他杰出的经营才能让大家佩服得五体投地。他待人友善，总是默默参与慈善活动。由于他的地位，我本不应该谈及他的，但是如果没有他慷慨无私的资助，我想走进大学实在是不可能的事情。

限于篇幅，我不能一一尽述所有的朋友，而且他们身上的宝贵品质，也远非文字所能表达的。甚至在讲到劳伦斯·休顿夫人时，我还有点犹豫不决，不知从何下笔。但不管怎么说，我过去的一段生活是和朋友的友情密不可分的，我美丽的一生是朋友们创造的。他们竭尽全力，努力将我生命的缺憾转变为美好的特权，使我没有向厄运投下的阴影屈服，相反，在朋友的帮助下，我安然地走出生理缺陷带来的阴影，走向美好的世界，过着安详而愉快的生活。

代后记　假如给我三天光明

我们大家都读过一些扣人心弦的故事，故事里主人公的生命只剩下有限或特定的时间了，有的长达一年，有的只有短短的24小时。在这种情况下，我们总想知道，那些来日无多的人在他们生命的最后几天或是最后几个小时有着怎样的想法，他们会做些什么。当然，我所说的是有选择权利的自由人，而不是那些活动范围被严格限制的犯人。

这类故事对我们很有启发，我们也会不自觉地想到自己在同样的情况下会如何处理。面对即将到来的死亡，在生命的最后时刻，我们应该想些什么，做些什么？当我们静静回忆的时候，我们会有什么样的幸福和遗憾？

有时我认为，如果我们把明天当作生命中的最后一天去生活，那么认真过好每一天就是最好的生活方式，这种态度可以彰显出生命的价值。我们应该怀着友善、激情和感恩的心去过好每一天，但是，当岁月日复一日、月复一月、年复一年地不断延伸开去，这些品质常常也会一点一点地丧失。当然，也有人愿意按照伊壁鸠鲁"吃喝玩乐"的信条去生活（伊壁鸠鲁是古希腊哲学家，他认为生活的主要目的是享乐，而最高的享受是通过合理的生活，如自我控制才能得到。因为生活享受的目的被过分强调，而达到此目的的手段却被忽视，所以伊壁鸠鲁的信徒现今变为追求享乐的人。他们的信条是"让我们吃喝吧，因为明天我们就死亡"，但绝大多数人却为死神的来临所折磨）。

在许多故事中，那些即将被死神带走的主人公总是在最后一刻，由于幸运之神的降临而得到拯救。然而与此同时，他的价值观也改变了，他更加领悟了生命的意义和它永恒的精神价值。我们常常可以看到，那些正生活在死亡的阴影下或已经在死亡的阴影下生活过的人们，他们是那样的珍惜生活，珍爱生命，他们所做的每件事都被赋予芳醇甜美之感。

但是，我们大多数人都视生命为理所当然。我们知道，有一天我们必定会死去，但我们总是以为那一天离我们十分遥远。当我们心宽体健时，死亡几乎是不可想象的，我们很少想到它。时间在无穷的展望中延续，我们干着琐碎的事情，几乎意识不到我们对生活的倦怠态度。

恐怕，我们利用自己的能力和感官时，也会同样的慵懒。只有耳朵聋了才会珍惜听觉，只有眼睛瞎了才能体会到光明的种种美好。尤其是那些在成年后的生命里丧失视力和听觉的人，他们能深刻地体会到这一点。然而，那些从来没有遭受视力或听觉障碍的人，很少充分地利用这些天赐的宝贵能力。他们对这个世界，慵懒地看，懒散地听，没有丝毫专注和感激。正如老话所讲：失去后才知道珍惜，病了才知道健康的重要。

我常常想：一个人要是能在他刚成年时，瞎上几天，聋上几天，真的是上天的恩赐。黑暗会让他更加珍惜光明，寂静会教导他享受声音。

我不时地询问视力正常的朋友，去发现他们看到的东西。最近，一个很好的朋友来看我，她刚从树林里散步回来，我问她注意到什么没有，"没什么特别的。"她回答。如果不是习惯了这种回答，我可能会不相信，许久以来我慢慢地确信，视力正常的人看到的东西却很少。

在树林里走了一个小时，却没有任何值得关注的东西，这怎么可能？我自问道：我这个不能看到东西的人，仅仅通过触摸，就发现了成百上千种有趣的东西。我感觉到树叶细致优雅的对称；我双手抚过白桦树细致光滑的肌肤；松树粗糙、凹凸不平的树皮。春天，我摸着树干，希望发现一个嫩芽，那是大自然经历沉睡的冬天后苏醒的第一个征兆。我感受着花朵令人愉悦的、天鹅绒般的质地，发现它奇妙的卷曲，一些大自然的奇迹在我面前展现开来。偶尔，我很幸运，双手放在小树上，感受到小鸟高声歌唱的愉快节奏。我快乐地感受着清凉的溪水流过我指间。对我而言，比起众多奢华的波斯人的毛毯，我更喜欢松针或柔软的青草铺就的苍翠繁茂的地毯。对我来说，四季壮观而华丽的展示是一出激动人心、永不落幕的戏剧，这部戏剧的表演顺着我的手指尖缓缓流动。

有时，由于渴望看到所有的一切，我的内心在哭泣。如果仅凭我的触摸就能得到如此多的快乐，要是能用眼睛看，这个世界又是多么的美好。然而，那些视力正常的人看到的却很少，他们认为充斥全世界的色彩和活力的景象是理所当然的。也许，这就是人类的特点，对拥有的不懂得珍惜，对没有的却永远渴望。然而，在光明的世界里，上天赋予的视觉仅仅是一个便利，而不是增添生活完美幸福的一个手段，这是一个极大的遗憾。

如果我是一所大学的校长，我会开设一门必修课程"如何使用你的眼睛"。教授应该竭力教导学生们，如何用心地留意那些从他们眼前流失而不被注意的事物，来增加他们的生活幸福感，竭力唤醒他们沉睡、迟钝的天赋。

也许借助想象我可以给出很好的说明，假如给我光明，就三天吧，我最想看到什么。在我想象的同时，也请你想象一下：假设你也只有三天光明，你会怎样使用你的眼睛。随着第三天夜晚的来临，太阳再也不会在你眼前升起，那么你将怎样度过这宝贵的三天？你最希望你的视线集中注视什么呢？

当然，我最想看到那些在我多年黑暗的生活中变得珍贵的东西。你也一样，希望你的眼睛注视那些对你来说珍贵的东西，这样你就可以把关于它们的记忆带进随之而来的黑暗生活中。

如果，由于奇迹，我获得了三天光明，随后又沉陷于黑暗，我会把这宝贵的时间分成三个部分。

第 一 天

第一天，我想看到这些人，因为他们的善良、温柔和友情让我的生命值得存活。首先，我想仔细长久地看着我亲爱的老师安妮·莎莉文·梅西夫人的面容。当我还是一个孩子的时候，她来到我面前，向我敞开了外面的世界。我不仅要看她面庞的轮廓，以便在我的记忆里珍藏它，我还要研究这张脸，在那里找到富于同情心的温柔和耐心的生动迹象，正是因为这些，她完成了教育我的艰难任务。我渴望看到她眼睛里蕴藏的个性力量，这股力量使得她在困难面前依然坚定，还有眼里流露的对全人类的同情心，这些我自始至终都在体会。

我不知道透过"心灵之窗"——眼睛，看到一个朋友的内心是怎么一回事，我只能通过我的手指尖"看"到一张面孔的轮廓。我能察觉欢笑、悲伤和其他许多明显的情感。我通过感受他们的脸来了解我的朋友。但是，我不能通过触摸真实地描绘他们的个性。当然，我可以通过其他方式来了解他们的个性，通过他们表达的观点，通过他们展示给我的行为。但是，我不能更深刻地了解他们，这些了解我确信只有通过眼睛才能观察得到，通过观察他们对不同思想和环境的反应，通过留心他们稍纵即逝的眼睛和面部表情。

我身边的朋友我知道得很清楚，因为他们以自己的方式长年累月地向我表露着他们自己。然而，偶然的朋友我只有不全面的印象，这个不全面的印象是从一次握手，从我手指尖感受他们双唇发出的言语，或者是他们在我手掌里拼写出的语言。

对你，一个能够看到这个世界的人来说，通过观察人们表情的细微变化、肌肉的颤动、手掌的摆动就能迅速地捕捉到他人身上必要的品质，是多么容易、多么惬意的事情啊！但是，你是否曾经用你的眼睛去观察一个朋友或熟悉的人的内心？你们大多数人都是随便地看一张脸的外部特征，并认为就是那样，难道不是吗？

例如，你能准确地描述五个好朋友的面部特征吗？一些人可以，但许多人不行。我问过那些与妻子长年相处的丈夫，妻子眼睛的颜色是怎样的，他们常常尴尬迷惑，承认他们不太清楚。而且，顺便说一句，妻子们经常抱怨，他们的丈夫没有注意到新衣服、新帽子和家庭布局的变化。

那些能看见的人，他们习惯了周围的日常事务，实际上他们只看得到令人吃惊和引人注目的事。但是，即使是在浏览引人注意的事情，他们的眼睛也是懒洋洋的。法庭记录显示"目击者"每天看得多么不准确，一个特定的事件，几个目击者就有几种不同的方式去"看到"，一些人比另一些人看到的多些，但很少有人能看到他们视野里的所有事情。

如果我有三天光明，我该能看到多少事情啊！

第一天，将会是忙碌的一天。我将把我所有亲爱的朋友都叫来，长久地望着他们的脸,把他们内在美的外部迹象铭刻在我的心中。我也将会把目光停留在一个婴儿的脸上,以便能够捕捉到在生活冲突所致的个人意识尚未建立之前的那种渴望的、天真无邪的美。

我还将看看我的小狗们忠实信赖的眼神——庄重、宁静的苏格兰小狗达基和高大健壮、善解人意的丹麦大狗赫尔加,它们热情、温柔、顽皮的友谊给我带来巨大的安慰。

在忙碌的第一天,我还将观察一下我的房间里简单的小东西,我要看看我脚下的地毯温暖的颜色,墙壁上的各种图画,以及将房子变成一个家的那些亲切的小玩意。我的目光将会敬重地停留在我读过的盲文书籍上,然而那些能看的人们所读的印刷字体的书籍,会使我更加感兴趣。在我生命漫长的黑夜里,我读过的和人们读给我听的那些书,已经成为一座辉煌的巨大灯塔,为我指示了人类生活和心灵的最深的航道。

在能看见的第一天下午,我将到森林里进行一次远足,让我的眼睛陶醉在自然界的美景之中,在几小时内,拼命汲取那经常展现在正常视力人面前的光辉灿烂的广阔奇观。从森林郊游返回的途中,我要走在农庄附近的小路上,以便看看在田野耕作的牛马(也许我只能看到一台拖拉机),看看那些贴近土地生活的悠然自得的人们。而且,我将为艳丽的落日光辉而祈祷。

黄昏降临时,我该感受到双倍的愉快,因为能看到人造的光芒,这是人类的天才创造出来的,当大自然的黑暗降临之时,依然可以延展他的视力。

在第一个有视觉的夜晚,我将睡不着,我脑海中充满了白天的记忆。

第 二 天

次日——我能看到的第二天,我会随黎明一道起来,看那黑夜转成白昼的动人奇迹,我将怀着敬畏之心,仰望壮丽的曙光全景,与此同时,太阳唤醒了沉睡的大地。

这一天,我要用来匆匆地看这个世界,它的过去和现在。我想看看人类进步的奇观,那变化无穷的万古千年。这么多的年代,怎么能被压缩成一天呢？当然，通过博物馆。我已多次参观过纽约自然历史博物馆，用我的手去触摸那里陈列的展品。但我渴望亲眼看看地球的简史和陈列在那里的地球上的居民——按照自然环境描画的动物和人类，曾在人类出现之前，很早就在地球上漫游的巨大恐龙和剑齿象化石，人类以他小巧的身材和有力的头脑征服了动物王国；博物馆还逼真地展现了动物、人类和劳动工具的发展历程，人类曾用这些工具，在这个星球上建造他们安全的家园；博物馆还介绍了自然历史其他很多方面的知识。

我不知道有多少读者看过这个生动的博物馆所展示的逼真事物的壮观景貌。当然有许多人没有机会，但是我相信，有许多人确有机会而没有利用。那里，的确是利用眼睛的地方，能看见的人可以在那里度过许多成果丰硕的日子，可是我只有想象的三天可见的时间，只能是仓促地一瞥，匆匆而过。

我的下一站将是大都会艺术博物馆。像自然历史博物馆展示世界的物质外观那样，大都会艺术博物馆是对人类精神方面的展示。在整个人类历史阶段，人类对于艺术表现的强烈欲望几乎像对食物、住所和繁衍的迫切需要一样强烈。而这里，在大都会博物馆那宽敞的大厅里，古埃及、古希腊和古罗马的精神在它们的艺术中表现出来，展现在我面前。我通过手清楚地知道了古代尼罗河国度的诸神，我抚摸了巴台农神殿（巴台农神殿是希腊雅典城内的帕拉斯·雅典娜神殿，建于公元前447—公元前433年间。神殿由大理石筑成，极尽雕饰之巧，是希腊古典建筑的杰出代表作品）。中楣石柱的复制品，让人感受到了雅典冲锋武士有韵律的美。阿波罗、维纳斯和双翼胜利女神萨摩丝雷斯（萨摩丝雷斯是位于希腊爱琴海东北部的一个岛屿，因公元305年在岛上立起一座胜利女神大理石雕像，以纪念马斯顿国王的海战大捷而著名。因女神雕像展开的双臂塑成展翅飞翔的姿态，故称萨摩丝雷斯展翅胜利女神像，该雕像现存于巴黎罗浮宫）都使我爱不释手。荷马的那副多瘤有须的面容对我来说无比亲切，因为他也是盲人。

我的手依依不舍地流连在罗马及其后期的逼真的大理石雕刻前，我的手摸过米开朗基罗（1475—1564，著名的佛罗伦萨画家、雕刻家、建筑师和诗人，意大利文艺复兴盛期的杰出代表人物）那鼓舞人心的英雄摩西雕塑石膏模；我感知到罗丹（1840—1917，著名的法国雕塑家）的力量；我对哥特木刻的虔诚感到敬畏。这些能够触摸的艺术品对我来讲，是极有意义的，然而，与其说它们是供人触摸的，毋宁说它们是供人观赏的，我也只能猜度我仍未发现的美妙。我能赞叹一个古希腊花瓶简单的线条，但我对它的图案装饰却是迷惘的。

因此，这一天，给我光明的第二天，我将通过艺术来搜寻人类的灵魂。我会看见那些我凭借触摸所知道的东西。更妙的是，整个壮丽的绘画世界将向我打开，从富有宁静的宗教色彩的意大利早期艺术到带有狂想风格的现代派艺术。我要细心地观察拉斐尔、达芬奇、提香（1477—1576，著名的威尼斯画家）和瑞姆布兰特（1606—1669，著名的荷兰巴罗克画家，荷兰油画派领袖，欧洲艺术大师）的油画。我要饱览维勒内兹（1538—1588，意大利威尼斯派画家）作品上那温暖的色彩，研究埃尔·格列科（1548—1635，西班牙画家）绘画中的奥秘，从科罗（1796—1875，法国风景画家）的绘画中重新观察大自然。啊！有眼能看的人们竟能观赏到历代艺术中这么丰富的意味和美感。

在我对这个艺术神殿的短暂的游览中，我一点儿也不能评论展开在我面前的那个伟大的艺术世界，我将只能得到一个肤浅的印象。艺术家们告诉我，要想真正而深刻地鉴赏艺术，必须训练眼力。他必须通过经验学习判断线条、构图、形式和颜色的品质优劣。假如我有视觉从事这么使人着迷的研究，该是多么幸福啊！但是，我听说，对于你们有眼可看的许多人，艺术世界仍是有待进一步探索和开发的。

多么不情愿，我要离开大都会博物馆，那里有开启美的钥匙。而看得见的人们往往不需要到大都会博物馆去寻找这把开启美的钥匙。同样的钥匙还在较小的博物馆中甚至在小图书馆书架上等待着。但是，在我假想的有视觉的有限时间里，我应当选择那能在最短的时间内去开启藏有最大宝藏的地方。

我重见光明的第二晚，我要在剧院或电影院里度过。即使现在我也经常去看各种戏剧表演，但剧情必须由同伴拼写在我手上。然而，我多么想亲眼看看哈姆雷特的迷人风采，或者穿着伊丽莎白时代鲜艳服饰的生气勃勃的伏尔斯塔夫！（伏尔斯塔夫为莎士比亚剧中的一个滑稽喜剧人物，是莎士比亚戏剧《亨利四世王》、《亨利五世王》和《温莎的风流娘儿们》剧中的一个胖骑士，爱吹牛自夸，又胆小，但是他足智多谋，心地善良）我多想目睹哈姆雷特的每个优雅动作，精神饱满的伏尔斯塔夫昂首阔步的样子！因为我只能看一场戏，这就使我感到非常为难，因为还有数十部戏剧我都想看。你们有视觉，能看到喜欢的任何一部戏。当你们观看任何一部戏、一场电影，或任何一个场面时，我不知道，究竟有多少人意识到那些使你们享受到色彩、优雅、动作的奇迹的存在，并心怀感激的呢？

由于我生活在一个限于手触的范围里，我不能享受到有节奏的动作美。我只能模糊地想象巴甫洛娃（原苏联的著名的女芭蕾舞演员）的优美，我知道一点律动的快感，因为我常常能在音乐震动地板时感觉到它的节拍。我能充分想象那有韵律的动作，一定是世界上最令人悦目的景象之一。我用手指抚摸大理石雕像的线条，就能够获得一些这样的感受：这种静态的美都是这么可爱，那么看到的动态美该是多么令人激动啊。

我最宝贵的记忆之一是那次约瑟夫·杰佛逊（1839—1905，著名的美国演员。他所扮演的最有名的角色是美国作家华盛顿·艾文所创作的作品中的人物瑞普·范·温克尔）表演完他心爱的角色瑞普·范·温克尔的动作和对白后让我摸他的脸庞和双手。这样，我多少能体会到一点戏剧世界，我永远不会忘记那瞬间的快乐。但是，我多么渴望观看和倾听戏剧表演进行中对白和动作的相互作用啊！而你们看得见的人该能从中得到多少快乐啊！哪怕我仅仅能看到一场戏，我就会知道怎样在我脑海中描绘出我用盲文字母读到或了解到的近百部戏剧的情节。

这样，在我设想的重见光明的第二晚，我读过的大量戏剧文学作品在我睡梦中再次涌现。

第 三 天

下一天清晨，我将再一次迎接黎明，迫切地寻找新的喜悦，因为我相信，对于那些真正看得见的人，每天的黎明一定是一个永恒的新的美景。

依据我虚构的奇迹的期限，这将是我有视觉的第三天，也是最后一天。我没有时间浪费在后悔中或热望中，要看的东西太多了。第一天我献给了我有生命的和无生命的朋友们。第二天向我展示了人类和自然的历史。今天，我将在当前的平凡世界里度过，在为生活事务忙碌的人们常去的地方度过。而何处人们才能找到像在纽约的人那么多的活动和条件呢？所以，城市便成了我的去处。

我从我的家，长岛的佛罗斯特的小而安静的郊区出发。这里，环绕着绿色草地、树木和鲜花，有着整洁的小房子，到处是妇女儿童的欢声笑语，其乐融融，是城里辛劳的人们安宁的避风港。我驱车驶过横跨伊斯特河的钢制带状桥梁，从而对人脑的力量和独创性有了一个崭新的印象。忙碌的船只在河中急驶——高速飞驶的小艇，慢悠悠、喷着鼻息的拖船。如果我今后还有看得见的日子，我要用许多时光来眺望这河中欢快的景象。

我向前眺望，前面耸立着纽约———一个仿佛从神话的书页中搬下来的城市的奇异高楼。多么令人敬畏的建筑啊！那些闪闪发光的塔尖，那些辽阔的石砌钢筑的河堤坡岸，真像诸神为他们自己修建的。这幅生动的画面是几百万人民每天生活的一部分。我不知道，有多少人会对它回头投去一瞥？恐怕寥寥无几。对这个壮丽的景色，他们视而不见，因为这一切对他们来说太熟悉了。

我匆匆赶到那些庞大建筑物之一——帝国大厦的顶端，因为不久以前，我在那里凭借我"秘书"的眼睛"俯视"过这座城市，我渴望把我的想象同现实作一番比较。我相信，展现在我面前的全部景色一定不会令我失望，因为它对我将是另一个世界的景色。

此时，我开始周游这座城市。首先，我站在繁华的街角，只看看人，试图凭借对他们的观察去了解他们的生活。看到他们的笑颜，我感到快乐；看到他们严肃的坚定的表情，我感到骄傲；看到他们的痛苦神情，我不禁充满同情。

我漫步在第五大道上（第五大道是纽约曼哈顿区的最繁华最壮观的商业

大道，有许多高档精品商店，洛克菲勒中心就在该大道附近）漫然四顾，眼光并不投向某一特定目标，而只看看万花筒般五光十色的景象。我确信，那些活动在人群中的妇女的服装色彩一定是一幅绝不会令我厌烦的华丽景色。然而如果我有视觉的话，我也许会像其他大多数妇女一样，对个别服装的时髦样式感兴趣，而对大量的灿烂色彩不怎么注意。而且，我还确信，我将成为一位上瘾的橱窗浏览者，因为，观赏那无数精美的陈列品一定是一件赏心悦目之事。

从第五大道起，我要作一番环城游览——到公园大道去，到贫民窟去，到工厂去，到孩子们玩耍的公园去，我还将参观外国人居住区，进行一次不出门的海外旅行。我始终睁大眼睛注视着身边的全部景象，无论它是幸福的，还是悲惨的。我会用心观察，以便能够深入调查，进一步了解人们是怎样工作和生活的。我的心中充满了人和物的形象，我的眼睛绝不轻易放过任何一件小事，它争取密切关注它所看到的每一件事物。有些景象令人愉快，使人陶醉不已；但有些情景则是极其凄惨，让人感伤和抑郁的。对于后者，我绝不闭上我的双眼，因为它们也是生活的一部分。在它们面前闭上眼睛，就等于关闭了心房，关闭了思想。

我拥有光明的三天就要结束了。也许还有许多强烈的愿望，需要我利用这最后的几个小时去实现。但是，我担心自己在最后一个夜晚，还会忍不住地再次跑到剧院去，看一场热闹而有趣的戏剧，再次聆听来自人类灵魂的和谐之音。

到了午夜，我摆脱失明痛苦境遇的短暂时刻就要结束了，永恒的黑暗将再次向我迫近。当然，在这短短的三天中，我自然不可能看到我想要看到的一切。只有在黑暗再次向我袭来之时，我才意识到我还有多少事情没有看到。但我的内心装满了这么多美好的记忆，充满了甜蜜，使我很少有时间来懊悔。此后，每当我摸到每一件物品，我的记忆都将鲜明地反映出那件物品是什么样子。

也许，我的这篇关于如何度过重见光明的三天的简述，与你假设知道自己即将失明而为自己所做的安排不相一致。然而，我相信，如果你真的面临那种厄运，你的双眼一定会投向过去从未见过的事物，并把它们储存在记忆里，在今后漫长的黑夜里回忆。你将以过去从未有过的方式去利用你的眼睛。你所看到的每件事物都会变得珍贵起来，你的眼睛会仔细地端详进入你视线之内的每件事物。然后，你将真正地发现，一个美的新世界在你面前展开。

　　我，一个盲人，可以给那些能看见的人一个提示，给想充分利用视力天赋的人一个忠告：善用你的眼睛吧！犹如明天你将遭到失明的灾难，同样的方法也可以应用于其他感官。聆听美妙的乐曲、鸟儿的歌唱、乐队雄浑而铿锵有力的曲调吧，犹如明天你将遭到耳聋的厄运；抚摸每一件你想抚摸的物品吧，犹如明天你的触觉将会衰退；嗅闻花朵的芳香，品尝美味佳肴吧，犹如明天你再不能嗅闻品尝。充分利用每种感官，通过自然给予你的几种接触手段，为世界向你展示的所有愉快而美好的众多事物而自豪吧！不过，在所有感官中，我相信，视觉一定是最令人赏心悦目和难以忘怀的。

少女书信（1887—1901）

  海伦·凯勒的书信至关重要，对了解她的个人生活而言，这些书信不仅起到拾遗补阙的作用，而且揭示了她的思想和价值观的成长过程，可以说，这一过程本身就足以令她声名鹊起。海伦写出的第一封信是在她七岁的时候，那时莎莉文小姐已经教她半年了。而当海伦写出最后一封信时，她已经是一位二十一岁的大姑娘了。在这14年中，她获得的成就称得上奇迹。

  这些书信令世人关注，也让我们感到好奇。这不仅仅是因为它们出自一个既失聪又失明的女孩笔下，事实上，从读第一封信起，我们就会感受到这些书信的珍贵价值。其中，最引人注目的是她谈论自己的文字，我们通过这些文字可以了解她对世界万物的看法。她关于天象岁差的看法虽然无关紧要，但这意味着她已和常人一样有思想，能够独立思考问题。她触摸那些雕塑、家犬，以及家禽展览会上的小鸡，她站在圣·巴塞洛缪教堂的走廊里感受着管风琴低沉的隆隆声。通过这些描述，你一定想对这些方面的细节有更多的了解。为了能和别人一样过正常的生活，海伦始终坚持不懈地努力着，她描述事物的方式就像那些事物出现在一个有眼睛有耳朵的人面前，而这些事物却从来没有出现在她的视野中，这尤其令人震撼。

  14年间，海伦写下大量的书信，数量多得令人惊讶。可以说，这些书信是培养她写作能力的一种训练。她在不同的时期生活在这个国家不同的地方，因此她同大部分的亲朋好友离多聚少。所以，写信成了她与亲人朋友倾诉情感、交流思想的主要方式。她的朋友中不乏声名显赫的人物，对于这些人，她出于自觉或不自觉因素的考虑，会认为有必要用礼貌而得体的语言来回复他们的信函；而对于为数不多的几个关系亲密的知己，她会以坦诚直率的言辞尽情吐露心声。在这些书信中，她提到自己曾把以前听过的一个儿童故事《小杰基》，在霍尔姆斯博士和布鲁克斯主教面前复述的经历，这样的举动的确很可爱。她还以严肃的口吻讲述了她学习地理学和植物学课程的感受，她像一只学舌的小鹦鹉，不断地给大家重复她"听"到的趣闻逸事，她"故意"在信中展示她学到的新单词。她这样做不仅向我们展示她学到了什么，而且通过这些书信，她把新知识和新词汇变成了自己的财富。

莎莉文小姐是从1887年3月3日开始教海伦·凯勒识字的。莎莉文小姐在海伦的手上拼写出第一个单词之后的三个半月后，海伦用铅笔写下了这封信。

给堂姐安娜，乔治·特纳女士
  图斯康比亚，亚拉巴马，1887年6月17日
  海伦写信给安娜乔治 海伦将会有苹果吃 辛普森要去打鸟 杰克要给海伦棒棒糖 医生要给米珠丽开药 妈妈要给米珠丽穿新衣服

未署名

二十五天后，也就是在她离家做短途旅行期间，她给母亲写了一封信。信中字体七扭八歪，有两个字几乎无法辨认。

致凯特·亚当斯·凯勒夫人
  亨斯维尔，亚拉巴马，1887年7月12日
  海伦要给妈妈写信 爸爸给海伦药吃 米珠丽要坐秋千 米珠丽吻了海伦 老师给海伦桃子吃 乔治病了躺在床上 乔治的胳膊受伤了 安娜给海伦柠檬汽水喝 狗狗站起来了
  列车员给车票打了孔 爸爸在车上给海伦水喝
  嘉洛塔给海伦采来鲜花 安娜要给海伦买漂亮的新帽子 海伦要拥抱妈妈吻妈妈的脸 海伦要回家 祖母爱海伦
  再见

未署名

到了9月份，海伦的遣词造句能力提高了很多，思想表达范围也更加广泛。

致南波士顿帕金斯学院的盲女同学们

图斯康比亚，1887年9月

海伦要给小盲女们写一封信 海伦和老师要去看望小盲女们 海伦和老师要坐蒸汽火车去波士顿 海伦和盲女们可以用手指讲话开玩笑了 海伦要见阿纳戈诺斯先生了 阿纳戈诺斯先生喜欢海伦还会亲海伦 海伦要和盲女们一起去上学 海伦像盲女们一样能读能写能算 米珠丽不去波士顿了 米珠丽哭了 普林斯和詹宝也会去波士顿 爸爸用猎枪打了鸭子 鸭子落进水里 詹宝和玛米跳进水里把鸭子叼给爸爸 海伦和狗狗一起玩儿 海伦还和老师一起骑了马 海伦给翰狄喂草 老师用鞭子抽打翰狄让它快跑 可是海伦什么都看不见 海伦会把信装在信封里寄给盲女们

再见

海伦·凯勒

几个星期后，海伦基本上可以准确拼写句子，还能比较自由地把握文章的节奏。她运用习惯用语的能力有所提高，但是依旧忽略冠词的使用，而且能使用"did"来造一些简单过去式的句子。不过这在儿童语言中很普遍。

致帕金斯学院的盲女同学们

图斯康比亚，1887年10月24日

亲爱的小盲女们

我要给你们写一封信 我感谢你们的漂亮书桌 我就是在书桌上给孟菲斯的妈妈写的信 妈妈和米珠丽星期三回家 妈妈给我带回一件漂亮的新衣服和一顶新帽子 爸爸去了亨斯维尔 他给我带回了苹果和糖果 我和老师要去波士顿看望你们 南希是我的洋娃娃 她哭闹来着 我摇晃南希让她睡觉 米珠丽病了 医生会给她开药让她好起来的 我和老师星期天去了

教堂 雷恩先生读经布道 女士们演奏了管风琴 我把钱放进了（穷）人的篮子里 我会成为一个好女孩的 老师也会亲切地为我卷头发 我会拥抱和亲吻小盲女们 阿纳戈诺斯先生也会来看我的

　　再见

海伦·凯勒

致帕金斯学院院长迈克尔·阿纳戈诺斯先生

　　图斯康比亚，1887年11月

　　亲爱的阿纳戈诺斯先生我要给你写一封信。我和老师照了一些照片。老师会把照片寄给你。摄影师拍摄照片。木匠建造新房子。园丁挖坑锄地种植蔬菜。我的洋娃娃南希正在睡觉。她病了。米珠丽身体很好。弗兰克叔叔去猎鹿了。等他回家时我们的早餐就会有鹿肉吃。我骑在手推车的轮子上老师推着我玩。辛普森给我爆米花和胡桃吃。堂姐罗莎去看她妈妈了。星期天人们都会去教堂礼拜。我读了狐狸和柜子的故事。狐狸能坐在柜子里。我喜欢读我的故事书。你爱我。我也爱你。

　　再见。

海伦·凯勒

致亚历山大·格雷厄姆·贝尔博士

　　图斯康比亚，1887年11月

　　亲爱的贝尔先生

　　我很高兴给你写信。爸爸会把照片寄给你。我和爸爸还有姑姑已经在华盛顿见过你了。我还摆弄你的怀表。我爱你。我去华盛顿看医生。他检查了我的眼睛。我能看我的故事书。我能写能拼能算。（我是）好女孩。我的妹妹既能走又能跑。我们和詹宝一起玩耍。普林斯不是一条好狗，它不会捉鸟。老鼠把鸽宝宝给吃了，我很难过。老鼠不懂得什么是错。我和妈妈还有老师将在6月份去波士顿。我就要见到小盲女们了。南希会陪我一起去。她是一个乖孩子。爸爸要给我买一块可爱的新表。

安娜堂姐给了我一个漂亮的洋娃娃,她的名字叫艾莉。

再见。

海伦·凯勒

第二年开始的时候,海伦能熟练地使用习惯用语,而且能使用更多的形容词,包括有关颜色的形容词。尽管她不能感知色彩,她却能像我们一样运用,这种心智上的能力无法解释清楚,但这的确是事实。下面这封信是海伦写给帕金斯学院的一位同窗好友的。

致莎拉·汤姆琳森小姐

图斯康比亚,亚拉巴马,1888年1月2日

亲爱的莎拉

我很高兴在今天早晨给你写这封信。我希望阿纳戈诺斯先生会很快来看我。我将在6月份去波士顿,我会给爸爸买一副手套,给詹姆斯买好看的领结,给辛普森买一对袖扣。我见到贝蒂小姐和她的学生们了,她们有一棵漂亮的圣诞树,树上还挂着好多为小孩们准备的可爱礼物。我得到了一个杯子、一只小鸟和几块糖。我也为圣诞节准备了好多可爱的礼物。姑妈给了我一个箱子,用来装南希和衣服。我和老师还有妈妈去参加了聚会。我们跳舞,做游戏,吃了糖果、果仁、蛋糕、橘子。我和小男孩小女孩们玩得很高兴。霍普金斯夫人送给我可爱的(花)环,我喜欢她和小盲女们。

男人和男孩子们在工厂里织地毯。羊身上长有羊毛。男人们用大剪刀把羊毛剪下送到工厂。男男女女在工厂里用羊毛做衣服。

田野里棉花挂满枝头。男男女女老老少少都在摘棉花。我们用棉花纺线做衣服。棉布上面印有漂亮的白色和红色的花朵。老师把她的裙子撕破了。米珠丽哭了。我要照看南希。妈妈要给我买漂亮的新围裙和新衣服并且要带我去波士顿。我和爸爸还有姑姑一起去了诺克斯维尔。贝茜又小又瘦弱。汤普森夫人家的鸡啄死了雷拉家的鸡。伊娃在我的床上

睡觉。我爱这些女孩们。

再见。

海伦·凯勒

下面的两封信提到她1月份去田纳西州的孟菲斯拜访亲友的事。她被带到了棉花交易所。当她摸到地图和黑板时,她问道:"人们要去上学吗?"她还在黑板上写下了所有在场的人的名字。在孟菲斯期间,她还参观了一艘大型密西西比汽轮。

致爱德华·埃弗里特·黑尔博士

图斯康比亚,亚拉巴马,1888年2月15日

亲爱的黑尔先生:

我很高兴今天早上给你写这封信。老师跟我讲起了关于友善绅士的事,我很高兴能读到优美的故事。我在书中读到了关于老虎、狮子和绵羊的故事。

我将在6月份去波士顿看望小盲女们,到时我也会去看你。我已经去孟菲斯看望了奶奶和南妮姑妈。老师给我买了漂亮的新衣服还有帽子和围裙。小娜塔丽是一个非常娇嫩的小宝宝。爸爸带我们去看了汽船,它在一条大河上。汽船就像房子一样。米珠丽是一个乖宝宝。我喜欢跟小妹妹一起玩。我到了孟菲斯后,南希就不再是一个乖孩子了。她大声哭闹。我今天不会写得太多。我累了。

再见。

海伦·凯勒

致迈克尔·阿纳戈诺斯先生

图斯康比亚,亚拉巴马,1888年2月24日

亲爱的阿纳戈诺斯先生,我很高兴用布莱叶盲文给你写信。今天早晨卢希恩·汤普森送给我一大束美丽的花,有紫罗兰、藏红花和黄水

仙。星期天艾德琳·摩塞斯带给我一个可爱的洋娃娃。娃娃是从纽约买来的。她的名字叫艾德琳·凯勒。她会闭眼睛弯胳膊而且能直立蹲下。她穿着一件漂亮的红裙子。她是南希的妹妹，我是她们的妈妈。艾莉是她们的表姐。南希是一个坏孩子，我去孟菲斯的时候她大声哭闹了，我就拿起一个棍子抽打她。

米珠丽用面包渣喂小鸡。我喜欢和小妹妹一起玩。

我和老师去孟菲斯看望了奶奶和南妮姑妈。路易丝是南妮姑妈的孩子。老师给我买了一件漂亮的新裙子，还有手套、长袜和护肩，奶奶给我做了一件暖和的法兰绒外套，南妮姑妈给我做了几条围裙。阿姨给我做了一顶漂亮的帽子。我还去看望了罗伯特·格里弗斯先生和格里弗斯太太和小娜塔丽，还有法瑞斯先生、梅奥先生、玛丽和每一个人。我喜欢罗伯特还有老师。今天老师不想让我再写字了。我觉得有点累。

我在格里弗斯先生的衣袋里发现了一盒糖果。爸爸带我们去看了汽船，它像一座漂浮在大河上的房子。耶茨今天在院子里犁地准备种草。骡子在前面拉犁。妈妈要在花园里种菜。爸爸要种瓜果豌豆还有别的豆类。

贝尔表哥将在周六来看我们。晚饭妈妈要为我们做冰激凌，我们有冰激凌和蛋糕吃了。卢西恩·汤普森生病了。我很为他难过。

我和老师在院子里散步，我了解了花朵和树木生长的知识。太阳从东边升起从西边落下。谢菲尔德在北边，图斯康比亚在南边。我们将在6月份去波士顿。我又可以和小盲女们一起玩了。

再见。

海伦·凯勒

下一封信中的"默里叔叔"指的是来自肯塔基州诺曼底的默里森·海狄先生。他在儿时就失去了视觉和听觉，他创作的一些诗歌在当时曾广为传诵。

致默里森·海狄先生

图斯康比亚，亚拉巴马，1888年3月1日

亲爱的默里叔叔，我很高兴给你写这封信，我爱你，见到你时我会拥抱你亲吻你。

阿纳戈诺斯先生将在星期一来看我。我喜欢和罗伯特一起在温暖的太阳底下跳跃追逐。我还认识了一个莱克星顿的小姑娘，她的名字叫凯瑟琳·霍布森。

6月份我会和妈妈还有老师一起去波士顿，到时我就可以同小盲女们玩了，黑尔先生也会送给我有趣的故事书。我在故事书里读到了一些关于狮子、老虎和狗熊的故事。

米珠丽不能去波士顿，她哭闹了。我喜欢和小妹妹一起玩，她是一个柔弱的小娃娃。伊娃就比她结实多了。

耶茨杀死了蚂蚁，蚂蚁叮了耶茨。耶茨正在花园里挖坑。阿纳戈诺斯先生已经见到橘子了，它们长得就像金色的苹果。

罗伯特将在阳光明媚的星期天来看我，到时我会和他一块玩。我的堂兄弗兰克住在路易斯维尔。我将再次去孟菲斯看望法瑞斯先生，还有格里弗斯太太、梅奥先生和格里弗斯先生。娜塔丽是个好姑娘，她不哭闹，她就要长大了，格里弗斯太太正在给她做短裙。娜塔丽有一辆小马车。梅奥先生去了"鸭山"，他带回了一些有香味的花。

送上我的爱和一个吻。

海伦·凯勒

在下面这封讲述野餐的信中，我们可以窥见莎莉文小姐寓教于乐的教学技巧。这一天，海伦掌握的词汇量有所增加。

致迈克尔·阿纳戈诺斯先生

图斯康比亚，亚拉巴马，1888年5月3日

亲爱的阿纳戈诺斯先生，今天早晨我很高兴给你写信，因为我非常

爱你。我很高兴收到你寄来的可爱的书、好吃的糖果和你的两封来信。我很快就会去看望你，并且还要问你很多关于国家方面的问题。你也会喜欢好孩子的。

　　妈妈正在给我做去波士顿穿的新裙子，我会穿得漂漂亮亮的去见你和小男孩小女孩们。星期五我和老师还有孩子们去野餐了。我们在大树下面聚餐做游戏，我们发现了好多蕨菜和野花。我在树林里散步还了解到了好多树木的名字，有白杨、雪松、还有松树、橡树、白蜡树、山胡桃树、枫树。它们为人们留下了舒适的凉荫，小鸟喜欢在树林里飞来飞去放声歌唱。野兔在树林里蹦跳，松鼠在树林里跑，丑陋的蛇在树林里爬。树林里还种植着天竺葵、玫瑰、茉莉花、日本山茶。每天吃晚餐之前我会帮妈妈和老师给这些花浇水。

　　亚瑟表兄在白蜡树上给我架起了一个秋千。伊娃姑妈已经去了孟菲斯。弗兰克叔叔还在这里，他正在为晚餐采摘草莓。南希又生病了，是新长出的牙使她得了病。艾德琳很健康，她星期一可以和我一起去辛辛那提。伊娃姑妈要送给我一个男孩洋娃娃，哈里就要成为南希和艾德琳的兄弟了。我累了我想下楼了。我在信里送给你好多吻和好多拥抱。

你的乖孩子
海伦·凯勒

　　5月下旬，凯勒夫人、海伦、莎莉文小姐动身前往波士顿。旅途中，她们在华盛顿逗留了数日。在那里，她们见到了亚历山大·格雷厄姆·贝尔博士，而且拜访了克利夫兰总统。5月26日，她们到了波士顿的帕金斯学院，海伦见到了通信达半年多之久的小盲女们。

　　7月初，她去了马萨诸塞州的布鲁斯特，在那里度过了整个夏天。也是在那儿她平生第一次看见了大海，后来她曾多次提及这件事。

致玛丽·摩尔小姐
　　南波士顿，马萨诸塞州，1888年9月

我亲爱的摩尔小姐：

收到你可爱的小朋友的来信你是不是很高兴呀？我非常爱你，因为你是我的朋友。我的宝贝小妹妹现在可乖了，她喜欢坐在我的小摇椅上哄小猫咪睡觉。你想不想见到可爱的小米珠丽呀？她是一个非常漂亮的小宝贝。她的眼睛又大又蓝，她的小脸蛋圆圆的，很柔软，还红扑扑的。她的头发是亮亮的金黄色。当她不大声哭闹的时候非常乖巧可爱。明年夏天米珠丽就能和我一起到花园里摘又大又红的草莓了，那时她一定会非常高兴。我希望她别吃太多，不然她会生病的。

你会来亚拉巴马看我吗？詹姆斯叔叔打算给我买一匹非常温驯的小马驹，还有一辆漂亮的马车。到时候我会非常高兴带你和哈里去兜风。我希望哈里不要怕我的小马驹。我想有一天爸爸会给我买一个漂亮的小弟弟回来。我会对我新来的小弟弟非常温柔非常有耐心。当我去很多陌生的国家参观旅行时，我的弟弟和米珠丽会和奶奶待在家里，因为他们俩都太小了还不能见很多人，要是他们见了波浪汹涌的大海，肯定会吓得大声哭闹的。

等贝克船长康复时，他会带我乘他的大船去非洲，那时我就能见到狮子、老虎和猴子了。我会带回家一只小狮子、一只小白猴和一头温驯的小熊。我在布鲁斯特过得很愉快。我几乎每天都去游泳，我和卡莉、弗兰克还有小海伦一块玩得很高兴。我们在深水里又蹦又扑腾弄得水花四溅。我现在不怕在水上漂浮了。哈里能漂浮在水上游泳吗？我们上周四去了波士顿，阿纳戈诺斯先生见到我很高兴，他紧紧拥抱我还亲了我。小盲女们下周三就要返校了。

你能告诉哈里让他尽快给我写一封非常长的信吗？等你来图斯康比亚看我时，我希望爸爸摘好多甜甜的苹果、多汁的桃子、金黄色的梨、美味的葡萄和大西瓜给你吃。

我希望你心里想着我，爱我，因为我是一个乖小孩。

送上我的爱和两个吻。

你的小朋友
海伦·凯勒

在下面这封讲述拜访朋友的信中,海伦展示出了远比一个普通八岁孩子成熟得多的思想。或许,只有在勇敢的年轻绅士面前,她才会展露其乐观的性格。

致凯特·亚当斯·凯勒夫人

南波士顿,马萨诸塞,1888年9月24日

亲爱的妈妈:

我想你会很乐意听我讲述参观西纽顿的所有事情。我和老师朋友们度过了愉快的时光。西纽顿离波士顿不太远,我们坐火车很快就能到那里。

弗里曼太太还有卡莉、埃赛尔、弗兰克、海伦一起乘坐一辆大马车到车站迎接我们。我很高兴见到我亲爱的小朋友们,我同他们一一拥抱亲吻。我们乘坐了好长时间的马车游遍了西纽顿的所有风景,看到了很多非常漂亮的房子,宽阔而柔软的绿草坪,围在房子周围还有很多树木、鲜艳的花朵和喷泉。拉车的那匹马的名字叫"王子",它很温驯,喜欢小跑着赶路。到家的时候,我们看到了八只兔子和两条肥嘟嘟的小狗,还有一匹漂亮的白色小马驹,两只小猫咪和一条叫做"唐"的可爱的卷毛狗。小马驹的名字叫"莫莉",我乐呵呵地骑在它的背上,一点儿也不怕,我希望我的叔叔快一点给我买一匹可爱的小马驹和一辆小马车。

克里夫顿没有吻我,因为他不喜欢吻小姑娘。他很害羞。我很高兴弗兰克、克拉伦斯、罗比、埃迪和乔治都不怎么害羞。我和很多小姑娘一块儿玩得很愉快。我骑着卡莉的三轮车采野花,吃水果,我骑着车蹿来蹿去好像跳舞一样。有很多女士和先生们都来看望我们。露西、多拉和查尔斯出生在中国。我出生在美国。阿纳戈诺斯先生出生在希腊。德鲁先生说中国的小姑娘们都不会用手指"讲话",我想如果我去中国的时候我就会教她们。有一位中国来的保姆也来看我,她的名字叫"阿苏"。她拿了一只中国的贵妇人穿的鞋子给我看,鞋子很小因为她们的脚永远也长不大。中国话"阿妈"就是保姆的意思。我们是坐马车回的

家,因为那天是星期天,火车通常在星期天不运行。列车员和火车司机们太累了,他们都回家休息去了。我在车上见到小威利·斯旺,他给了我一个多汁的梨子,他六岁了。我六岁大的时候都干了什么?你能让爸爸坐火车来看我和老师吗?我很难过因为伊娃和贝茜都病倒了。我希望我能有一个愉快的生日聚会,我想让卡莉、埃赛尔、弗兰克和海伦都来亚拉巴马看我。我回家后米珠丽还会和我一起睡觉吗?

送上我深深的爱和一千个吻。

你的可爱的小女儿
海伦·凯勒

海伦于7月份参观了普利茅斯。下面这封信写于此行的三个月之后,海伦以翔实的笔触向我们展示了她对第一堂历史课的记忆。

致默里森·海狄先生

南波士顿,马萨诸塞州,1888年10月1日

亲爱的默里叔叔,我想当你收到你可爱的小朋友海伦寄给你的信时,你会很高兴的。我很高兴给你写信,因为我想你爱你。在你送给我的书里,我读到了很多优美的故事,像《查尔斯和他的小船》、《亚瑟和他的梦境》、《罗莎和绵羊》等。

我一直待在一条大船上,这条船就像军舰一样气派。妈妈和老师还有霍普金斯夫人、阿纳戈诺斯先生、罗杜卡纳奇先生,还有很多其他朋友都来到普利茅斯参观这里的古老遗迹。下面我要给你讲一个关于普利茅斯的小故事。

很多年前,在英格兰住着许多好人。可是国王和他的朋友们对这些好人一点儿也不友善,因为国王不喜欢臣民违抗他的命令。人们不愿意和国王一起去教堂礼拜,他们喜欢为自己建造漂亮的小教堂。

国王非常生气。而那些臣民则遗憾地说:我们要离开可爱的家乡和亲友,远离可恶的国王,前往一片陌生的国土生活。于是,他们把所

有的家当都装进大箱子里，告别了家乡。我为他们难过，因为他们全都哭了。后来他们到了荷兰，可是他们一个人都不认识；也不知道这里的人在说什么，因为他们听不懂荷兰话。但是他们很快就学会了一些荷兰话，不过他们更热爱自己的语言，他们不想让小孩们忘记自己的语言而说滑稽的荷兰话。所以他们又说道：我们一定要搬到一个远方的新大陆上去，要在那里建造学校、房屋、教堂和新城市。于是他们再次把所有的家当装进大箱子里，告别了他们的新朋友，驾驶着一艘大船去寻找新大陆了。可怜的人们一点也高兴不起来，心里充满了忧伤，因为他们不太了解美洲的情况。我想，小孩面对粗暴的大海肯定会害怕的，大船在海上一摇晃，小孩子们就会在船上摔倒，磕伤自己的头。经过好多个星期的航行，他们还是看不到树木、花朵或草地，周围只有海水和美丽的天空。那时船走得很慢，因为人们还不了解发动机和蒸汽机。有一天，一个可爱的小男孩在船上出生了，他的名字叫佩里格林·怀特。我感到非常遗憾，因为那个可怜的小佩里格林现在已经不在了。每天船上的人们都来到甲板上寻找陆地的踪影。一天，船上发出一阵欢呼声，因为人们看到了陆地，他们终于安全地抵达了新大陆。小孩子们都高兴得拍着巴掌跳起来。当他们踏上岸边的一块巨石时，每个人都高兴极了。我在普利茅斯确实看到了这块岩石和一艘样子像"五月花"号一样的小船，还有可爱的小佩里格林睡觉用过的摇篮，以及许多"五月花"号上的老家当。你方便的时候一定要来普利茅斯看看这些老家当呀。

现在我太累要休息了。

送上深深的爱和许多吻。

你的小朋友
海伦·凯勒

下面的两封信里均出现了外语词汇。其中，第一封信写于海伦参观盲童幼儿园期间，她早在几个月前就听家人谈论过这些单词，所以这些单词已经深深地印在海伦的记忆之中。海伦不但消化吸收了这些词汇，还尝试着使用它们。有时用得很恰当，有时像鹦鹉学舌。即使她并不完全理解大人们的话或想法，她也愿意把它们记下来，就像是她自己的话或想法。用这种方式，她不但学会了词汇的正确发音，还掌握了用这些词汇表达超出其个人经验的技巧。信中的"伊迪丝"指的是伊迪丝·托马斯。

致迈克尔·阿纳戈诺斯先生

罗克斯伯里，马萨诸塞州，1888年10月17日

Mon cher Monsieur Anagnos（法语：亲爱的阿纳戈诺斯先生）：

我正坐在窗边，温暖的阳光照射在我身上。我和老师昨天去了幼儿园。那里有二十七个小孩，他们全都是盲人。我很难过，因为他们什么都看不见。会不会将来有一天他们就能看见了？可怜的伊迪丝又盲又聋又哑，和我一样，你是不是特别为我和伊迪丝感到难过？很快我就能回家看爸爸妈妈还有我乖巧可爱的小妹妹了。我希望你能来亚拉巴马看我，我会带你乘坐我的小马车，我想你肯定很想看到我坐在小马驹背上的样子。我会戴上我可爱的帽子，穿上我的新骑士服。如果赶上阳光灿烂的日子，我就带你去看望莱拉、伊娃和贝茜。等我长到十三岁的时候，我打算去很多陌生而美丽的国家旅行。我要去挪威攀登到非常高大的山上看冰雪。我希望我不会摔倒或磕伤我的头。我还要去拜访英格兰的"小爵爷方特勒罗伊"，他会很乐意带我参观他的古老宏伟的城堡的。我们还会追逐野鹿，喂小兔子，捉松鼠。我不害怕方特勒罗伊身边的大狗"道格"。我希望方特勒罗伊能带我去见一见善良友好的女王。如果我到了法国，我会讲法语的。一个法国小男孩会问：Parlez—vousFrancais?（法语：你会说法语吗？）我就回答说：Oui, Monsieur, vous avez un joli chapeau. Donnez moi un baiser.（会说，先生，您的帽子很漂亮，吻我一下。）我希望你能和我一起去雅典看望"雅典的女仆"。她是一位非常可爱的女士，我要用希腊语同她交谈。现在我太累了不能再往下写了。Je vous aime. Au revoir（法语：我爱您，再见。）

你亲爱的小朋友

海伦·凯勒

致伊芙莉娜·凯勒小姐

南波士顿，马萨诸塞州，1888年10月29日

我最亲爱的姑姑，我很快就要回家了，我想你和家里的每一个人都会很高兴看到我和老师的。我很高兴因为我已经学到了很多东西。我正在学习法语、德语、拉丁文和希腊语。Se agapo是希腊语，它的意思是我爱你。J'ai unebonne petite soeur是法语，意思是我有一个可爱的小妹妹。Nous avons un bon pere et une bonne mere的意思是我们有一个好爸爸和一个好妈妈。Puer是拉丁文里男孩的意思。而Mutter是德语中妈妈的意思。等我回家时我要教米珠丽好多种语言。

海伦·凯勒

致索菲娅·霍普金斯夫人：

图斯康比亚，亚拉巴马，1888年12月11日

亲爱的霍普金斯夫人：

我刚刚喂过可爱的小鸽子。这只小鸽子是表兄辛普森上个星期天送给我的。我用老师的名字"安妮"给它命名。小狗已经吃完了晚餐到床上休息去了。小兔子们也都睡着了。我也要很快上床睡觉了。老师正在给她的朋友们写信。爸爸妈妈还有他们的朋友们都去看大火炉了，这个大火炉是用来炼铁的。铁矿埋在地下，但铁矿石还不能直接用，铁矿石必须在火炉里熔化掉，才能除去所有的泥土，剩下纯净的铁。等这一切都完成后，铁才能被用来制造火车头、炉子、水壶还有很多别的东西。

在地下也可以找到煤。好多年以前，远在人类在地球上生活之前，大树、草丛、巨大的蕨类植物和美丽的花朵覆盖了地面。当树木倒下时，水流和土壤就把它们掩埋起来，更多的树木倒下，又被水和土壤掩埋。过了成千上万年以后，地下的树木都变得像石头一样坚硬，这时候它们就可以供人燃烧取暖了。你在煤块里是不是还能看到树叶、蕨菜和树皮的遗迹？男人们会下到地下挖煤，蒸汽火车会把这些煤运送到大城

市里，当天气变冷时，人们就会烧煤取暖高高兴兴地过日子。

你现在是不是感到非常孤独悲伤？我希望你马上来看我，和我们一起多待些日子。

送上我深深的爱！

你的小朋友
海伦·凯勒

致黛拉·本奈特小姐

图斯康比亚，亚拉巴马，1889年1月29日

亲爱的本奈特小姐，很高兴今天早上给你写信。我们刚刚吃完早餐。米珠丽正在楼梯上乱跑。我一直在读一本关于天文学家的书。Astronomer（天文学家）这个词来自拉丁语的Astra，意思是"星"。天文学家就是研究星星，告诉我们有关星星的科学的人。当我们静静地躺在床上睡觉时，他们正通过望远镜观察美丽的天空。一架望远镜就像一只功能强大的眼睛，星星离我们是如此遥远，如果没有这些精密仪器的帮助，人们就无法更多地了解这些星星。你是不是也喜欢透过窗子看天上的小星星？老师说她能透过窗户看到金星，它是一颗又大又亮的星。星星是地球的兄弟姐妹。

除了天文学家们使用的仪器外，世界上还有很多种工具。刀子是用来切割的工具。我认为钟也是一种工具。下面我要跟你讲一讲我所了解的钟。

有些钟会演奏音乐，另外一些钟却奏不出音乐。有些钟非常小巧而有些钟非常巨大。我在韦尔斯利学院就见到过一只大钟，它是从日本运来的。钟的用途有很多种，它可以告诉我们什么时候吃早餐，什么时候去上学，什么时候去教堂。它还能告诉人们什么时候去工作，什么时候回家休息。汽笛能告诉旅客们列车进站了，提醒人们离铁路远一点。有时候当可怕的事故发生时汽笛也会响，比如很多人在火灾水灾中受伤时。前两天我把洋娃娃的头弄断了，不过这并不算是一次可怕的事故，

因为洋娃娃不像人一样有生命有感觉。我的小鸽子们可乖了，小鸟也挺乖。我想要一些黏土玩，可老师说我现在必须要学习了。

再见。

送上我深深的爱，还有好多吻。

海伦·凯勒

致爱德华·埃弗里特·黑尔博士

图斯康比亚，亚拉巴马，1889年2月21日

亲爱的黑尔先生：

我现在最担心的是，你是否在想小海伦已经把她亲爱的表兄都忘掉了？当你收到这封信时你会高兴的，因为你知道我经常想起你。我深深地爱你，因为你是我亲爱的表兄。我在家里待了好几个星期了。离开波士顿我感到很难过，我很想念离别的朋友们。当然，我也很高兴再一次回到可爱的家。我可爱的小妹妹长得非常快，有时候她会试着用小小的手指拼写一些很简短的词，但是她太小了，还记不住难一些的词。等她再大一点，如果她听我的话并且有耐心的话，我会教她学好多东西。老师说，一个人在小的时候学会了忍耐和宽容，当他长大成人，就不会忘记仁慈、友爱和勇气这些优良品质。我希望我能成为勇敢无畏的人。故事中的那个小姑娘是不勇敢的，她看到了头戴高帽的小精灵在长长的小径上跳舞，还从树丛里偷偷看她，就感到很害怕。你的圣诞节过得愉快吗？我曾收到过好多可爱的圣诞礼物。不久前，我有一个欢乐的聚会。我所有的亲爱的小朋友都来看我，我们做游戏，吃冰激凌蛋糕还有水果，然后又大玩一场。今天阳光很灿烂，如果道路干的话，我希望能去骑马。再过几天，美丽的春天就要来了，我非常高兴，我喜欢温暖的阳光和芳香的花朵，鲜花的开放令人感到幸福快乐。我现在有四个娃娃了，塞德里克是我的小男孩，他与"小爵爷方特勒罗伊"同名。他长着一对大大的棕色眼睛，金色的长长的头发和漂亮的圆脸蛋。艾达是我的小宝宝，她是一位女士从巴黎带来送给我的。她能像一个真正的宝宝

那样喝奶。露西是一位漂亮的女孩,她身上穿着一件精美的花边裙子,脚上穿着一双绸缎做的拖鞋。可怜的老南希变得又老又弱,几乎成了废人。我还有两只温驯的鸽子和一只小金丝雀。詹宝很强壮也很忠诚,夜里,它不会让任何东西伤害我们。我每天都去上学,学习阅读、写作、算术、地理和外语。我的妈妈和老师要送给你和黑尔夫人最诚挚的问候,米珠丽要送给你一个吻。

  送上我深深的爱和吻。

你的亲爱的表妹
海伦·凯勒

  整个冬季,莎莉文小姐和海伦一直在图斯康比亚的家里生活学习,而且成效显著。春天来临,海伦初步掌握了习惯用语的使用。在1889年5月以后的信件中,几乎很难发现有用词不当之处。

致迈克尔·阿纳戈诺斯先生
  图斯康比亚,亚拉巴马,1889年5月18日
  亲爱的阿纳戈诺斯先生,你简直想象不到,我昨晚收到你的信时是多么的高兴。一想到你要离我远去我就很难过。我们会非常想念你的。如果有机会的话,我非常乐意和你一起去参观好多美丽的城市。我在亨斯维尔时见到了布赖森博士,他告诉我说他去过罗马、雅典、巴黎和伦敦。他在瑞士爬过高山,在意大利和法国参观过美丽的教堂,还见到了很多古老的城堡。我希望你参观每个城市时都给我写信。当你去荷兰的时候,请把我的问候带给美丽的威廉·敏娜公主。她是一个可爱的小姑娘,等她长大后她就会成为荷兰女王。如果你去罗马尼亚,请代我向善良的伊丽莎白女王问候一下她残疾的弟弟。请你转告她,得知她可爱的小女儿去世,我也很难过。我还想送给那不勒斯小王子——维托里奥一个吻。但是老师说恐怕你不会记得住这么多的口信。等我十三岁时我将亲自去拜访他们。
  我非常感谢你把《小爵爷方特勒罗伊》这样动听的故事讲给我,我

也要感谢老师。

我很高兴伊娃要来和我一起过夏天。我们将会在一起度过愉快的时光。请代我向霍华德问好，让他别忘了给我回信。星期四我们举行了一次野餐会，在绿树成荫的小树林里，我们玩得很高兴。

米珠丽正在院子里玩耍，妈妈在摘美味的草莓。爸爸和弗兰克叔叔去城里了。辛普森很快就要回到家了。我和米珠丽在亨斯维尔时照了一些照片，等照片洗出来我寄一张给你。

玫瑰花很美，妈妈种了很多漂亮的玫瑰。"LaFrance"（法兰西）和"Lamarque"（拉玛尔克）是最香的两种花，"Marechal Neil"（马尔夏勒·奈耶），"Solfaterre"（索勒法戴尔），"Jacqueminot"（雅克米诺），"Nipheots"（尼凡奥），"Etoile de Lyon"（里昂之星），"Papa Gontier"（贡蒂哀老爹），"Gabrielle Drevet"（加布里埃尔·德莱弗特）和"Perle des Jardines"（花园之珠）也都很美丽。

请代我向男孩女孩子们问好。我每天都在想他们，我打心底爱他们。等你从欧洲回来时，我希望你一切都好，并且能感受到回家的幸福。请别忘了代我向卡里奥皮·凯哈伊娅小姐和弗兰西斯·德米特里奥斯·卡洛珀萨基斯先生问好。

你忠实的小朋友
海伦·亚当斯·凯勒

和海伦·凯勒的大多数早期信件一样，这封写给法语老师的信也是她语言表述的一次转变。从中可以看出，在海伦接受教育的早期阶段，她就流露出超凡的写作能力和模仿才能。

致芳妮·玛丽埃特小姐

图斯康比亚，亚拉巴马，1889年5月17日

亲爱的玛丽埃特小姐，我正在想一个哭得非常伤心的小姑娘，她的兄弟欺负她欺负得很厉害。我告诉你他做的事，你听了后也会可怜这

个小女孩的。她有一个特别漂亮的洋娃娃,哦,这真是一个既精致又可爱的洋娃娃!但是她的兄弟拿走了洋娃娃,把它放在了花园里的一棵大树上,然后就跑开了。小姑娘够不到洋娃娃,无法把娃娃弄下来,只能伤心地哭。洋娃娃也哭了,它的胳膊从绿色的树枝间伸出来,一副非常痛苦的样子。阴沉的夜色很快就要来了,难道要让洋娃娃独自整夜坐在树上吗?小姑娘一想到这儿就无法忍受。"我要陪着你。"她对洋娃娃说,尽管她根本没有这样的勇气,但还是决定留下来陪洋娃娃。她清楚地看到了几个头戴高帽的小精灵,正在尘土飞扬的花园小径上跳舞,还躲在树丛间偷偷地向外边看。小精灵们好像离她越来越近,她伸出双手指向树上的洋娃娃。小精灵们对她指指点点,还冲她大笑。小姑娘怕极了,可是她知道,如果一个人没有做坏事,那么这些古怪的小精灵就不会伤害这个人。"我做错了什么事吗?哦,是啊!"小姑娘说道,"我曾嘲笑过可怜的鸭子,笑它们腿上裹着红色的破布,还笑它们走路时一瘸一拐的样子,嘲笑这些可怜的动物是不对的!"

这难道不是一个令人同情的故事吗?我希望她爸爸惩罚那个淘气的小男孩。下周四你能来看我的老师吗?她就要休假回家了,不过她会在秋天回来看我的。

你忠实的小朋友
海伦·亚当斯·凯勒

这年夏天,莎莉文小姐离开海伦三个半月之久,这是师生之间的第一次长久分离。在其后十五年的师生友谊当中,两人也曾短暂分别,但每次不过寥寥数日。

致安妮·曼斯菲尔德·莎莉文小姐
　　图斯康比亚,亚拉巴马,1889年8月7日
　　最亲爱的老师:
　　很高兴今晚给你写信,因为我整天都在想你。我现在坐在走廊里,

我的小白鸽站在我的椅背上看我写字。她的那个褐色的小伙伴随着别的鸟儿飞走了，但阿尼没有难过，她喜欢和我待在一起。方特勒罗伊在楼上睡觉，南希正在哄露西上床睡觉，也许嘲鸫鸟也在唱歌哄他们入眠呢。这个时候所有美丽的花儿都在盛开，空气中弥漫着茉莉花、天芥菜花和玫瑰花的芬芳。天渐渐暖和了，爸爸8月20日准备带我们去"采石场"避暑，我想我们会在凉爽宜人的森林里美美地过上一阵子。我会写信把我们做的所有趣事告诉你。听说莱斯特和亨利都是乖巧可爱的小宝宝，我真高兴，请替我好好地亲吻他们。

爱上美丽星星的那个小男孩叫什么名字？伊娃给我讲了一个叫"海蒂"的可爱小姑娘的故事。你能把这本小说寄给我吗？我要是有一台打字机该多好。

小亚瑟长得很快，他现在已穿上了短童装了。表姐莱拉说他很快就会走路了，那时我就牵着他柔软的小胖手到明媚的阳光下散步，他会想摘下最大的玫瑰花，还会追着快乐的蝴蝶乱跑。我非常小心地照顾他，不让他摔倒伤着。爸爸和一些先生们昨天去打猎了。爸爸打了三十八只鸟，晚餐时我们吃了好多鸟肉，味道非常鲜美。星期一辛普森打到一只美丽的鹤，鹤是一种很大很壮的鸟，它的翅膀跟我的胳膊一样长，嘴和我的脚一般大。它吃小鱼和其他小动物。爸爸说它能整天不停歇地飞。

米珠丽是世界上最可爱、最讨人喜欢的小女孩，她也非常调皮。有时候趁妈妈不注意，她就跑进花园里摘葡萄，兜满满一裙子。你回来时她一定会用柔软的胳膊搂着你的脖子，紧紧拥抱你的。

星期天我去了教堂。我喜欢去教堂，因为我喜欢见到我的朋友们。

一位先生送给我一张漂亮的明信片。上面的图画是一条美丽的小河，河边有一个磨坊，一条小船漂浮在水面上，四周环绕着芬芳的百合花。离磨坊不远有一幢古老的房子，周围长着许多树，房顶上停着八只鸽子，台阶上还有一只大狗。现在皮尔已经是一只自豪的狗妈妈了，她生了八只小狗，她认为这些宝宝都是顶呱呱的。

我每天都读书，我非常非常喜欢这些书。我希望你能快点回来，我特别特别想你。没有老师在身边，我有好多事情都弄不明白。我要送你五千个吻,还有无法形容的爱。送给H夫人深深的爱和一个吻。

你的充满深情的小学生
海伦·A·凯勒

秋天,海伦和莎莉文小姐返回了南波士顿的帕金斯学院。

致米珠丽·凯勒小姐

南波士顿,1889年10月24日

我的宝贝小妹妹,早上好。随同这封信我会送上一件生日礼物,希望你收到礼物会很高兴,给你寄礼物也是我特别高兴的事。这件裙子是蓝色的,就像你眼睛的颜色;糖果也很甜,就像你这个小可人儿一样甜。妈妈会很高兴为你穿上新裙子的,那时你就会漂亮得像一朵玫瑰花。图画书会告诉你很多野生动物的故事,你不用怕它们,它们不会从画里跑出来伤害你的。

我每天都去上学,学到了好多新东西。早上八点我学习算术,我喜欢算术。九点我和小伙伴们去体操馆,我们在那儿玩得非常高兴。我希望你能来这里同三个小松鼠,还有两只温驯的鸽子玩,还能为可爱的小知更鸟搭一个漂亮的窝。嘲鸫不在寒冷的北方生活。十点,我学习有关我们所居住的地球的知识。十一点,我要和老师谈话。十二点时学习动物学课程。现在还不知道下午会学习哪些东西。

我要跟你说再见了,我亲爱的小米珠丽。请代我向爸爸妈妈问好,代我给他们好多个吻和好多次拥抱。老师也向他们问好。

爱你的姐姐
海伦·凯勒

致威廉·韦德先生

南波士顿,马萨诸塞,1889年11月20日

亲爱的韦德先生,我刚刚收到妈妈寄来的一封信,信中妈妈告诉

我说你送给我的漂亮的小獒犬已经安全地到达图斯康比亚。非常感谢你送我的可爱礼物。遗憾的是我不能在家里迎接她的到来了，妈妈和我的宝贝妹妹会在她的女主人不在家时友善地对待她。小狗肯定会特别想家的，就像小姑娘们一样，我希望她不会感到孤单和悲伤。我想管她叫"雌狮"，你说可以吗？我希望她将来会变得非常忠诚和勇敢。

我和老师正在波士顿学习，我学到了很多新奇的知识，有关于地球的，也有关于动物的，我尤其喜欢算术。我也学到了很多新词，"尤其"这个词就是我昨天刚学会的。等我见到雌狮时，我会跟她讲很多让她大吃一惊的事情。当我告诉她她是脊椎动物，也是哺乳动物和四足动物时，她准会哈哈大笑。我也会很遗憾地告诉她，她属于食肉类动物。我还在学习法语，法语中雌狮的写法是monbeau chien。请告诉雌狮，我会好好照顾她的。如果能收到你的来信我会非常高兴。

你亲爱的小朋友
海伦·凯勒

致约翰·格林利夫·惠蒂尔

盲人学院，南波士顿，马萨诸塞，1889年11月27日

亲爱的诗人：

收到一个你不认识的小姑娘写来的这封信时，你一定会惊奇的。但我想，当你听到我说读了你的美丽诗篇是多么愉快，你一定十分高兴。昨天我读了《校园时光》和《我的玩伴》，我非常喜欢这两首诗。诗中那个有一对棕色眼睛、长着一头金色鬈发的可怜小姑娘死了，令我非常难过。活在我们这个美丽的世界上是多么幸福呀。虽然我的眼睛无法看到美好的事物，但是我的心灵能看到这所有的一切，因而我每一天都过得很快乐。

在花园里散步的时候，我无法看见美丽的花朵，但我知道它们就在我的周围，空气中散发的不正是花朵的芳香吗？我还知道那小小的金钟花正在和伙伴们窃窃私语，否则它们就不会有那么高兴的样子。我非常

爱你,因为你使我明白了这么多有关花朵、小鸟和人类的事理。再见。

祝你感恩节过得愉快。

你忠实的小朋友
海伦·凯勒

致凯特·亚当斯·凯勒夫人

南波士顿,马萨诸塞,1889年12月3日

亲爱的妈妈,你的小女儿很高兴在这个美丽的早晨给你写信。今天这里很冷,还下起了雨。昨天米斯郡伯爵夫人又来看我了。她带给我一束美丽的紫罗兰。她的两个小女儿的名字分别是韦奥莱特和梅。伯爵说等下次来美国的时候,他会很乐意游览一下图斯康比亚的。米斯郡伯爵夫人说她想看一看你的花儿,听一听嘲鸫的歌声。等我去英国时,他们想让我去看望他们,在他们家里住上几个星期。他们还要带我去拜见女王。

我已经收到了诗人惠蒂尔的回信,他说很喜欢我。韦德先生希望我和老师来年春天去看望他。你说我们应该去吗?他说你必须亲自喂"雌狮",因为如果她不跟其他狗一起吃食,她就会变得特别胆小。

威尔逊先生星期四来看望我们了。我很高兴收到家里寄来的花,花送到时我们正在吃早餐,我的朋友们也和我一样喜欢这些花。感恩节那天我们吃了一顿美味的晚餐,有烤火鸡和葡萄干布丁。上个星期我参观了一个美丽的艺术品商店,看到了好多雕像,有位先生还送给我一个天使。

星期天我登上一艘大军舰做礼拜。礼拜结束后,士兵们还带我们参观了军舰。船上一共有四百六十名士兵,他们对我非常友好。有一位士兵还把我抱起来,这样我的脚就不会沾到水了。他们都穿着蓝色的制服,头上戴着奇特的小帽子。星期四这里发生了一场可怕的火灾。很多商店都着火了,烧死了四个人,我为他们感到悲伤。请转告爸爸,让他给我写信。小妹妹乖不乖?给她好多个吻。现在我必须停笔了。

你的乖小孩
海伦·凯勒

致爱德华·埃弗里特·黑尔博士

南波士顿，1890年1月8日

亲爱的黑尔先生：

昨天晚上我收到你寄来的美丽贝壳，非常感谢你，我会永远保留着它们，一看到贝壳我就会高兴地想起：是你在遥远的岛上发现了它们，哥伦布就是从那里驾船发现我们可爱的国家的。等我十一岁的时候，他驾驶三艘小船穿越陌生的海洋就有四百年的历史了。他真的很勇敢。小姑娘们见到可爱的贝壳都很高兴，我把自己知道的有关贝壳的知识都告诉了她们。能带给这么多人欢乐，你是不是感到特别高兴？我就是这样。将来如果你有时间的话，我会很乐意教你布莱叶盲文的，不过恐怕你太忙了。几天前我收到了米斯郡伯爵夫人寄来的一小盒英国紫罗兰。花儿已经枯萎了，但是它们所代表的亲切问候仍然像新摘的紫罗兰一样清新鲜艳。

送上对小表兄们、黑尔太太的衷心问候，还要送给你一个甜蜜的吻。

你的小朋友

海伦·凯勒

下面是海伦拜访霍尔姆斯博士不久写的第一封信，当时他已经出版了《超越茶杯》这本书。

致奥利佛·温代尔·霍尔姆斯博士

南波士顿，马萨诸塞，1890年3月1日

和蔼可亲的诗人，自从那个阳光明媚的星期天同你道别后，我曾好多次想你。我要给你写一封信，因为我爱你。我很难过平时没有小孩跟你一起玩，不过我想你和你的好多书，还有朋友们在一起会很高兴的。在华盛顿诞辰纪念日那天，有好多人都来这里看望盲童。我为他们朗诵了你的诗，还给他们看了一些美丽的贝壳，这些贝壳来自帕洛斯附近的一个小岛。

我正在读一个非常悲伤的故事，名叫做《小杰基》。杰基是你所能想象得到的最可爱的小家伙，但是他很贫穷，是个盲人。我常常（在我很小的时候，在认字之前）会想，每个人都过得很快乐。当我了解了巨大的痛苦和悲伤时，我感到很伤心；现在我明白了：如果这个世界上只有快乐，那么我们就永远不会懂得勇气和忍耐的可贵了。

　　我正在学习动物学中有关昆虫的知识。我了解了蝴蝶的很多习性。它们不会像蜜蜂一样酿蜜，但是它们就像花朵一样美丽；而且，它们总会给小孩子们带来快乐。它们一边在花朵间飞来飞去，一边吸吮花心里的蜜露；它们无忧无虑，从不考虑明天如何，就像忘掉书本的孩子们一样——在明媚的阳光下兴高采烈地跑进森林和田野，或采集野花，或跑进水塘寻找芬芳的百合花。

　　如果我的小妹妹6月份来波士顿，你愿意让我带她去看你吗？她是一个可爱的小宝贝，我相信你一定会喜欢她的。

　　现在我必须要对我爱戴的诗人说再见了，因为在上床睡觉前，我还要给家里写一封信。

你忠实的小朋友
海伦·凯勒

致萨拉·富勒小姐（海伦的第一节声学课是富勒小姐教授的）

　　南波士顿，马萨诸塞，1890年4月3日

　　亲爱的富勒小姐：

　　在这个美丽的早晨，我的心里充满了欢乐，因为我已经学会说好多新词了，还能说好几个句子呢。昨天晚上我到院子里和月亮说话。我说："喂！月亮，到我这里来！"你觉得迷人的月亮听到我跟她说话会不会很高兴呀？妈妈要是听到我能讲话该多么高兴啊！我几乎等不到6月份了，我热切地渴望能和妈妈还有我可爱的小妹妹说话。以往，我用手指拼写时，米珠丽听不懂我的话；但是现在，她会乖乖地坐在我腿上，我会给她讲好多有趣的事逗她乐，我们在一起特别快乐。能给那么多人带来快乐，你自己是不是也非常非常快乐？我觉得你非常善良、有耐心，我深深地爱你。我的老师星期二告诉我说，你想知道我为什么想用嘴说话。我会告诉你这一切的，因为我还能很清楚地记得我儿时的想法。在我很小的时候，我总是时时刻刻坐在妈妈的腿上，因为我胆子非常小，不愿意一人独处。我一直把我的小手放在妈妈的脸上，当她和人讲话的时候，我就能感觉到她的脸部和嘴唇的嚅动，这让我觉得非常有趣。但我并不知道她在做什么，因为那时我还一无所知。当我又大一点的时候，我学会了同保姆和黑人小伙伴一起玩耍，我注意到他们的嘴唇也像妈妈那样嚅动，所以我也试着嚅动自己的嘴唇，但有时我非常懊恼，因为触摸小伙伴们的嘴是非常困难的事，那时我还不知道这么做是很不礼貌的举动。又过了好久，亲爱的老师来到我身边，她教我用手指同别人交流，我感到既满足又高兴。但是当我来波士顿上学时，我遇到了一些聋人，他们也能像其他人一样用嘴说话。有一天，一位曾去过挪威的女士来看我，她告诉我说，她在那个遥远的国家见到过一个又盲又聋的小姑娘，她被教会了说话。这个好消息令我异常兴奋，从那时开始，我坚信我也能学会说话。于是，我试着像我的小伙伴们那样发出声音，但是老师告诉我，嗓子是非常精致而微妙的器官，如果不能正确发音，就会对它造成损害。老师答应带我去见一位善良而聪慧的女士，她能教我正确地发音。这位女士就是你。现在我像小鸟一样快乐，因为我能说话了，也许我还能唱歌呢。我想我所有的朋友们对我的变化都会既吃惊又高兴。

你忠实的学生
海伦·凯勒

帕金斯学院放暑假的时候，海伦和莎莉文小姐回到了图斯康比亚。这是海伦学会"用嘴讲话"后第一次回家。

致菲利普斯·布鲁克斯先生

图斯康比亚，亚拉巴马，1890年7月14日

亲爱的布鲁克斯先生，非常高兴在这个美好的日子里给你写信，因为你是我友好的朋友，我爱你，我还希望了解更多的事情。我已经在家里待了三个星期，能和亲爱的爸爸妈妈还有宝贝小妹妹在一起是多么让人高兴的事啊！同波士顿的同学们分别令我感到非常难过，可是我又是如此渴望见到我的宝贝妹妹，我几乎等不及了，恨不得立刻坐火车回家，但是在老师面前我必须保持耐心。同我刚去波士顿的时候相比，米珠丽长得更高更结实了。她是世界上最漂亮最可爱的孩子。爸爸妈妈听到我能讲话都很高兴，能带给他们一个巨大的惊喜更是让我万分喜悦。为什么敬爱的天父会认为经历巨大的悲痛会对我们有好处？我一直都很快乐，小爵爷方特勒罗伊也很快乐，不过亲爱的小杰基的生活却充满了悲伤。上帝没有把光明放进杰基的眼睛里，他什么也看不见，他的爸爸既不温和也没有爱心。你是不是觉得杰基会因为他的父亲对他不慈爱而更爱天父？上帝是怎样告诉人们他的家在天堂的？当人们做坏事时，比如说伤害动物或者对小孩不友善时，上帝就会很心痛，但是他所做的就是教导人们成为一个有同情心和爱心的人吗？我想他会告诉人们他是多么的爱他们，他希望他们过得幸福愉快，而世人也不想让如此深爱着他们的父亲伤心，他们想做任何让天父开心的事，所以，他们会变得彼此相亲相爱，友善对待所有的人和动物。

请跟我讲讲你所知道的关于上帝的事。我很高兴能更多地了解慈爱的天父，他又智慧又慈爱。我希望你有时间时给你的小朋友写信，要是今天能见到你就好了。现在波士顿的太阳是不是特别晒呀？如果今天下午天气凉爽的话，我就会带米珠丽骑会儿驴子。韦德先生把奈狄送给了我，它是一头你所能想象得到的最漂亮的驴子。在我们骑驴的时候，我的大狗雌狮会保护我们。辛普森，我的堂兄，昨天送给我一些美丽的池塘百合，他真是我的好兄弟。

老师送给你亲切的问候,爸爸和妈妈也送去他们的祝福。

你忠实的小朋友

海伦·凯勒

布鲁克斯博士的回信

伦敦,1890年8月3日

亲爱的海伦:

我非常高兴收到你的来信。这封信追随着我穿越大洋,在这个神奇的大都市中找到我,我当然愿意花时间写一封长信,把我所知道的一切都告诉你。什么时候你来波士顿,可以随时到我的书房,我们好好交流一番。

你对家庭的热爱令我感动,我几乎想见一见你的爸爸妈妈还有小妹妹了,我也很想到你美丽的家乡去看看。想到你兴高采烈的样子,我感到由衷的高兴。

从你提出的问题中,我有幸了解到了你的一些想法。我并没有特别留意或者仔细思考过上帝的伟大,因为无论何时,他都给予我们始终如一的爱。我对上帝的理解是这样的:在每一个人的内心里,都存在着爱的力量,它遍布在心灵世界之中。如果没有爱的力量,生命只是一个沉闷乏味的躯壳。阳光、风和树木也会以它们自己的独特方式去爱,如果我们能够理解它们的爱,我们一定可以感受到它们的快乐。所以作为万物之灵的上帝不仅是最伟大最快乐的神,也是最慈爱的神。我们心中所有的爱都来自上帝,正如所有照耀花朵的光都来自太阳一样。我们的爱心越多,我们离上帝和他的大爱就越近。

我想对你说,因为你快乐,所以我也快乐,这就是我真实的感受。你的爸爸妈妈,还有你的老师和所有的朋友都会有这样的感受的。难道你不认为正是由于你的快乐,所以上帝也会感到快乐吗?我相信上帝一定是快乐的。他会比我们任何人更快乐,因为他比我们都要伟大。他不仅仅"看到"了你的快乐,他还为你"创造"了快乐。当太阳把光明和色彩赐予玫瑰时，他也把快乐带给了你。我们之所以感到快乐，不仅仅是因为我们看到了朋友的欢乐，还因为我们也给他们带来了欢乐。我们不正是这样做的吗？

上帝不只是希望我们"快乐"，还希望我们"善良"。这是他最为看重的品质。他明白只有心地善良的人，才能获得真实的快乐。良药苦口利于病，人们都知道药物难以下咽，但患病服药却十分必要，因为药物会让我们恢复健康。我们常会看到，好人也有可能陷入困境，但当我们想到耶稣承受了世间最大的苦难，而这种苦难成就了他的大爱时，我们相信，他也是这个世界上最快乐的人。

我很乐意同你谈论上帝。如果你向他请求，他一定会亲自告诉你爱的真谛，并把爱放进你的心里。而耶稣是上帝的儿子，在上帝的所有子民当中，他离上帝最近；他到这个世界上就是为了传播上帝的大爱。如果你读了他的话，你就会发现他的心里充满了上帝之爱。他说："我们知晓神爱世人。"他爱世人，虽然世人很残忍地对待他并最终杀害了他，但是他愿意为世人而死。你要知道，海伦，他依旧爱我们世人，他想告诉我们，我们也可以爱他。

爱无所不在。如果有人问你，或者你扪心自问："上帝是什么？"你可以这样回答："上帝是爱。"这就是《圣经》赐予我们的完美答案。

这些问题会随着你年龄的增长而逐渐明白。现在要做的，就是让你的每一次感恩祷告增添荣耀，因为亲爱的天父已经把爱送给了你。

我会在9月中旬回来，希望你也早日来波士顿。我想听你讲述你的生活，还有那头驴子的故事。

衷心问候你的爸爸、妈妈，还有老师，希望能有机会见到你的小妹妹。

再见，亲爱的海伦。

别忘了再给我写信，把信直接寄到波士顿即可。

你忠实的朋友

菲利普斯·布鲁克斯

霍尔姆斯博士的回信，回复一封被遗失的信

贝弗利农场，马萨诸塞，1890年8月1日

我亲爱的小朋友海伦：

几天前我收到了你的邀请信，但由于事务繁忙，所以我把回信的事耽搁了一段时间。

你那么真诚地把我记在心里，这让我非常感动。你的信很有趣，读起来让人赏心悦目。从信中我欣喜地获知你生活得幸福而快乐，知道你除了用手指"说话"，还掌握了"用嘴说话"的新本领，我特别高兴，这是一件多么不寻常的事啊！舌头是如此服务周到的一个器官（可以如它的主人所需做出各种形状），牙齿、嘴唇、口腔已经做好了准备，这时，（喉咙里）积累的声音就会转化成连续的音节，我们把它叫做"辅音"，令口腔以一种奇妙的形状进行呼吸，这时发出的音节就是"元音"。我相信在你练习开口讲话时，你已经掌握了这些知识。

你信中所展示的语言才能令我感到惊奇。我甚至会想，假如人们都变成瞎子或聋人，或许这个世界会变得更加融洽。也许，人类以这种方式生存会更幸福，他们就不会像现在这样相互争斗了。设想一下，一支盲人军队，即使拥有了枪炮又能如何？再想想可怜的鼓手吧！打起仗来他们会用什么当武器？难道用鼓槌不成？虽然你承受了看不见听不见的痛苦，但是你却因此获得了心灵上的快乐。你要坚信，只要有人活在世上，仁爱之心就不会失去。大家都会关心可爱的小海伦，愿意帮她做事的。如果有一天她变成一个老态龙钟、满头白发的老太太，她依旧相信，人们对她无微不至的关爱是永远不会改变的。

你的父母和朋友一定会为你取得的成绩而高兴万分，无论对你，还是对你的老师，这都是一种巨大的荣耀。他们推倒了禁闭着你的高墙，正是由于他们的帮助，你的视野才变得广阔而美丽，你看到的东西甚至比那些能看能听的孩子们还要多。

再见了，亲爱的小海伦！

送上我所有的祝福。

致布拉德史崔特先生

　　图斯康比亚，亚拉巴马，1890年7月14日

　　亲爱的朋友们：

　　非常感谢你们用我的名字给你们漂亮的新船命名。得知我在遥远的缅因州有那么多善良的好朋友，我感到非常高兴。我禁不住张开想象的翅膀，就在我学习缅因州森林分布知识的时候，一艘坚固而美丽的轮船正航行在世界各地，船上满载着来自大森林的木材，遥远国度的人们用这些木材建造可爱的家园、学校还有教堂。大海也喜欢新的"海伦·凯勒"号，让她平静地在蓝色的大海上远航。请告诉勇敢的水手们，让他们好好照看"海伦·凯勒"号，千里之外的小海伦会常常想念他们。希望有一天我能去看你们，还有可爱的大轮船。

　　送上我的爱。

你们的小朋友
海伦·A·凯勒

海伦和莎莉文小姐于11月初回到帕金斯学院。

致约翰·格林利夫·惠蒂尔

　　南波士顿，1890年12月17日

　　亲爱的诗人：

　　今天是你的生日，这是我早晨醒来时的第一个念头。兴奋之余，我想给你写一封信，告诉你，孩子们是多么喜欢你优美的诗歌。今天晚上，他们要用你的诗歌和音乐款待他们的朋友。我希望能传递爱的雨燕飞来，把美妙的旋律带给你，让你在"梅里麦克"号附近的小书房里也能听到。开始，当我发现太阳把它闪光的笑脸藏到阴云后面时，我很难过。但是当我想到它这么做的原因时，我又变得高兴起来：太阳知道你喜欢世界被白雪覆盖的样子，所以它就把光芒都藏了起来，它还让天上

布满小水晶。等这些都准备好了，这些小水晶就会轻轻地飘落下来盖住地面。然后太阳又会露出笑脸，再次让世界充满光明。如果我今天能和你在一起，我会送给你八十三个吻，每一个吻代表一岁。八十三年对我来说很漫长，你是不是也觉得很长呢？我很想知道永恒有多少年，可我无法想象出那么长的时间是多久。我收到了你夏天的来信，谢谢你的关心。目前我在波士顿盲人学校学习，但是我还没有开始上课，因为我最亲爱的朋友阿纳戈诺斯先生想让我多休息一段时间。

老师也挺好的，她要送给你亲切的问候。快乐的圣诞节就要到了，我恨不得现在就开始过节。

祝愿你有一个非常快乐的圣诞节，祝你和每一个人在新的一年里快乐。

你的小朋友
海伦·A·凯勒

惠蒂尔的回信

我年轻的朋友，我很高兴你在我生日这天写了如此热情的一封信。我收到了两三百个朋友的祝福，而你的祝福最令我开心。我当然会跟你讲一讲橡树丘的日子是怎样一番情形。这里的阳光确实很微弱，不过我们在屋子里面生着熊熊的炉火，这里能闻到玫瑰和其他鲜花的芳香，这些花都是远方的朋友送来的。这里还有来自加利福尼亚和其他地方的各类水果。很多亲朋好友陪我过了生日。你认为八十三年很漫长，我并不感到奇怪。但在我看来时光非常短暂，当我还是一个比你还小的小男孩的时候，我经常在哈弗山的老农场里玩耍，从那时起我就产生了这种想法。感谢你美好的祝福，我也把同样的祝福送给你。很高兴你在学院学习，那是一个有名的学府。请代我向莎莉文小姐致以最诚挚的问候。

你的老朋友
约翰·G·惠蒂尔

在下面的几封信中出现的小汤米·斯特林格，四岁大时就失去了听力和视力。他的母亲很早就去世了，他的父亲太贫困了也不能照顾他，于是阿莱根尼的一家综合医院暂时收留了他，后来他又被送进了一所救济院。当时宾夕法尼亚州没有其他地方供他容身。海伦通过匹兹堡的J. G.布朗先生得知了汤米的遭遇。布朗在写给海伦的信中说他没能为汤米找到一位监护老师。于是海伦想让汤米到波士顿来，当时有人告诉她说为汤米找老师是需要花钱的，海伦则回答说："我们会筹集到钱的。"接着，海伦恳请她的朋友们伸出援助之手，而她自己也省下每一分钱。

当时，亚历山大·格雷厄姆·贝尔博士也向汤米的朋友们建议：应该把他送到波士顿；而帕金斯学院董事会的理事们也同意了接受小汤米进入盲童幼儿园。

与此同时，海伦也遇到了一个为汤米募集教育经费的机会。刚入冬时，她的爱犬雌狮死于非命，海伦的朋友们准备筹钱再为海伦买一只狗。于是海伦就把汤米的事告诉了这些朋友，请求他们把这些从英国和美国募集来的善款用到汤米的教育上。结果这笔钱有了新的用途，而且款项迅速增加，完全可以支付汤米上学的费用了。终于，汤米在4月6日进了幼儿园。

海伦后来写道："我永远不会忘记，有很多贫穷的孩子也把节省下的一点钱寄来，'只是为了小汤米'；我也不会忘记世界各地人士深切的同情心。虽然我们从来没有见过面，但他们仍然向一位发出无声叫喊的弱小灵魂提供了无私援助。"

致乔治·R·克莱尔先生
盲人学院，南波士顿，马萨诸塞，1891年3月20日

我亲爱的朋友——克莱尔先生，我刚刚从韦德先生那里听说：你要特意为我买一只温驯的小狗。我非常感谢你的好意。得知在另一片大陆上有那么多如此关心爱护我的朋友，我真的好高兴。这让我感觉所有人都是善良的、富有爱心的。我曾读到的文章说英国人和美国人是表兄

弟，但是我觉得把我们称作兄弟和姐妹更恰当。我的朋友们曾对我讲起过你们伟大而壮丽的城市，我也读过很多博学睿智的英国人的著作。我已经开始读《伊诺克阿登》了，我还记住了好几位大诗人的诗。我特别渴望穿越大洋去见见我的英国朋友和友善英明的女王。有一次米斯郡伯爵来看我，他告诉我说女王深受人民的爱戴，因为她是一个仁慈而富有智慧的人。有一天，你会吃惊地看到一个陌生小姑娘走进你的办公室。当你得知这就是那个喜欢狗和所有动物的小姑娘时，你就会放声大笑的；我希望你能给她一个吻，就像韦德先生那样就行。韦德先生又送给我一条狗，他认为她会像我美丽的雌狮一样勇敢忠诚。现在我要告诉你美国的爱狗人准备做些什么吧。他们要给我寄一些钱来帮助一个可怜的又聋又哑又瞎的小男孩，他的名字叫汤米，他五岁大，他的母亲去世了，他的父亲太穷了没有钱供小家伙上学。所以，那些想为我买狗的朋友们想把钱省下来帮助汤米，让他的生活像我的一样充满阳光和欢笑。这难道不是一个美丽的计划吗？教育会把光明和音乐带进汤米的心灵，那时他就会感到由衷的快乐。

你忠实的小朋友
海伦·A·凯勒

致奥利佛·温代尔·霍尔姆斯博士

南波士顿，马萨诸塞，1891年4月

亲爱的霍尔姆斯博士：

在这个阳光明媚的四月天，你对春天的生动描写如同音乐般在我心中飘荡。《春天》和《春天来了》中的每一个词我都很喜欢。我想：当你听到这些诗歌教我学会享受和热爱美丽的春光时，你一定会非常高兴的。虽然我无法看到花开花谢，也听不到归巢鸟儿的婉转啼叫，但是当我读了《春天来了》之后，我感觉自己不再是个盲人了，因为我借助于你的眼睛看到了美景，通过你的耳朵听到了佳音。当诗人在我身边时，"温柔甜美的自然之母"就不能向我隐瞒任何秘密。我之所以这么说，是因为我想让角落里的紫罗兰告诉你我的感激之情。我想让你看一看幼小的汤米，这个又聋又哑又瞎的小男孩刚刚来到我们美丽的"花园"。现在他可怜无助还很孤独，但是在明年4月到来之前，教育就会把光明和快乐带入汤米的生活。如果你能来这里，你一定会请求波士顿的善良人们向汤米伸出援助之手的。

你忠实的朋友
海伦·A·凯勒

致约翰·埃弗里特·米赖斯爵士

帕金斯盲人学院，南波士顿，马萨诸塞，1891年4月30日

亲爱的米赖斯先生，你的美国小妹妹要给你写一封信，因为她想让你知道，当她听说你对我们可怜的小汤米非常关心，而且还寄来钱资助他上学时，她是多么的高兴。当想到远在英格兰的人们也对一个无助的美国小男孩深表同情，她心里感觉好温暖。过去当我在书里读到描写你们伟大城市的文字时，我常常想：假如我去你们那里参观，我所面对的一定都是陌生人；但是现在，我已经完全改变我的想法了。在我看来，所有具有爱心和同情心的人彼此是不会感到陌生的，我几乎再也没有耐心等待了，我想立刻见到我亲爱的英国朋友，还有你们美丽的国家。我最喜爱的诗人就写过一些描写英格兰的诗句，我非常喜欢。我想你也会喜欢的，所以我要试着把这些诗句写下来给你看。

波涛滚滚浪浪相拥，
从海草边缘直至山间的石楠花丛，
不列颠的橡树根深叶茂，
她纤柔的身姿蕴藏着凝聚的力量，
在白色悬崖和绿色凉亭旁，
大海将她轻轻拥吻，
在群山和细流之间，
是我们的小岛母亲，上帝保佑她！

当你听到有一位友善的夫人做了汤米的老师这个消息时,你一定会很高兴的。他真是个可爱而充满活力的小家伙。同拼读比较起来,他更喜欢攀爬,这是因为他还不了解语言的奇妙之处。他还不能想象出,当他能够对我们说出他的想法,或者我们告诉他我们是多么爱他时,他会多么的快乐。

　　明天,4月就要把她的眼泪和羞涩的脸蛋儿藏到可爱的5月的鲜花下面了。我想知道英格兰的五月天是不是也像这里一样美丽。

　　现在我必须说再见了,请永远想着你忠实的小妹妹。

海伦·凯勒

致菲利普斯·布鲁克斯先生

南波士顿,1891年5月1日

亲爱的布鲁克斯先生:

　　海伦在这个阳光明媚的五月天向你送去美好的问候。老师刚才告诉我说你已经成为一名大主教,你在各地的朋友们都很高兴,因为他们所爱戴的人获得了莫大的荣誉。我不太明白主教的工作是做什么的,但是我相信它一定是对人有益的,我很高兴我亲爱的朋友有足够的勇气、智慧以及爱心来胜任这份工作。你会对很多人说,慈爱的天父爱他所有的孩子,即使他们不像他期望的那样温和高尚。我希望你所传达的好消息能够让他们的心快乐地怦怦直跳。我还希望布鲁克斯主教的一生就像遍布花朵和歌唱的鸟儿的五月一样充满欢乐。

你忠实的小朋友
海伦·凯勒

　　在为汤米找到老师之前,他的生活一直是由海伦和莎莉文小姐照顾,她们在幼儿园为汤米举办了一场欢迎会。在海伦的邀请下,布鲁克斯主教在会上发表了致辞。海伦写给报社的信件反响热烈,热情的回信纷至沓来;海伦不但亲自回复了所有的来信,她还给报社写了封公开的感谢信。这封写给

《波士顿信使报》编辑的信件中,附有一份完整的捐献者名单。海伦募集到的捐款额超过了一千六百美元。

致约翰·H·霍尔姆斯先生

南波士顿,1891年5月13日

《波士顿信使报》的编辑:

亲爱的霍尔姆斯先生,能不能麻烦你把信中的名单登在《信使报》上?我想读者们一定很乐意知道有那么多人为可爱的小汤米捐献出如此多的财物,他们也一定希望同别人分享帮助汤米的快乐的。汤米在幼儿园里过得十分愉快,他每天都会学到新东西。他已经发现门上都安了锁,而且他可以很容易地把小棍子和小纸卷插进钥匙孔里;但是他似乎并不急于把插进去的东西弄出来。同拼读相比,他更喜欢爬床柱和拧蒸汽阀门,我想这是因为他还不知道语言可以帮助他发现新的有趣的事物的缘故。我希望好心人继续为汤米的教育基金伸出援助之手,因为教育会把音乐和光明送进他幼小的生命中。

你的小朋友

海伦·凯勒

致奥利佛·温代尔·霍尔姆斯博士

南波士顿,1891年5月27日

亲爱的诗人,你好,我很担心如果我老是给你写信,你会认为海伦是一个让人讨厌的小姑娘,但是你要知道,正是由于你的大力帮助,我才会变得如此开心,海伦是多么想把爱和感激的话语送给你啊,我简直无法对你讲述,当阿纳戈诺斯先生告诉我说你寄来一些钱帮助小汤米上学时,我的心情是多么激动。我知道你并没有忘记这个可爱的小孩,你送来的礼物代表着你的一份深切的同情心。我很遗憾地告诉你:汤米现在还没有学会任何单词。他还是一个好动的小鬼头,就像你上次看到的一样。但是一想到他能在明亮的新家里开心地玩耍,也是一件令人高兴的事。用不了多久，神奇而精彩的事情就会发生，老师管它叫"思想"，它会展开美丽的翅膀，飞向远方寻求"知识大陆"。语言就是思想的翅膀，你说不是吗？

上次见到你以后我就去了安多弗，我对朋友们讲述的菲利普斯学院的事怀有极大的兴趣，因为我知道你曾在那里上学，我觉得那里一定是个让你珍惜怀念的地方。我努力想象着：我所敬重的诗人还是个校园男孩时是什么样子。我很想知道：是不是在安多弗他了解了鸟儿的歌声；也是在安多弗他知道了害羞的林地小孩的秘密。我相信他的心中总是充满了乐音，在上帝所创造的美丽世界中，他一定听到了爱的甜美的回声。我回家后，老师把《校园男孩》读给我听，因为这首诗还没有印成盲文。

你知道吗？下星期二的下午，盲童们就要在特雷特圣堂举行毕业典礼了。我随信附上一张观礼券，希望你到时能来。我们全体师生会无比荣幸地热情恭候我们的诗人朋友的。我会为大家朗诵赞美阳光普照的意大利和她美丽城市的优美的诗歌。我希望我们的好朋友埃利斯博士也能来，他要是能把汤米搂在怀里该多好啊。

送上我深深的爱和一个吻

你的小朋友
海伦·A·凯勒

致菲利普斯·布鲁克斯先生

南波士顿，1891年6月8日

亲爱的布鲁克斯先生：

我把我的照片寄给你，正如我以前答应过你的。我希望当你在这个夏天看到它的时候，你的思绪会飞向南方你快乐的小朋友身边。以往，我总是希望用双手"看一看"照片，就像我"看"雕像那样；但是现在我很少这么想了，因为我慈爱的天父已经把所有美丽的图画装在了我的脑海里，甚至包括我无法看见的东西。假如你的双眼失去了光明，亲爱的布鲁克斯先生，你就会更好地理解：当老师向海伦解释，天下最美好最美丽的事物是看不见摸不着的，只有用心才能体会到时，你的小海伦是多么的开心。每一天我都能发现令我高兴的事。就在昨天，我第一次想，天体的运行是多么美妙的一件事啊，在我看来，万事万物都在努力靠近上帝，你是不是也在这么做呢？现在是星期天上午，我想：当我坐在图书馆里写这封信的时候，你正在向数以百计的人们传颂天父博爱众生的福音。你是不是感到非常非常快乐？当你成为一个大主教的时候，你就能向更多的人传递福音，越来越多的人会变得快乐。老师送上她衷心的问候，我随同照片送上我的真挚的爱。

你的小朋友
海伦·凯勒

帕金斯学院6月份放假的时候，海伦和她的老师回到了南方的图斯康比亚，她们在老家一直待到了12月。在这期间，海伦的通信也中断了，原因是海伦和莎莉文小姐因《霜王》风波而情绪低落，显然，这件事对她们的生活造成了严重影响，给她们带来了很多不愉快。有关此事的分析在书中多有提及，海伦也曾在自述中提及此事。

致阿尔伯特·H·芒塞尔先生

布鲁斯特，1892年3月10日

亲爱的芒塞尔先生：

你的来信非常受欢迎，这一点是不言自明的。我欣赏你写的每一句话，我真希望这封信能再长一些。读到你写的"老尼普顿狂言"时，我被逗得直笑。真的，自从我来到布鲁斯特以后，他——尼普顿的行为就非常古怪。显然，一定是有什么事情触犯了他的尊严，但是我还想象不出是什么事。他说话的语气是如此的蛮横无理，我都不敢代你向他问好了。天知道他这是怎么了！也许当"老海神"躺在海滨沙滩上睡觉的时候，他听到了万物生长的轻柔的乐声，那是繁荣的地球上生命的骚动，于是他变得怒不可遏，因为他知道他和冬天的统治就快结束了。所以这两个绝望的统治者要做最后的一搏，他们想通过残存的威力把温和的春天赶跑。可是你看！可爱的春姑娘只是露出更甜美的微笑，她对着敌人建造的冰雪城池轻轻吐口气，顷刻之间寒冰之城就消失了，欢乐的地球为她举行了一个隆重的欢迎仪式。不过，在我们再次见面之前，我必须要收起这些不着边际的幻想。请代我向你亲爱的母亲问好。老师希望我转告你：她非常喜欢那张照片，等我们回去的时候，她会考虑再照一些。现在，我亲爱的朋友，请接受我的简单的致意，因为这里面含有我深厚的爱意。

你忠实的朋友
海伦·凯勒

下面这封写给"圣·尼古拉斯"的信是于1892年6月被重新誊写的。虽然没有注明日期，但是应该写于被公开之前的两三个月内。

致圣·尼古拉斯

亲爱的圣·尼古拉斯：

我非常高兴把自己的亲笔信寄给你，因为我想让读《圣·尼古拉斯》杂志的孩子们知道盲人小孩是怎么写字的。我猜想有些孩子可能想知道我们盲人写字时是怎么保持如此直的行列的，我会尽量告诉他们我们是怎么做的。我们每人都有一个带沟槽的写字板，写字的时候，我们就把木板垫在纸下面；木板上的凹槽就可以在信纸上形成横线，而用铅笔很容易感觉到纸下面的凹线，这样就可以让字排列成行了。写短信的时候，木板上的凹槽是够用的，如果写长信，就要把纸在木板上上下移动。我们写字时用右手握笔，这样左手的食指就可以感觉到文字的多少和具体位置。刚开始的时候，把握格式和把字写清楚都很困难，但是如果坚持练习下去，就可以用清晰的字体给朋友们写信了。学会写字让我们非常非常快乐。将来有一天，朋友们也许会来参观盲校，如果他们来的话，我相信他们一定想看看学生们是怎样写字的。

你忠实的小朋友
海伦·凯勒

1892年5月，海伦为盲童幼儿园举办了一次募捐茶话会。这次活动几乎完全出自海伦自己的想法，举办地点设在麦贺伦·D·斯鲍尔丁夫人家里。斯鲍尔丁夫人是约翰·P·斯鲍尔丁先生的姐姐，也是海伦最慷慨最热心的朋友之一。这次茶话会为盲童们募集到的捐款超过两千美元。

致卡罗林·德比小姐

  南波士顿，1892年5月9日

  亲爱的卡丽小姐，非常高兴收到你热情的来信。难道还需要我对你说：得知你对茶话会很感兴趣我是多么的兴奋吗？当然，我们一定不会放弃这次活动的。很快我就要远行了，我就要回到我可爱的家乡了；在阳光明媚的南方，一想到波士顿的亲爱的朋友们为我做的最后一件事就是给很多失明的小孩提供无私帮助，让这些盲童有一个幸福快乐的生活，我的心情就无比舒畅。我知道善良的人们都会对看不到光明和美好事物的盲童们深表同情。在我看来，所有的爱心、同情心都会付诸行动，当无助的盲童朋友们知道我们正在为他们的幸福而忙碌时，他们就会来参加茶话会，并且帮助我们把活动搞成功，我想那时的我就是世界上最快乐的小姑娘。请把我们的计划转告给布鲁克斯主教，这样他就有可能来参加我们的活动了。我很感谢艾莉诺小姐对我们的帮助，请代我向她问好。明天就能见到你了，到时我们还能商量一下剩余的计划。请代我和老师向你亲爱的姨妈问好，请告诉她，我们热切期盼着对她的短暂拜访。

  致礼

海伦·凯勒

6月底，海伦和莎莉文小姐回到了图斯康比亚。

致卡罗林·德比小姐

图斯康比亚，亚拉巴马，1892年7月9日

亲爱的卡丽，今天给你写这封信主要是想表达我对你的爱意。整整一周，图斯康比亚的天气都是潮湿阴冷而沉郁的。我必须承认，连绵的阴雨和昏沉沉的天气让我感觉百无聊赖，以至于无论是写信，或是其他任何有趣的活动，都不能提起我的兴趣。然而，我还是要对你说：我们都生活得好好的。我们平平安安地到了家，我们每天都提到你，非常喜欢读你充满趣味的来信。我去了一次赫尔顿，在那儿玩得很高兴。那里的每一样东西都很新鲜，散发着春天般的气息，我们整天都待在室外。我们甚至连早餐都是在屋外的走廊里吃的。有时候，我们坐在吊床上，听老师给我读故事。我几乎每晚都要骑一会儿马，有一次我一口气骑了五英里。啊，真是棒极了！你喜欢骑马吗？现在我有了一辆非常漂亮的小马车，如果雨停了，我和老师准备每天晚上都驾车出去玩一会儿。另外，我又有了一只漂亮的大狗，我从没见过这么大的狗，它会跟随并保护我们的。它的名字叫"尤默"，一个古怪的名字，是不是？我认为它是一只撒克逊犬。我们期盼着下周去爬山。我的小弟弟菲利普斯身体不太好，我们认为山里的清新空气会对他有好处的。米珠丽真是一个可爱的小妹妹，我相信你一定会喜欢她的。谢谢你给我寄来照片，尽管我看不见，我还是愿意收藏朋友们的照片。一想到你写的是"方块字"，我就感到非常有趣。正如你所猜想的：我不再在"盲文板"上写字了，而是开始在凹槽板上写字了，就像我在信中附的那张纸片上所写的字。你不认得盲文，因为盲文是用小圆点写成的，同普通字母一点儿都不一样。请代我向德比小姐问好，请转告她，我希望她把我最甜蜜的爱带给鲁丝宝宝。你寄给我的生日礼物是什么书？我收到了好几本书，我不知道哪一本书是你寄来的。有一件礼物我特别喜欢，这是用钩针编织的一件漂亮的披风，是一位七十五岁的老先生送给我的。"每钩一针，"老先生写道，"就表示对你健康和快乐的一次祝愿。"请告诉你的表兄妹

们，在选举结果出来之前，他们最好和我一样保持中立。因为有这么多的党派和候选人参选，我怀疑那些年轻的政治家们是否能够明智地面对选举。代我向露西问好，请相信我。

你忠实的小朋友
海伦·凯勒

附言：你觉得这种"手"写字体怎么样？

H. K.

致格鲁弗·克利夫兰夫人

图斯康比亚，亚拉巴马，1892年11月4日

亲爱的克利夫兰夫人：

在这个美丽的早晨给您写一封短信是因为我非常爱您和可爱的小鲁丝。另外，我要谢谢您让德比小姐转达给我的问候。我非常高兴有这样一位善良而美丽的夫人关心我。我仰慕您已经很久了，只是我一直怀疑您没有听说过我，直到收到您热情的问候，我才打消疑虑。请代我吻您可爱的小宝宝，请转告她我也有一个将近十六个月大的小弟弟，他的名字叫菲利普斯·布鲁克斯。我是以我尊敬的朋友菲利普斯·布鲁克斯主教的名字给他命名的。我随同这封信一起寄给您一本漂亮的书，我的老师认为您会对书及我书中的照片感兴趣的。请接受您的朋友的真挚的爱和衷心的祝福。

海伦·凯勒

截至目前，海伦的所有信件均被完整刊出。从下面这封信开始，信中冗余的段落被进行了删减（用"……"表示）。

致约翰·黑茨先生

图斯康比亚，亚拉巴马，1892年12月19日

亲爱的黑茨先生：

真不知道该如何提笔给你写信，自从收到你热情的来信，已经很长

时间了，我有如此多的话想对你说，但一直无法提笔。你一定很想知道我为何一直没有给你回信，或许你会认为我和老师真是一对不懂礼貌的调皮鬼。如果是这样，你听了我的讲述后，一定会感到遗憾的。老师的眼睛一直很痛，她不能写信了；而我也在一直努力履行我夏天的承诺。在我离开波士顿前，我答应了《青年之友》的请求，要为他们写一篇有关我生活的短文。我本打算在假期里写这篇文章，可那时我心情非常不好，甚至连给朋友们写信的兴趣都没有。当明媚宜人的秋天来到时，我才又一次振作起精神，重新开始考虑约稿的事。这样，在我又一次动笔时，时间又过去了一些。所以你看，动笔写自己并不是一件愉悦的事。不管怎么说，我终于开始一点一点地做事了，正如老师要求的那样。我开始拼凑文字，这并不是件容易的工作。虽然我每天都做一些，但是直到上个周六我才完成。刚一写完我就把稿子寄给了《青年之友》，但我不知道他们会不会用它。在那之后，我又感觉不太好了，于是我只得保持安静和休息的状态。但是今天，我感觉好多了，我希望明天我会更好。

你在报纸上看到的关于我的报道一点也不真实。我们已经收到了你寄来的《沉默的劳动者》，我立刻写信给报纸的编辑告诉他那是个错误。虽然有时我感觉不好，但我绝不是一个"废人"，我的状况没什么可以说得上悲惨的。

我好喜欢读你热情的来信，如果有人写信向我传达一种美妙的想法，我总是很兴奋，而且，我会永远把它珍藏在心里。我的书中遍布着拉斯金先生所说的财富，我是如此珍爱它们。直到我开始给《青年之友》写稿子时，我才意识到这些财富的可贵。现在我明白了：对我而言，这些书籍是多么可贵的朋友啊，它们给我的生活带来了多么大的财福啊。现在我比以往更加快乐，因为我意识到生活中处处有快乐。我希望你能经常给我写信，我和老师很高兴听到你的消息。我想给贝尔先生写信，把我的照片寄给他；我想他可能太忙了，没有时间给他的小朋友写信。我常常想起春天时我们一起在波士顿度过的美好时光。

告诉你一个秘密。我想我们——老师、爸爸、小妹妹还有我，将在明年3月份去参观华盛顿，那时我就能再次看到你和亲爱的贝尔先生，还有埃尔希和戴茜了。如果能在华盛顿遇到普拉特夫人岂不是更美了？我想我也应该给她写封信把这个好消息告诉她……

你忠实的小朋友
海伦·凯勒

附言：老师说你想知道我最想要哪一种宠物，其实我喜欢所有的动物，我想大家也都和我一样。当然，我不可能拥有一个动物园。我已经有了一头漂亮的小矮马，还有一只大狗。我特别想要一只小狗放在腿上，或者是一只大猫（图斯康比亚没有好看的猫），一只鹦鹉也行。我想见识一下鹦鹉是怎样说话的，我想那一定非常有趣！无论你送我什么样的小动物，我都会喜欢的。

致卡罗林·德比小姐

图斯康比亚，亚拉巴马，1893年2月18日

……在这悲伤的日子里，你的影子常常浮现在我的脑海里，我很悲痛失去了我所挚爱的朋友，要是我能在波士顿和了解他爱他的朋友们在一起就好了……他是我如此敬仰的一个朋友！他的心里永远充满着同情心和爱心！我试图克制自己的悲伤，努力想象着他就在很近的地方，就在我们身边；但有时一想到他并不在这里，我去波士顿再也见不到他了，他已经走了，悲伤就如同汹涌的波涛般将我吞没。但是在我心情好一些时，我似乎真的感受到了他的存在——他亲切地拉着我的手。你还记得去年6月我们和他一起度过的快乐时光吗？当时他像平时一样拉着我的手，和我们谈起了他的朋友丁尼生，还有我们敬爱的诗人霍尔姆斯博士。我试图教他手语字母，而他则被自己的错误逗得哈哈大笑。后来我跟他说起了募捐茶话会的事，我不记得他当时是否答应参加了。现在我听到了他的回答，他用愉快而坚定的语气告诉我说："当然，海伦，一定会成功的，只要把你全部身心投入到美好的工作中去，我的孩子，

它就不可能失败。"我很高兴人们要为他建造一座纪念碑,用来悼念他……

3月,海伦和莎莉文小姐前往北方,在此后数月中,她们一边旅行一边拜访亲友。

在下面这封讲述尼亚加拉瀑布的信中,人们会看到海伦是怎么感受物体的距离和形状的。她对尼亚加拉瀑布规模的直观性的认识是通过一番探索——跨越桥梁,乘电梯下降后摸索出来的。特别重要的细节是:她通过把手放在玻璃窗上的方式感受水流的冲击。在乘坐观光电梯时,贝尔博士给了海伦一个靠垫,这个垫子能增加震动的强度,她就是通过垫子紧贴身上来感受震动的。

致凯特·亚当斯·凯勒夫人

南波士顿,1893年4月13日

……我和老师,普拉特夫人临时决定随同贝尔博士去拜访威斯特维尔特先生,他在华盛顿的罗切斯特有一所聋哑学校,我们先去了那里……

威斯特维尔特先生在下午为我们举行了一场招待会,到场的人很多,有些人问了一些古怪的问题。有一位夫人似乎对我爱花感到很惊奇,因为我并不能看见美丽的色彩。当我十分肯定地告诉她我的确喜欢花时,她说道:"毫无疑问,你能用手指感觉到色彩。"当然,我们并不单单因为花儿鲜艳的色彩而爱花的……有一位先生问我怎样看待"美"。我必须承认,一开始我感到有些迷惑,但是一分钟后,我回答说美就是一种慈善。他就走开了。

招待会结束后,我们回到了旅馆。老师很快就睡着了,她根本没有意识到有一个惊喜正等着她,这个惊喜是我和贝尔先生一起商量制定的。在我告诉老师之前,贝尔先生已经把所有的事情都安排好了。这的确是个令人惊喜的消息——我就要带着我亲爱的老师去参观尼亚加拉瀑布了。

旅馆离尼亚加拉河如此近，以至于我把手放在窗子上就能感受到水流的冲击。第二天早晨，太阳升起，明媚而温暖，我们很快就起床了，因为我们的心里充满了愉悦的期待……你肯定无法想象：当我站在尼亚加拉瀑布前时，我是一种什么样的感觉，除非你自己也经历过同样神奇的一刻。我几乎意识不到脚下汹涌澎湃的急流正泻入深谷，就像某些正在奔向可怕命运的生灵一样。我希望我能如实地描述瀑布的样子，它既美丽又无比壮观，以一种不可抗拒的力量自悬崖峭壁倾泻而下。在如此巨大的力量面前，个人只会感到无助和震撼。这样的感觉我以前也有过一次，那是我第一次站在大海边，感受着波浪拍打海岸的气势。我想你也有过同样的感觉，在寂静的夜晚，当你仰望星空时，难道你没有同样的感受吗？……我们乘坐电梯下降了一百二十英尺，这样就能看到峡谷中迅猛的湍流和漩涡了。距离瀑布不到两英里的地方有一座悬索桥，它横跨峡谷，距离水面有两百五十八英尺，桥的两端由坚固岩石砌成的高塔支撑，两塔相距八百英尺。当我们沿着吊桥来到加拿大一边时，我大声喊道："天佑女王！"老师说我是一个小叛国者，可我不这么认为，既然我到了加拿大，我只能入乡随俗了，况且我也很尊重慈善的英国女王……

亲爱的妈妈，当你听到有一位名叫胡克的小姐正努力帮我提高口语表达能力这个消息后，一定会很高兴的。哦，我真希望并且祈祷将来有一天我也能流利地讲话……

芒塞尔先生上周六晚上和我们在一起。听他讲威尼斯的见闻是多么令人愉快的事啊！他栩栩如生的描述使得我们感觉自己仿佛就坐在圣·马克教堂的阴凉下，或者，在美丽的月光下航行在纵横交错的河道上……我希望将来有一天我去参观威尼斯的时候，芒塞尔先生能和我一起去。那里就是我的空中城堡。你看，在我的朋友中，没有人能像他这样把景色描述得如此生动又如此美丽……

海伦在写给约翰·P·斯鲍尔丁先生的信中讲述了她参观世界博物展览会

的见闻，这封信被刊登在了《圣·尼古拉斯》杂志上，其内容同下面的信件十分相似。在莎莉文小姐为见闻写的前言里，她说人们常常会跟她讲这样的话："海伦用手指'看见'的东西比我们用眼睛看到的东西还要多。"博览会主席给了海伦这样一封信。

致相关部门负责人及展览会工作人员

先生们，此信持有人为海伦·凯勒小姐，她将在莎莉文小姐的陪同下对博览会的各个展区进行一次全面的"观看"。她是一位盲聋人，但是能够同人交谈。据说：她是一个具有神奇能力的人，她完全能够理解她所"看到"的东西，并且具有远远超出其年龄的文化修养和聪明才智。请利用各种有利条件协助她察看展区中的展品，如果有可能的话，请带她参观其他国家的展区。

在此提前向你们的协助表示致意。

你们忠实的博览会主席

（亲笔签名）H. N. 希金鲍瑟姆

致卡罗林·德比小姐

霍尔顿，宾州，1893年8月17日

……博览会上的每一个人都对我非常友好……几乎所有的参展商都愿意让我触摸他们哪怕最精致的展品，他们还非常耐心地把每一样东西讲解给我听。有一位法国绅士，他的名字我记不得了，向我展示了珍贵的法国青铜器。我觉得这些青铜器带给我的乐趣比其他展品都多。通过触摸，我能感觉到这些展品栩栩如生、形象生动。贝尔博士亲自陪我们参观了电气大楼，向我们展示了一些历史上的电话。我还看到了那个电话，就是当年佩德罗皇帝通过其向他的臣民说出那句流传千古的名句——"生存，还是死亡"，这是"一百年"的问题。伊利诺伊州的吉尔莱特博士带我们参观了文化艺术展区和妇女展区。在文化艺术展区，我们首先观看了"蒂凡尼"展台，这些美丽的"蒂凡尼"钻石价值高达十万美元，我把很多珍贵稀有的宝物摸了个遍。我还坐在鲁德维格国王的扶手椅上，当吉尔莱特博士开玩笑说我有许多忠诚的臣民时，我感觉自己真的就是一个女王了。在妇女展区，我们遇到了俄国公主玛利亚·斯考夫斯科亚，还有一位美丽的西伯利亚女士，我非常喜欢她们。莫斯教授陪同我参观了日本展区，他是一位知名的大学教授。在看到他们趣味十足的展品之前，我从来没有意识到日本是一个如此奇特的民族。从他们制造的大量玩具来看，日本一定是儿童的天堂。而样式奇特的日本乐器，还有他们精美的手工艺品也很吸引人。日本的文字非常奇特，他们的字母表中有四十七个字母。莫斯教授通晓日本风俗文化，他是个非常和蔼睿智的人。他邀请我下次去波士顿的时候去参观他在塞勒姆的博物馆。在平静的泻湖上泛舟是件非常惬意的事，听朋友们描述美丽的湖光景色，这些比在展会上参观更有趣。一次，我们驾船出去游玩时，太阳西斜照耀在岸边，给"白城"整个洒上一层柔和的蔷薇色，这时的"白城"看起来如同一个梦幻世界……

　　当然，我们还参观了普莱桑斯游乐场，这里真是一个迷人而充满魔力的地方。我走上开罗的街道，还骑了骆驼，真是好玩极了。我们还乘坐了弗里斯转轮，坐了冰滑车，登上了一艘鲸背船……

　　1893年春天，一家图书俱乐部在图斯康比亚成立，凯勒夫人担当俱乐部的主席，对于这个公共图书馆的成立，海伦这样写道：

　　"我已经给我的朋友们写了信，并且得到了热烈的响应。在很短的时间里，有几百本书，包括很多名著，源源不断地寄来，还有人寄来钱和鼓励的信件。这些慷慨的援助增强了夫人们的信心，她们已经收集并购买了很多图书，现在她们的图书馆在镇子上已经有相当规模了。"

　　致查尔斯·E·因切斯夫人
　　　　霍尔德，宾州，1893年10月21日
　　　　……我们9月份是在图斯康比亚的家中度过的……家人在一起都很快

乐……在历经了参观世界博览会的兴奋和劳累之后,我们在山区宁静的家显得尤为温馨舒适。群山的幽静和美景带给我们前所未有的快乐。

现在我们在宾夕法尼亚州的霍尔顿。这个冬天,在老师的帮助下,我要跟一位老师学习。我学习的课程有:算术、拉丁文和文学。我很喜欢上课,学习新知识是一件多么快乐的事啊。每天我都会发现我知道的东西是如此的少,但是我不气馁,因为上帝赐予我一颗恒心,这样我就可以学更多的东西。在文学方面,我正在学习朗费罗的诗歌。我把好多诗歌都背诵下来了,因为我很早以前就特别喜欢,我还了解了诗歌中的隐喻手法。过去我总是说我不太喜欢算术,但是现在我改变了想法。我明白了算术是一门非常有用的学问,但是我必须承认在学习算术的时候我有时会跑神,因为,虽然算术很重要也很有用,但是它不像优美的诗歌或有趣的故事那样吸引人。天哪!时间过得可真快呀。我只剩下一点点时间来回答你有关海伦·凯勒公共图书馆的问题了。

1. 亚拉巴马州的图斯康比亚大约有三千人,其中约有一半属于有色人种。2.目前镇上没有任何种类的图书馆。这就是我想开办一座图书馆的原因。我妈妈和几位阿姨说她们会帮助我的,她们已经成立了一个俱乐部,目的就是要在图斯康比亚建起一座免费的公共图书馆。图书馆现在大约有一百本书和五十五美元的捐款,还有一位善良的先生送给我们一块地用来建图书馆。同时俱乐部已经在镇中心租了一个小房间,在这里人们可以免费阅读我们收集到的图书。3.我在波士顿的朋友只有很少几个知道图书馆的事。因为我还正在努力为可怜的汤米筹款,我不想再给他们多添麻烦。当然,让汤米接受教育要比我们镇上的人们有书看更重要。4.我并不知道目前我们有哪些书,我想各种各样的书都有一些吧……

附言:我的老师认为:假如我们把捐助者的名字登记在册并且在我爸爸他们主编的《北方亚拉巴马人报》上发表出来,这样筹款活动会更严谨更正规一些。

H·K·

致爱德华·埃弗里特·黑尔博士

霍尔德，宾州，1894年1月14日

亲爱的表兄，非常高兴收到你热情洋溢的来信，谢谢你寄给我的漂亮的小书。本来早就想给你回复的，不过自从新年起我一直都非常忙。我的生活小故事在《青年之友》上刊登后，热心的读者的来信如雪片般飞来，上周我就收到了六十一封，除了回复这些来信外，我还要学习很多课程，其中算术和拉丁文尤其难以掌握。你知道，恺撒就是恺撒，专制而残暴，如果一个小姑娘想要理解这么一个伟人——他发动的战争和他用优美的拉丁语讲述的征服史，她就必须进行深入的学习和思考，而学习和思考需要花费时间。

我会永远珍藏你寄来的书，不仅仅是因为它自身的价值，还因为这本书和你紧密相连。一想到你赠给我凝聚着你的思想和情感的书，我就很高兴，非常感谢你以一种如此美丽的方式问候我……

2月，海伦和莎莉文小姐返回了图斯康比亚。接下来的整个春天她们都在读书学习。夏天，她们去纽约州的肖陶扩湖参加了一个为促进聋哑人口语教育而举办的会议，会议由美国聋哑人语言教育促进协会主办。莎莉文小姐在会上宣读了一篇关于海伦·凯勒教育问题的论文。

秋天，海伦和莎莉文小姐进入了纽约的赖特—休梅森学校，海伦在这里接受了唇读和发声学方面的专门训练。

致卡罗琳·德比小姐

赖特—休梅森学校，纽约，1895年3月15日

……我觉得我的唇读水平有了一点进步，然而语速太快的话我依然跟不上，但是我相信如果我坚持不懈地练下去，总有一天我会成功的。休梅森博士正在设法提高我的说话能力。哦，卡丽，我好希望能像别人那样说话啊！假如能够实现这个愿望的话，我情愿夜以继日地学习。想

想看：如果我的朋友们能听到我自如地开口讲话，他们该是多么的开心啊！我好想知道：对于正常人来说那么容易的学说话，为何对于一个聋哑孩子就那么复杂和困难呢？不过，我还是坚信，只要我有恒心，将来有一天我肯定能开口讲话的……

尽管我一直很忙，但我还是抽时间读了不少书……我近来读了席勒的《威廉·退尔》，还有《走失的童贞女》……现在我正在读莱辛的《聪明的内森》和莫洛克小姐的《亚瑟王》。

……你知道，这里的老师们非常热心，他们会带我们去参观任何我们感兴趣的事物，通过这种有趣的方式，我们学到了很多知识。在华盛顿纪念日那天，我们去看了狗展。麦迪逊广场花园里挤满了人，大多数观众都被那些"狗乐队"的吵闹声搞得心烦意乱，我们却一点也不烦躁，尽情地享受了那个下午的愉快时光。在狗展中，最吸引人的是牛头犬。人们去抚摸它们时，它们显出一副战战兢兢的样子，挤作一团往人们胳膊下钻，为的是躲避他们的亲吻，那时它们也顾不上在乎行为是否得体了。天哪！这些小东西真是丑得可爱！它们是如此的乖巧温驯，人们都会情不自禁地喜欢上它们的。

后来，休梅森博士、老师和我离开了狗展，去参加一个由大都会俱乐部主办的招待会……有时候这个俱乐部也被称作百万富翁俱乐部。那幢大厦很壮观，全部由白色大理石建造，里面的房间既宽敞又富丽堂皇。但我必须承认：如此豪华的场所让我感到压抑。当然，我一点也不嫉妒百万富翁，奢华的场所似乎更能够给他们带来快乐……

致凯特·亚当斯·凯勒夫人

纽约，1895年3月31日

……我和老师下午在赫顿先生家做客，我们玩得好高兴啊！……我们在那儿遇到了克莱门斯先生和豪厄尔斯先生，我对他们仰慕已久了，可是从来没有想到能亲眼看到他们，并且还能和他们进行交谈。直到现在我还几乎不敢相信我会有这么大的荣幸！我的惊奇确实不足为怪，想想看：我这么一个只有十四岁大的小姑娘，竟然能够同如此多的杰出人物近距离接触，我觉得自己确实是一个十分幸福的小孩，对于我能享受到的诸多殊荣，我的确心存感激。这两位著名的作家都非常和蔼可亲，我自己也分辨不清更喜欢他们中的哪一个。克莱门斯先生给我们讲了很多有趣的故事，逗得我们笑得眼泪都出来了。要是你能来这儿听他讲故事该多好啊！他告诉我们：过几天他就要到欧洲去接妻子和女儿回国了，他的女儿珍妮正在巴黎读书。在三年半的时间里，他的女儿已经学到了很多东西，他说假如他不把女儿接回家，那么过不了多久，女儿就会比他知道得还多。我想"马克·吐温"对于克莱门斯先生而言是个再合适不过的nom de plume（笔名），因为这个名字听上去有些滑稽可笑，同他妙趣横生的作品十分吻合；事实上，这个同航海有关的名字恰恰将他作品中那些深刻而奇妙的事物呈现在我们面前，我认为他真的很酷……老师觉得他看上去有点像帕拉杜斯基（不知道名字这样拼对不对）。豪尼尔斯先生给我们讲了一些有关威尼斯的事，这个城市是他的最爱之一，他亲切地把他的见闻讲给身边的小姑娘——我听。温妮弗莱德，现在应该陪伴在上帝的身边。他还有另一个女儿，名字叫米珠丽（和我的小妹妹同名），她认识卡丽。我本来可以见到维津夫人的，就是《鸟儿的圣诞颂歌》的作者，但是她咳嗽得很厉害，不能来了。我很失望没有见到她，我希望将来还会有见到她的机会。赫顿先生送给我一个可爱的小玻璃饰品，它的形状就像一枝蓟花。这个小饰品原本是他尊敬的母亲的，现在他把它作为迎接我的到来的礼物。我们还遇到了罗杰斯先生……他热情地用他的马车送我们回住处。

赖特—休梅森学校放暑假时，海伦和莎莉文小姐回到了南方。

致劳伦斯·赫顿夫人

  图斯康比亚，亚拉巴马，1895年7月29日

  ……我正在宁静而舒适的家中过暑假，这里阳光明媚，我和我亲爱

的父母、可爱的小妹妹、淘气的小弟弟菲利普斯，还有我敬爱的老师在一起，所以我很高兴，每天我读会儿书，散会儿步，写会儿字，然后和孩子们尽兴地玩一场，惬意的日子不知不觉间一天一天溜走了……

去年我的讲话和唇读水平有了明显的提高，朋友们都为我高兴。这更坚定了我继续去纽约学习的信心，我决定在那里再学上一年。过去我总是认为自己在纽约没有家的感觉，但是自从我结识了如此多的朋友，尤其是我在学业上取得了巨大的进步以后，我发觉自己正期盼着新学期的到来，我想重返"大都会"，以期取得更加显著的进步。

请代我向赫顿先生、里格斯夫人和沃纳先生送上最诚挚的敬意。尽管我从来没有机会结识他们，但每当我听人说起"威尼斯"时，我就仿佛听到了赫顿先生的钢笔在他的新书上轻轻滑动的沙沙声，这是一种多么令人愉快的声音啊！因为它传达出一种深深的承诺——它暗示着这本书会给我带来多么大的愉悦。

亲爱的赫顿夫人，请原谅远在大洋另一边的我用打字机给你写信。自从我回家后，我曾多次试着用铅笔在我的"小写字机"上写字，可是天气太热了，我出汗的手很容易把信纸弄脏，很难在那上面写字。所以我只得用打字机写信了。

致威廉·肖夫人

纽约，1895年10月16日

我们又一次来到了这个大都会！我们是在周五晚上离开霍尔顿的，到纽约时是周六早晨。我们的到来令朋友们大吃一惊，他们本以为我们这个月底之前是不会来纽约的。我太累了，所以周六下午我在休息。星期天我去拜访了同学，现在我已经休息好了，正在给你写信。因为我知道你很想听到我们平安到达纽约的消息。那天，由于意外情况我们不得不在费城换乘车，不过我们并不太在意。早餐过后，老师向一个铁路乘务员打听是否有去纽约的火车，他回答说没有，至少十五分钟之内不会有。于是我们只得坐下来等待，但是过了一会儿那个乘务员走回来问老师，我们是否愿意立刻走。老师说我们当然想，于是，那个乘务员就领着我们穿过铁轨，把我们送上了火车。这样我们就避免了站台的拥挤，在火车发车之前，我们还顺便参观了车站。周围的人多么友好啊！其实这种事是经常发生的。在我们前进的道路上，总会有某个好心人出手相助，他们的爱心使得我们的道路变得更加平坦而充满快乐……

我们在霍尔顿的日子既平静又很快乐。韦德先生还是那么和蔼可亲，他最近特意在英国为我印了几本书，其中有《将死的老人》、《奥特朗托海峡的城堡》、《没有土地的国王》……

致卡罗琳·德比小姐

纽约，1895年12月29日

……我和老师最近都很开心，我们又见到了许多亲爱的老朋友，道奇夫人、赫顿先生和夫人、里格斯夫人和她的丈夫，还有很多知名人士，其中有艾伦·泰莉小姐、亨利·欧文先生和斯托克顿先生。难道我们不是非常幸运吗？泰莉小姐很幽默，她在吻老师的时候这样说道："见到你我不知道应不应该感到高兴，因为当我一想到你为这个小姑娘所做的一切，我就感到很惭愧。"我们还见到了泰莉先生和夫人、泰莉小姐的哥哥和嫂子。我觉得她美得像天使一样，而且，她的声音是那么的纯净动听！我们再次见到泰莉小姐和欧文先生是在上个星期五晚上看《国王查理一世》演出时。演出结束后，他们热情地请我到后台，还让我用手摸了他们在舞台上的扮相。那是一位多么高贵而仁慈的国王啊，他的不幸让人为之感叹！而可怜的女王又是多么的美丽而忠贞啊！他们的表演是如此逼真，我们几乎忘了身在何处，感觉眼前发生的一切都像真的一样。最后一场戏最令我感动，我们全都流下了眼泪，感慨行刑的剑子手的心肠怎么那么冷酷，居然能忍心把国王从他爱妻的怀中拉走。

我刚读完《伊凡霍》，故事倒是很动人，可是我必须坦白说我不太喜欢这本书。只是可爱的瑞贝卡，既勇敢又正直慷慨，可以说是这本书中唯一令我深深敬佩的角色。现在我正在读《苏格兰历史故事集》，这些故事真是激动人心，引人入胜……

致卡罗琳·德比小姐

纽约，1896年4月25日

……我的学习一如既往，就像你上次见到我时一样。只有一点例外，我已经开始学习法语了，法语老师一周来给我上三次课。我几乎全靠唇读的方式听她讲课（她不懂手语字母），我们进行得还不错。我已经读了莫里哀的《屈打成医》，这是一出十分滑稽的法国喜剧，令人笑声不断。大家都说我的法语已经讲得相当好了，德语也不错。不管怎么说，法国人和德国人能听懂我的话，这对我来说是件相当鼓舞人心的事。在语音训练方面，我依然需要克服和以往一样的困难。流利讲话的愿望好像是那么的遥不可及！有时候，我似乎隐隐约约捕捉到了前进的目标，可是转瞬间，道路突然转向，目标旋即在视线中消失，于是我只好再次在黑暗中摸索！无论如何，我都不会气馁。我相信只要我不断努力，最终一定会实现理想……

致约翰·黑茨先生

布鲁斯特，马萨诸塞，1896年7月15日

……说起那本书，我相信我一定会非常喜欢的；在老师充满魔力的手指的指引下，我已经和来到不朽喷泉的两姐妹结下了深厚的友谊。

当我坐在窗边给你写信的时候，轻柔而凉爽的微风拂过面颊，让人感觉十分惬意。我的感觉是：去年艰苦的工作已经结束了！老师似乎也觉察到了变化带来的益处，因为她已经恢复到从前的自我了。我们需要你，亲爱的黑茨先生，只有你的到来才能让我们的幸福更加圆满。老师和霍普金斯夫人都说你会尽可能快点来的，我们一定会让你有宾至如归的感觉。

我和老师在费城待了九天。你是不是曾在克鲁特博士的研究所里工作过？也许豪斯先生已经详细地向你讲述了我们所做的事。我们整天

都在忙，出席各种会议，还要同数以百计的人交谈。这些人中有亲爱的贝尔博士，从加尔各答来的拜纳伊先生，还有从巴黎来的马格内特先生，我同他只用法语交谈。参会的还有很多别的知名人士。我们本来期望能在会上见到你的，结果你没能到来让我们很失望，我们很想念你，经常想起你！我们热切的心已经飞到了你身边，你知道和你在一起我们是多么的开心吗？当然，单单靠这封简单的书信是难以表达我们对你的思念之情的。我在7月8日做了一次"演讲"，向"协会"的会员们讲述了无法正常讲话对我来说是多么的痛苦，请求他们给予每个聋哑儿童一个学习说话的机会。每一个人都说我讲得非常好，很容易理解。我小小的"演讲"结束后，我们参加了一个招待会，有六百多人到场，坦白说我并不喜欢这么大规模的招待会。人太多了，我们只得不停地讲话。不过，也只有在像费城这样的招待会上，我们才会结交到许多新朋友，渐渐地我们就会彼此喜欢的。我们是在星期四晚上离开费城的，到达布鲁斯特时已经是星期五下午了。结果我们错过了星期五早上的科德角火车，于是我们就到普罗旺斯镇改乘"朗费罗"号汽船。我很喜欢乘船，因为走水路既有趣又凉爽，而且波士顿港总是那么诱人。

离开纽约后，我们在波士顿待了大约三周。不用说你也知道，我们过得多么开心。我们拜访了好友钱柏林先生和夫人，他们在兰瑟姆的乡下有一个可爱的家。他们的房子附近有一个迷人的大湖，我们常在湖中泛舟，真是有趣极了。我们还在湖中游了几次泳。为了庆祝6月17日，钱柏林先生和夫人为文学界的朋友们举行了一次野餐会。大约有四十人参加，来客们不是作家就是出版家。我们的朋友奥尔登先生——《哈珀斯》的编辑也来了，当然，他的到来令我们十分开心……

致查尔斯·达德利·沃纳先生

布鲁斯特，马萨诸塞，1896年9月3日

……整个夏天我都一直想给你写封信，我有好多事情想告诉你，我想你也许对我们海边度假的事最有兴趣，或者是我们下一年的学习计划。愉快安闲的日子不知不觉间就过去了，每时每刻都有那么多开心的事做，我竟然连把自己的思想转化成文字的时间都挤不出来，所以迟迟没给你去封信。我不知道失去这些机会意味着什么。也许当我们丢弃它们的时候，我们身边的守护天使会把它们接着，最终会在我们更成熟、更明智、更能正确利用机会时还给我们。可是，不管怎么说，我现在仍然无法把盘旋在头脑中多日的思绪转化成文字。我的心里充满了悲痛，以至于无暇顾及这个夏天带给我的快乐。我的父亲去世了，他是上个星期日在图斯康比亚的家中去世的，而我当时没有在家。我挚爱的父亲啊！唉，亲爱的朋友，这叫我如何承受。……

10月1日，海伦进入剑桥女子学院，院长是亚瑟·吉尔曼先生。下面这封信中提到的"考试"只是学院的入学测试，试题出自哈佛的历年考卷。显然，凯勒小姐对其中的某些科目已经准备得相当充分。最初，她是为进入拉德克利夫学院准备的。

致劳伦斯·赫顿夫人

抗科德大街37号，剑桥市，马萨诸塞，1896年10月8日

……今天早晨我早早地起了床，这样我就能给你写几行字了。我知道你最想听听我对学校的感觉如何。我多么希望你能亲自来这里看看这里的校园是多么美丽啊！这里大约有一百个女孩，她们都很阳光、很开心，我和她们在一起感到很高兴。

你肯定很高兴听到我顺利通过考试的消息。我考试的科目有英语、德语、法语、希腊语和罗马史。试卷出自哈佛的历年入学考卷，所以能通过考试我也很满意。今年对于我和老师来说将会是非常忙碌的一年。我正在学习算术、英国文学、英国历史、德语、拉丁文，还有高等地理。有大量的指定书本要读，可是只有有限的几本有浮雕印刷体。可怜的老师只得把书中的内容一一为我拼写出来，而那将是一项十分艰巨的工作。

如果你见到豪厄尔斯先生，请一定转告他，我们正住在他家里……

致威廉·肖夫人

抗科德大街37号，剑桥市，马萨诸塞，1896年12月2日

……准备功课花了我很长时间，因为我得让老师把书中的每一个单词都拼写在我手上。我所使用的指定教材没有一本是用浮雕字印制的，这样一来任务就艰巨得多；老师的工作比我的还要繁重，由于劳累过度，她本就不好的眼睛就更加恶化，这让我十分担心。有时候我会产生这样的感觉：好像我们给自己制定的任务很难完成。但是在别的一些时候，我又从学习中得到极大的快乐，这绝不是语言所能表达的。

我很高兴能和其他女孩子在一起做同样的事情。我学习的课程有拉丁文、德语、算术，还有英国历史。我喜欢这些科目，只有算术除外。恐怕我没有数学天赋，因为我做算术题时数字老是出错……

9月底，莎莉文小姐和海伦回到剑桥学院，她们在学校一直待到12月初。随后，由于吉尔曼先生的干涉，直接导致了凯勒夫人将海伦小姐和她的妹妹米珠丽小姐从学校接回家。后来莎莉文小姐和海伦来到兰瑟姆，在那儿她们在默顿·S·凯斯先生——一位热情而经验丰富的老师的辅导下继续学习。

致劳伦斯·赫顿夫人

兰瑟姆，1898年2月20日

……同你分别后不久，我又重新投入到学习之中。曾经有那么一段短暂的时间，我们沉浸在工作的快乐之中，仿佛一个月前的可怕经历是一场梦境，醒来后都烟消云散了。我无法对你形容我在乡下过得多么的快乐，这儿的空气是那么清新，环境是那么宁静，我在这儿自由自在！如果被许可的话，我觉得我现在能够整天学习而一点儿也不觉得累。在这儿有如此多快乐的事情可做，尽管并不全是些容易的事，其中大部分代数和几何作业都很难，但是我喜欢所有的课程，尤其是希腊语。想想

看：我的语法课很快就结束了！接着就要学《伊利亚特》了。我很快就能读到阿喀琉斯、奥德修、安德洛玛刻和雅典娜的传说了，而且读的是希腊语原著，一想到这些我的喜悦之情真是难以言表。而我的这些"老朋友"终于可以用他们自己的语言讲述他们的故事了！我认为希腊语是我所知道的最美的语言。如果说小提琴是音色最美的乐器，那么希腊语就是人类思想的小提琴。

这个月我们经常滑雪橇。靠近房子的湖北岸有一段陡峭的山坡，每天早晨上课前，我们都要去那里滑一个小时左右。有人在高高的坡顶上把雪橇固定好，当我们坐上雪橇准备完毕后，雪橇就带着我们直冲下去，越过一个山丘，穿透一个雪堆，然后再高速滑过结冰的池塘，感觉真是刺激极了……

致劳伦斯·赫顿夫人

兰瑟姆，1898年5月29日

……我勇敢地面对繁重的学业。每天的生活忙碌而充实。我希望尽快把课程学完，这样我就能把课本收起来痛痛快快地度过暑假了。昨天，在无人帮助的情况下，我解出了三道几何题，你听到这个消息一定会很高兴的。我所取得的成绩极大地鼓舞了凯斯先生和老师。我必须承认，我多多少少有点得意了。现在我感觉自己似乎在数学方面也可以成功了，虽然我还是不明白：为何知道一个等边三角形每边中点的连线是相等的是那么的重要。这种知识并不会使生活变得更甜蜜或者更愉快，难道不是吗？恰恰相反，当我们学会一个新词时，我们就得到了一把开启知识宝藏的钥匙……

致查尔斯·达德利·沃纳先生

布鲁斯特，马萨诸塞，1898年6月7日

我担心你会把我看作一个对双人自行车不感兴趣的人，毕竟，你的那封询问我对什么样的自行车感兴趣的来信，竟然被我搁置了一个星期都没回。不过，自从我们从纽约回来以后，我的时间就全部被课业占去了。我根本没时间考虑别的事，甚至包括有一辆自行车这样高兴的事。你知道，我正急着在长长的暑假到来前完成我的课业。我很快就可以把课本收起来了，我感到很高兴。阳光、鲜花，还有房前美丽的大湖正在尽展魅力，引诱我逃离希腊语和数学课的包围，尤其是数学。尽管雏菊和毛茛绽放得如此美丽，但是我觉得它们没什么用途，就像我感觉不到几何学有什么用处一样。

哦，原谅我！我绝对没有忘记双人自行车的事。事实上，我对于自行车知识知道得少得可怜。我只骑过一辆双座三轮自行车，它和普通的双人自行车很不一样。也许，三轮自行车要比双人自行车安全些，但是这种车很重很笨拙，而且会占据更多的道路。另外，我听说三轮自行车要比其他种类的自行车更贵一些。我的老师和一些朋友们则认为：我应该骑一辆哥伦比亚牌双人自行车，这种车适合在乡下骑，比较安全。他们还认为，你建议在自行车上安装一个固定车把的想法是一个好主意。我骑车时穿带有开衩的裙子，老师也是的。当然，如果要骑男式自行车的话，老师就比我容易多了。所以，我觉得如果能在车后边安置一个女士座椅就好了……

致卡罗琳·德比小姐

兰瑟姆，1898年9月11日

……最近我整天都待在户外，划船、游泳、骑车等等，还有很多别的有趣的运动。今天早上我骑着我的双人自行车行了十二英里多的路程！道路很崎岖，我摔倒了三四次，现在我的腿瘸得厉害！这里气候宜人，风景优美，能在平坦的道路上疯跑真叫畅快，我一点儿也不在乎会不会摔伤。

我确实学了游泳和潜水，只是还不太会！我可以在水下自由自在地游一小会儿，再也不用担心被淹着了！是不是很好玩啊？而且，无论船桨多么的笨重，我都可以毫不费力地绕湖划上一圈。所以你不难想象：现在我体格是多么的强健，皮肤是多么的黝黑啊……

致劳伦斯·赫顿夫人

纽约里大街12号，波士顿，1898年10月23日

自从我们上周一来到这里，我一直找不到时间给您写信。打我们决定来波士顿那刻起，我们就一直处于高速运转的状态，可以说没有片刻的清闲。好像我们永远都不得安宁似的。可怜的老师忙得不可开交，她又要做搬运工，又要做邮递员，还要做别的各种各样的杂活。我真希望我们不要这么麻烦地搬家，我尤其不愿意像这样频繁地搬来搬去……

……凯斯先生每天下午三点半来我们这里，周六除外。他说他愿意暂时做我的老师。我正在读《伊利亚特》、《埃涅阿斯纪》，还有西塞罗的作品，还学习了很多代数和几何知识。《伊利亚特》的美在于真实，这部高贵优雅的作品具有天真无邪的孩童般单纯率真的特质。而《埃涅阿斯纪》则呈现出更加庄重而矜持的特性，就像一个一直生活在深宫中的美丽少女。我觉得《伊利亚特》就像一个年轻力壮的青年，他把整个世界都当作施展自己身手的运动场。

整整一个星期，这里的天气都很阴沉。不过今天的天气还不错，阳光洒满了房间的地板。过一会儿我们要去公园散会儿步，我希望兰瑟姆的森林就在前方拐角处！但，唉！前面什么都没有，我也只能靠在花园里溜达溜达满足一下自己的心愿了。不知为何，对于乡间广袤无垠的田野、牧场，以及肃穆的松树，我总觉得它们目光短浅、封闭保守，即使是那些具有"城市化"和"自我意识"的树木也不例外——事实上，我怀疑它们同它们的乡巴佬朋友有很多共同的语言。你知道吗？我常常禁不住为这些树木徒有时髦的外表而感到遗憾。它们就像我们每天所见到的人一样，这些人更愿意生活在嘈杂拥挤的城市，而不愿去恬静自由的乡村。它们甚至从不对它们狭隘的观念有任何怀疑。它们看不起乡下人，因为这些穷人们从来没有"见过大世面"。哦，天啊！要是它们能意识到自己的狭隘就好了，这样一来它们一定会逃到森林或乡间去生活的。这不过全是废话罢了！你也许会认为我正在为我所爱的兰瑟姆而难

过，从某种意义上来说，你的想法既有正确的一面也有不正确的一面。一方面，我十分怀念红色农场和那里的一草一木；另一方面，我也向往来到大城市，因为这里不但有我的老师和书本，而且还有很多美好的事物等着我去发现。在这儿，人们一生都在努力奋斗，只为从残酷的环境中谋取幸福。不管怎么说，我很高兴能过自己想过的生活，无论它是快乐的还是悲伤的……

致威廉·肖夫人

波士顿，1898年12月6日

女孩子们的游戏让我和老师好笑了一场。她们那一身简陋的骑士服，再加上胯下"暴躁的战马"，看起来一定滑稽极了！如果它们的样子有点像我"看"过的"锯齿马"，那么就可以用"苗条"一词来形容它们了，她们玩得多么高兴啊！有时候，我会情不自禁地想，要是我也能享受到和其他女孩子同样的乐趣该多好啊。在很短的时间内，我就能够将那些强壮的武士、须发皆白的智者，还有传说中的古英雄聚拢在身边。现在，他们几乎是我唯一的伙伴，他们会像其他女孩子们那样唱歌、跳舞、嬉戏。但是我不能把时间浪费在不切实际的幻想上。毕竟，我的那些古代朋友们既英明又风趣，我发自内心地喜爱他们的陪伴。当然，我偶尔也会产生失意的情绪，那时的我就会放纵自己去奢望我这辈子不可能得到的东西。但是，如你所知：通常我的心里总是充满着幸福感。因为慈爱的天父始终在我身边，他慷慨地给予我一切。而他的赐予会丰富我的生活，使我的生活变得甜蜜而美好，有他无尽的祝福相伴，所有的不幸都如烟云般消散……

致威廉·肖夫人

纽约里大街12号，波士顿，1898年12月19日

……现在我终于意识到自己是一个多么自私、贪婪的女孩了，我一味地只顾要求往自己的杯中添加快乐，甚至直到杯子装满快要溢出了还

不满足；而从不去想还有那么多人的杯中几乎是空无一物。我为自己的自私而感到羞愧。这种孩童般的思维——那就是，为了得到别人的许可和给予，我们就必须把自己的心愿公布于众，对我来说是如此的难以摆脱。但是，我也已经逐渐了解到：这个世界的快乐是有限的，不可能每个人的愿望都得到满足，这让我十分难过。我想我应该学会遗忘，哪怕暂时也好。我已经得到了过多的幸福，所以，我应该为像"奥利弗·退斯特"这样的穷孩子争取"更多的"幸福……

致劳伦斯·赫顿夫人

　　纽约里大街12号，波士顿，1898年12月22日

　　……我想凯斯先生可能已经写信把我的"日常新闻"告诉了你。如果确实如此，想必你已经知道：我已经学完了哈佛入学考试所要求的几何课程，代数课程也快要学完了。圣诞节后，我要把这两门课认真地复习一遍。你听到我喜欢上数学的消息一定会很高兴的。现在我可以相当轻松地解复杂的二次方程了，真是太有趣了！我认为凯斯先生是一位非常出色的老师，我非常感激他，是他让我领会到了学习数学的乐趣，他启迪了我的思想，拓宽了我的视野。在这一点上，他是仅次于我的老师的第二位好老师……

致劳伦斯·赫顿夫人

　　纽约里大街12号，波士顿，1899年1月17日

　　……你看过吉卜林的《美梦成真》和《基奇纳的学校》吗？这些诗歌很有感染力，令我产生了强烈的向往之情。当然，你肯定看到过英国人在卡托姆建立的戈登纪念碑学院。我一直在想：上帝的赐福一定会通过这所学校传达给埃及人民，最终会传达给英国人自己。于是我的内心深处不由得升起一股强烈的愿望：我们的国家也应该仿效这种行为，我们应该将很多勇敢子孙遇难于"缅因州"号这一巨大损失转化为对古巴人民的美好祝福，一种类似于英国对埃及那样的祝福，那就是在哈瓦那

建立一所学校。在哈瓦那建立一所学校不就等于是给"缅因州"号的勇士们树立的一座最高贵最不朽的纪念碑吗？同时不也是对所有人的无尽的祝福吗？不妨设想一下：在一个可怕的黑夜，"缅因州"号驶进哈瓦那港，停泊下来，当它被某种神秘力量摧毁的时候，它会指向那栋巨大而美丽的建筑——"缅因州"号纪念碑学院，这是美国人兴建的学校，目的就是为了让古巴和西班牙人接受教育。这是一场多么荣耀的胜利啊，这可以说是一座基督教民族最高的善和美的体现！在这件事情上，没有暗含任何憎恨和复仇，也寻觅不到传统信仰的踪迹，因而对错与否似乎无从评判。另一方面，我们又依靠发出战争宣言来寻求自己在世界上的地位，我们对古巴人民承诺说："一旦他们能够担当起自治的责任和义务，我们就会把古巴交给古巴人民自己……"

致约翰·黑茨先生

纽约里大街12号，波士顿，1899年2月3日

……上周一，我有一次极其有趣的经历，那天早上，一位热心的朋友带我去参观波士顿艺术博物馆。她事先得到了馆长的许可，允许我触摸馆内的雕像，特别是那些来自《伊利亚特》和《埃涅阿斯纪》中的老朋友。这难道不是非常有趣的吗？我到那里时，馆长亲自来到博物馆，领我参观了一些最美丽的雕像，其中包括梅第奇的维纳斯，帕特农神殿的密涅瓦，还有狄安娜，她身着猎装，手擎箭囊，身旁站着一只雌鹿。最不幸的是拉奥孔和他的两个小儿子，被两条可怕的巨蛇缠绕，他们奋力挣扎，手臂伸向天空，同时发出撕心裂肺的号叫。我还"看到"了阿波罗，他站在一个巨大的石柱旁斩杀巨蟒，伸出手臂以胜利的姿态迎接可怕的大蟒的进攻。啊，他真是英俊极了！维纳斯简直把我迷住了，她看上去仿佛刚刚从泛着泡沫的海水中缓缓升起，她的优美的身姿犹如一曲来自天堂的乐音。我也看到了可怜的尼俄伯，她把她最小的孩子紧紧搂在怀里，恳求残忍的女神不要杀死她最后一个心肝。我感动得几乎要掉泪了，一切都是那么逼真而悲惨。馆长热情地向我展示了一个精美的

青铜大门——佛罗伦萨洗礼会堂青铜大门的复制品，我触摸了精美的门柱，还有门上所雕刻的凶猛的狮子。所以你看，将来有一天去佛罗伦萨游览一番的快乐被我提前体会到了。我的一个朋友说，有机会她会把埃尔金爵士从帕特农神殿带回的石雕复制品出示给我看。可是我更愿意到原址去看残存下来的真品，它们不仅仅是一首对诸神的赞美诗，还是一座希腊荣耀的纪念碑。所以，从原本属于它们的圣殿中强行搬走这些神圣的雕像，真的是一种十分错误的行为……

致威廉·韦德先生

波士顿，1899年2月19日

啊，真的好感谢你！在收到《田园诗》的第二天，我就想给你写封信告诉你收到你寄来的书我是多么的高兴！或许你从来没有收到那封信，可是无论如何，我要谢谢你，亲爱的朋友，谢谢你不辞辛苦为我所做的一切。那些从英国寄来的书正陆陆续续地到达，听到这个消息你一定会高兴的。我已经收到了第七册和第八册《埃涅阿斯纪》，还有一本《伊利亚特》。能拥有这些书真是一种福气，我用的课本基本上全被印制成浮雕文字书了。

一听到大家为盲聋人做了很多善事，我就十分开心。我对人们了解得越多，我就越能感受到他们的善心。想想看：就在不久以前，人们还认为盲聋人接受教育是不可能的事；但是一旦得到证明可能时，成百上千颗善良而饱含同情的心很快就为渴望帮助盲聋人的热情所点燃。如今，我们可以看到有那么多贫穷而不幸的盲聋人正在接受教育，以便于他们也可以窥见到生活的美与真。"爱"总能找到通往被禁锢灵魂的路，而且最终要引导着被禁锢的灵魂进入自由与智慧的世界！

说到"双手字母拼写法"，我认为这种方法对于那些具有视力的人而言要比手语字母更容易掌握，原因在于大部分文字看起来像是大写字母，我认为如果是教一个盲聋人学习拼写，手语字母则更加方便，而且不那么惹人注意……

致劳伦斯·赫顿夫人

纽约里大街12号，波士顿，1899年3月5日

……现在该是为6月份的考试做准备的时候了。但是一抹阴云正笼罩在我的心头。这件事对我的生活有着很严重的影响，使得我很焦虑，老师的眼睛仍然不见好转，事实上，我认为她的视力越来越下降了，但是老师非常勇敢而坚忍，她是不会妥协的。最让我伤心的是，我感觉她是为了我而牺牲了自己的视力。我觉得我应该放弃上大学的想法——假如知识的获得要以如此沉重的代价为前提的话，这样获得的知识并不会带给我快乐。我迫切地希望：赫顿夫人，您能说服老师休息，而且要对眼睛进行治疗。她不听我的劝告，所以我想请您出面劝说她。

我刚拍了一些照片，如果好的话，我准备给罗杰斯先生寄去一张，你觉得他应该会喜欢吧。我想用某种方式来表达我对他为我所做的一切的感激之情，可我实在想不出更好的办法了。

这里的每一个人都在谈论萨金特的肖像展，大家都认为很精彩、很出色。我多么希望能亲眼看看这些照片啊！如果能亲眼感受一下它们的魅力和色彩该有多好啊！然而，令我欣慰的是，我并没有被剥夺掉所有的快乐。至少我还可以借助朋友们的眼睛看看它们，这也是一种实实在在的快乐。我很感谢我的朋友们，是他们用拼写的方式把最精彩的画面"呈现"给我，让我也欣赏到了这些照片的美。

谢天谢地！吉卜林先生没有离我们而去！我有一本他的用"浮雕文字"印制的《丛林故事》，这实在是一本让人为之赞叹、令人耳目一新的书！我总是情不自禁地沉浸在故事情节之中，仿佛在同这位天才作家对话。他笔下的自然世界是如此的真实、迷人而壮观……

致大卫·H·格瑞尔博士

纽约里大街12号，波士顿，1899年5月8日

……每一个白天，我都在为梦想而努力；每一个夜晚，我都会安

心入眠；每一次思绪，我离梦想更近了一步。我的希腊语进步很快，我已经读完了第九册《伊利亚特》，正要开始读《奥德修纪》。同时，我也在读《埃涅阿斯纪》和《牧歌》。有些朋友认为我把那么多的时间花在希腊语和拉丁文上面非常傻，但是我相信，假如他们意识到荷马与维吉尔向我展示了一个多么精彩而奇妙的世界，他们就会改变自己的想法的。我想在这些书中我最喜欢的应该是《奥德修纪》。《伊利亚特》除了讲述战争，几乎就没有别的什么了；面对刀光剑影、兵喊马嘶的战争场面，人有时候也会感到厌倦的。但《奥德修纪》讲述的则是关于高贵的勇气的——一个痛苦的灵魂屡经磨难，却依然不妥协。当我读这些壮丽的诗篇时，我常常想弄明白，为什么在同一时期、同样一个人所创作的战争颂歌点燃了希腊人的勇猛气概；而他关于人类高尚美德的颂歌却并没有对人类的精神生活产生重要影响。或许原因在于，真正伟大的思想就像撒向人类心灵的种子，它们或许悄无声息地潜伏在那里，或许被人们当作玩具一样抛掷玩耍。它们随着人类的苦难经历和意志的磨练而增长，直到有一天，一个民族发现了这些种子的价值而开始精心培育它们。于是，世界又在朝向天国进军的征途中迈出了一大步。

  最近我在努力地学习，以便迎接6月份的考试，我心里还没底，还有大量的工作要做……

  我的母亲、小妹妹还有弟弟要来北方和我一起过夏天了，你听到这个消息一定很高兴。我们将住在兰瑟姆湖区的一栋小房子里，我亲爱的老师可以好好休息一下了。她已经连续十二年没有休过假了，想想看，她把所有的时间都化作了照亮我生活的阳光。她正饱受眼疾的折磨，我们都认为她应该彻底放松一下，卸下所有的挂念和责任，哪怕是暂时的也好。可是我们不会分离的，我希望，我们每天都可以看到对方。你可以想象：7月份到来的时候，我会驾着你送给我的小船在湖上泛舟，那时的我就是世界上最快乐的女孩……

  琳妮·海格伍德是一个又盲又聋的小姑娘，也是威廉·韦德先生帮助过的众多残疾儿童之一。她自幼受教于多拉·唐纳德小姐，初期由伏特科研所的负责人黑茨先生资助。在涉及莎莉文小姐和凯勒小姐的私人文献中均提到过此事。

致威廉·韦德先生

兰瑟姆，马萨诸塞，1899年6月5日

……你几周前寄给我的琳妮·海格伍德的信件非常有趣。它似乎展露出了作者坦诚而乐观的天性。她有关历史的谈论最令我感兴趣。我很遗憾她不喜欢历史，不过，我也感觉到民族、宗教、政治体制在历史的某一时刻确实很黑暗、神秘，甚至是恐怖的。

哦，我必须坦白说：我不喜欢符号语言，而且我认为它对盲聋人没有什么大的作用。我发现聋哑人的快速手势令人难以理解。此外，在学习使用语言轻松自如表达方面，符号似乎是一种巨大的阻碍，因为有时候他们用手拼写时，我很难理解他们的意思。总而言之，如果聋哑人不能学说话，那么手语字母就是他们最好、最方便的交流方式了，但是无论如何，我认为盲聋人并不具有使用符号语言的功能。

不久前的一天，我遇到了一位挪威的失聪的先生，他对拉根希尔德·卡塔和她的老师相当熟悉，我们围绕着她们进行了一场非常有趣的谈话。他说卡塔非常勤奋乐观。她会纺线，还会做很多高难度的工作；她还喜欢读书，而读书使她的生活变得更加充实而有意义。可是想想看，她竟然不会用手语字母！她唇读水平很高，假如碰到一个她不明白的短语，她的朋友们就会给她拼写在手上。正是借助于这种方式，她可以同陌生人交谈。而我还无法辨认写在手心里的文字，所以你看，在某些方面拉根希尔德已经走在我前面了，我希望有朝一日能见到她……

致劳伦斯·赫顿夫人

兰瑟姆，1899年7月29日

……入学考试我各科都通过了，而且高级拉丁文还取得了很好的成绩，但是我必须承认，在第二天的考试中我遇到了很大的困难。他们——校方不允许老师为我读考卷，所以他们就为我印制了一份盲文试卷。盲文在语言方面的考试上没有任何问题，但是用它来表达数学问题就不行了。结果，我并没有发挥出自己的真实水平；如果老师被允许为我读代数和几何试卷的话，我可以考得更好。不过，你千万不要认为我在责怪别人。当然，他们并没有意识到，他们这种做法使得我在考试中遇到的困难有多么大、多么复杂。这也难怪，他们都是视力听力完好的人，我想他们是不能从我的视角来看问题的……

迄今为止，在我记忆中最甜蜜的莫过于这个夏天了。我的妈妈、妹妹和小弟弟已经来了五周了，我们感受到了无限的快乐。我们不仅喜欢团聚，还发现小小的家带给了我们无限的乐趣。我真希望你能站在我们的门廊里欣赏一下湖面的美景。湖中的岛屿在金色阳光下看起来犹如一座座翠绿色的小山峰；独木舟星星点点漂浮在湖面，就像在微风中轻轻摇曳的秋叶；呼吸着森林中特有的芳香，犹如聆听来自天籁的喃喃低语。我会情不自禁地想：很久以前的挪威人是不是也曾享受过这种芳香？根据传说，他们曾拜访过我们的海岸，一种千百年来古老岁月的沉淀所特有的气息，在花丛和树林间孕育成长又销声匿迹……

致约翰·黑茨先生

布莱托大街138号，剑桥，1899年11月11日

……提到盲文问题，当我听说我关于考试的言论受到人们的质疑时，我简直无法说出我有多伤心。无知似乎是非议的根源所在。就如：当你对盲文一无所知的时候，你觉得好像我在教给你美式布莱叶盲文！所以，当你说你一直是用美式盲文给我写信时，我就忍不住笑了，其实你的信都是用英式盲文写的！

关于盲文考试的真实情况如下：

我怎样通过拉德克利夫学院入学考试的

1899年6月29日至30日，我参加了拉德克利夫学院的入学考试。第一

天考试的科目是初级希腊语和高级拉丁文,第二天考几何、代数和高级希腊语。

学校当局不允许莎莉文小姐为我读试卷,所以,尤金·C·维宁先生——帕金斯盲人学院的一位老师,被校方请来为我把试卷翻译成布莱叶盲文。我完全不认识维宁先生,而且,在考试过程中,他除了把试题写成盲文,不同我进行任何交流;监考官我也不认识,他也没有同我做任何形式的交流的意思。另外,由于他们俩都不熟悉我的发音,所以他们也不能轻易地听懂我在说什么。

然而,盲文应付语言方面的考试没有任何问题,但是用它来表达代数和几何问题就不行了。面对试题,我感到极度的迷惑和沮丧,因此浪费了很多宝贵的时间。尤其在做代数试卷时,这种情况更严重。我确实对各种形式的盲文都很熟悉——英式、美式,以及纽约浮点式。但是,几何和代数符号的写法在这三种盲文中很不相同,而在考试的前两天,我还只了解英式盲文符号。在此前的学习过程中,我一直都是使用英式盲文,从来没有使用过别的盲文符号。

考几何时,我的主要困难是:我一直习惯于按照行列来阅读命题,要不就是让人把试题拼写在我手上。可是不知为何,虽然试题就摆在我面前,但是那盲文还是把我搞糊涂了,我根本无法搞清我在读什么。然而,考代数的时候,我遇到的困难更大,一知半解的符号知识让我几乎寸步难行。那些代数符号(我在前一天刚刚学到的,本以为自己完全搞明白了)还是把我搞糊涂了。结果,我做试题的速度非常慢,我不得不反反复复地阅读试题以便于弄清命题要求。事实上,直到现在我也不能确定我是否把所有的符号都理解对了,尤其是当我情绪非常低落时,我很难保持清醒的头脑……

我还有一件事很想澄清,那就是吉尔曼先生在信中跟你提到的事。我从未接受过吉尔曼学校的任何形式的课程辅导。莎莉文小姐一直陪伴在我身边,她把老师们的授课内容翻译给我。我确实教过霍尔小姐——我的物理课老师写美式盲文,但是,她从来没有用美式盲文对我进行过任何形式的辅导，除了几道问答练习题——如果那几道浪费了我大量宝贵时间的习题也可以称作"辅导"的话。尊敬的弗劳·格鲁特女士懂得手语字母，她可以亲自给我授课，不过这纯属私人课程，费用由我的朋友们出。在上德语课时，莎莉文小姐尽最大可能把老师讲的东西翻译给我。

或许、假如你能把这封信的复件寄一份给剑桥学院的院长，也许有助于他弄明白事实，迄今为止他好像仍然完全蒙在鼓里，对这件事情的真相一无所知……

致米珠丽·凯勒小姐

布莱托大街138号，剑桥，1899年11月26日

……终于，我们在冬天平静下来，而且，我们的学业进展顺利。凯斯先生每天下午四点来，他耐心的辅导，使我在学业上少走了很多弯路，那是每一个学生的必经之路。我学习的课程有英国历史、英国文学、法语和拉丁语，不久之后我还要学习德语和英文写作。这下可惨了！你知道，我像你一样讨厌语法；可是，我想如果我要学习写作，就必须要过这一关。正如学习游泳一样，在学会自由自在地游泳之前，就必须潜水数百次。在法语课上，老师给我读《高龙巴》。这本小说非常有趣，充满了辛辣的讽刺和令人魂飞魄散的冒险（不要责怪我用"大词"，因为你也是这么做的呀！），假如你有机会读到这本书，我想你肯定也会非常喜欢的。你在学习英国历史，对不对？哦，历史是多么有趣啊！我正在细致地研读伊丽莎白时期的历史——宗教改革运动，皇权高于教会颁布令以及国教确立运动，还有航海大发现等等。所有这些重要事件全都像"魔鬼"的发明一样，专门用来折磨像你这样的无知小孩的……

我们已经穿上了全套的冬装——外套、帽子、长袍、法兰绒罩衣等。我们刚刚请一位法国裁缝为我们做了四套漂亮的衣服，有两套是我的。其中一套包括一条黑色丝织裙子，上面镶着一道黑色网状花边；上

身是一件白色府绸胸衣，嵌着青绿色天鹅绒缎带和米黄色绸缎花边。另一套是羊毛的，是非常漂亮的绿色；其中胸衣上装饰着粉红色和绿色的绸缎，还有白色的花边；我觉得这件衣服应该是双排扣的，扣子两边饰以天鹅绒皱纹，那道花边上还镶有一排小小的纽扣。老师也有一套丝绸裙装，其中裙子是黑色的，胸衣基本上是黄色的，上面饰以精致的淡紫色薄纱，还有黑色天鹅绒蝴蝶结和花边。她的另一套衣服是紫色的，上面点缀着紫色天鹅绒花饰，而胸衣的领子上则饰有一道乳白色的花边。所以，你可以想象得出，我们穿上新衣服的样子非常像花孔雀，只是我们没有拖地长裙而已……

昨天，在哈佛和耶鲁两校间举行了一场足球赛，在当地引起了轰动。男孩子们的叫喊声和观众的欢呼声响成一片，在我们屋里简直和在足球场上听得一样清楚。罗斯福上校也去了，他是代表哈佛队参加比赛的。不知为何，这次他穿了一身白色球衣，而不是我们所熟悉的深红色球衣！大约有两万五千人在现场观看了比赛，当我们走出屋子时，欢呼声是如此的大，我们被惊得魂都快飞了，心想，这哪里是足球比赛，分明是喧嚣的战场啊。遗憾的是：不管双方怎样拼命，他们都没有得分，于是我们都笑着说："哦，这样也好，他们谁都不能嘲笑谁了！"

致劳伦斯·赫顿夫人

麦迪逊大街559号，纽约，1900年1月2日

……我们是一周之前来这儿的，准备陪罗德斯小姐待到周六。这里的每一个人都对我们非常友好，每一分钟我们都过得很愉快。我们见到了很多老朋友，也交了一些新朋友。我们上周五同罗杰斯一家一起吃了饭。啊，他们对我们可好了！一想到他们悉心的招待和深切的关怀，我的心里就涌起一股幸福的暖流。我还见到了格瑞尔博士，他真是一个和蔼可亲的人！我比以前更爱他了。星期天，我们去了圣·巴塞洛谬教堂，这是我自从敬爱的布鲁克斯主教去世后在教堂里第一次有如此宁静

安详的感觉。格瑞尔博士读经文的速度是如此慢，以至于老师可以把每一句话翻译给我。我想，他的听众们一定对他不同寻常的布道感到惊奇。礼拜结束以后，他请风琴师沃伦先生为我弹奏了乐曲。我站在教堂中间，管风琴的巨大颤音在这里最强，我感觉到了强劲的声波撞击着我的身躯，如同巨浪拍打着汪洋中的一条小船……

致约翰·黑茨先生

  布莱托大街138号，剑桥，1900年2月3日

  ……我的学习比过去有意思多了。拉丁文方面，我在读贺拉斯的《颂歌》。尽管我发现很难把它们翻译出来，但是我仍然认为它们是我曾读过的和将要读到的拉丁文中最美的诗歌。法语方面，我们已经读完了《高龙巴》，现在正在读高乃依写的《贺拉斯》，还有拉封丹的寓言，这两本书都是盲文版本的。虽然刚读了一点，但我知道我一定会喜欢寓言的，那些故事是如此的有趣，总是通过简单而吸引人的方式告诉人们一个最重要的道理。我想我没有跟你提起过我亲爱的老师正在为我读《仙后》这件事吧。对于这部作品，我得说我是毁誉参半的。我不太喜欢象征主义作品，事实上，我经常发现这类作品的无聊乏味之处，我总是忍不住想：斯宾塞的世界里充满了骑士、异教徒、仙女、火龙和各种各样的奇怪动物，他的世界的确有些怪诞有趣。但是，这部诗集本身写得很美，它的韵律犹如一条潺潺流淌的小溪。

  现在，我很自豪，因为我成了十五本新书的主人了，这些书都是我们从路易斯维尔订购的。其中有《亨利·埃斯蒙德》《培根随笔集》，还有《英国文学选集》的节选本。或许下周我会收到更多的书，《暴风雨》《仲夏夜之梦》，可能还有一些有关英国绿党历史的书籍。难道我不是很幸福吗？

  恐怕我对这些书描述得太多了。但，如今这些书确实是我生活的全部，我几乎无暇顾及别的事情了！我相信每一个夜晚都是书伴着我入眠的！你知道，一个学生的视野多少都会受到某种约束，也就是说，他对

那些课本之外的知识几乎一无所知，所以不免眼光狭隘……

致拉德克里夫学院校董事会主席

　　布莱托大街138号，剑桥，马萨诸塞，1900年5月5日
尊敬的先生：

　　为了制订我来年的学业计划，在此，我提早向您咨询，从而对我将要在拉德克里夫学院修常规课程的可能性做出合理明智的判断。

　　自从去年7月收到拉德克里夫学院的入学通知以来，我一直在一位私人教师的指导下学习，我学习的内容包括贺拉斯、埃斯库罗斯的作品，法语、德语、修辞学、英国历史、英国文学和评论，以及英文写作。

　　我希望能在学院里继续学习这些课程，如果不是全部，能学到其中的一大部分也好。另外，我的学习完全依赖莎莉文小姐，这十三年来，她一直是作为我的老师和同伴伴随在我左右的。她是我的口语翻译者，也是为我朗读试卷的人。听讲座或者上课时，她的陪伴是十分必要的。我将在打字机上完成我的作业，如果教授听不懂我的话，我就把答案写在纸上，然后在课后交给他。

　　我想：就一所大学而言，对一些前所未有的情况给予一定的包容应该是有可能的，以便于我能够在拉德克里夫学院继续我的学习。我当然知道，在我大学的求学之路上将会有非常大的障碍。在别人看来，这些困难似乎是无法克服的，但是，尊敬的先生，一个真正的勇士是不会轻易言败的。

致劳伦斯·赫顿夫人

　　布莱托大街138号，剑桥，1900年6月9日

　　……我还没有收到校董事会的答复，但是我由衷地希望他们能做出积极的回应。他们犹豫了这么久都没有答复，对此我的朋友们觉得非常奇怪。尤其是我完全没有请求他们把我的课业削减，只是要求略作调整以适应我的学习情况而已。康奈尔大学已经表示：如果我选择进入他们

学校深造，他们愿意做出调整以适应我的学习情况。芝加哥大学也提出了同样的建议。不过我担心的是：假如我选择上别的大学，那么大家会认为我没有通过拉德克里夫学院的考试……

秋天，凯勒小姐进入了拉德克里夫学院。

致约翰·黑茨先生

柯立芝大街14号，剑桥，1900年11月26日

……关于老师和我的那项为盲聋哑儿童筹建一所学校的计划，我已经同您交流过了。起初，我满腔热情地支持这项计划，我从来没有想到过计划会遭到任何强烈的反对，除了对老师真正怀有敌意的人。但是现在，在经过了审慎的思考以及向友人们咨询后，我已经断定，这项计划是绝不可行的。当初，热情鼓舞着我要为盲聋哑儿童争取和我一样的待遇，我完全忽略了这样一个事实——要想实现这样一个计划，势必要遇到很多困难。

我的朋友们认为我们可以在自己的家里教一两个学生，并劝告我说：这样既能帮助别人又没有任何大学校的不利之处。他们的确出于一片好心，但是我总觉得，他们大都从商业角度权衡利弊，而不是站在人道主义者的立场考虑问题。我相信他们并不十分了解我的心愿。对于所有和我有着同样不利条件的人而言，我是多么希望他们能受到人类优秀思想的遗产——知识和爱的教育啊。当然，对于来自周围的争论和压力，我也不可能视而不见，我很明白我必须放弃，这个计划是不可行的。朋友们还建议我去拉德克里夫后委托一个顾问委员会来管理我的日常事务。我仔细考虑了这个建议，然后，我对罗德斯先生说，我为拥有这么多具有聪明头脑的朋友而高兴和自豪，当我遇到重大问题时，我总是能够向他们寻求帮助。对于这个"委员会"，我准备选择六个成员——我的妈妈、老师（因为她对我来说就像妈妈一样）、赫顿夫人、罗德斯先生、格瑞尔博士和罗杰斯先生（这些年来正是由于他们的资

助，我才得以迈入大学的校门）。赫顿夫人已经给我妈妈写了信，她跟妈妈说，假如妈妈同意接纳除了她和老师之外的顾问，那么就请速回电报告知。今天早晨我们收到了妈妈的回复，她同意这样的安排。现在，剩下的就是写信通知格瑞尔博士和罗杰斯先生了……

我们和贝尔博士进行了一次长谈。最后，他提出了一个令大家都满意的计划。他说，试图为盲聋哑儿童建立一所学校的行为是非常盲目的，因为这样一来他们就失去了进入正规学校同那些身体健全的孩子们一道享受丰富多彩的生活的机会。我对这种观点不太认可，可是我又不知道在这点上该如何改善。还是贝尔博士提出了解决的办法——把所有支持建校计划的朋友们组成一个促进盲聋哑儿童教育的协会，当然我和老师也被包括在内。根据贝尔博士的计划：协会将委派老师对相关人员进行培训，那些接受培训的教师将到盲聋哑儿童的家里任教，就像我的老师教我那样。协会所筹基金将被用来支付教师们的食宿费用和工资。同时，贝尔博士又嘱咐我说：在我充满雄心壮志一步步实现理想的过程中，我一定要保持乐观向上、积极进取的心态，同拉德克里夫里那些具备正常视力和听力的姑娘们一较高低。随后，我们击掌欢呼。分别后，我们的兴奋之情依然不减，我和老师好久都没有这么高兴过了。当然，我们现在还什么都不能做。但是，对大学生活的热切渴望与向往，以及将来为盲聋哑儿童谋福利的念头已经在我心中升腾起来。请务必告诉我：您对贝尔博士的建议看法如何。在我看来，这似乎是一个最可行最明智的建议，不过，在做出表态或付诸行动之前，我必须要听取各方意见……

致威廉·韦德先生
柯立芝大街14号，剑桥，1900年12月9日
……鉴于您对盲聋哑儿童如此的关心，我准备把我最近所听说的几个残疾人的事给您讲一讲。10月份的时候，我听说了一个不同寻常的德克萨斯小姑娘的故事。她名叫鲁比·赖斯，我想她应该是十三岁。她从

来没有接受过教育，但是据说她会缝纫，喜欢帮助别人做这类活。她的嗅觉很神奇，当她进入一个商店时，她可以直接走向柜台，而且能辨认出自己想要的东西。她的父母非常渴望为她找一位老师，他们还给黑茨先生写信介绍了女孩的情况。

我还知道一个在密西西比聋哑学校读书的孩子，她的名字叫茂德·斯科特，六岁大。沃特金斯小姐——茂德的辅导老师——给我写了一封非常有趣的信。她说茂德天生就失去了听力，在三个月大时又失明了，她几周前刚到学校的时候显得十分无助。她甚至没法走路，几乎不会用手做事。当学校的老师们教她穿珠子时，她的小手就会歪向一边。显然，她的触觉一直没有得到发展。至今，她只有抓住别人的手才能走路。不过，她似乎是一个极其聪明的小孩。沃特金斯小姐还补充说她非常漂亮。我已经给沃特金斯小姐写了信并且告诉她说，当茂德学习认字的时候，我会把很多故事书寄给她。每当想到这个可爱的小姑娘，我就感到心痛，她完全被排除在生活中美好的事物和快乐之外了。幸运的是，沃特金斯小姐似乎正是她需要的那种老师。

不久前我在纽约时见到了罗德斯小姐，她告诉我说她曾见过凯蒂·麦克戈尔。她说这个可怜的年轻女孩说话和做事表现得完全像一个小孩子。凯蒂玩罗德斯小姐的戒指，后来还把它拿走了，她一边调皮地大笑一边说："你再也得不到它了！"只有罗德斯小姐谈论最简单的事情时，她才听得懂。罗德斯小姐想送给她一些书，但是找不到足够简单的适合她的阅读水平的。她说凯蒂确实非常可爱，只是急需合适的教育。听到这些我感到非常震惊，因为从您以前的来信不难判断，凯蒂是一个非同一般的女孩……

几天前我在兰瑟姆火车站遇见了汤米·斯特林格。他现在长成了一个高大、健壮的男孩。很快，他就需要一个男人来照顾他了。他的个头实在太大了，女士照顾起他来会感到力不从心的。他就要转到公立学校去了，据说他的进步很令人惊讶，不过，这些进步并没有表现在会话方面，至今他只会说"是"和"不"……

致查尔斯·T·考普兰先生

1900年12月20日

尊敬的考普兰先生：

请恕我冒昧地给您写信，因为我恐怕如果不向您解释一下我停止写论文的原因，您会认为我已经灰心了；或者为了逃避批评，像个胆小鬼一样从您的课堂上溜走了。请您千万不要有这些想法。我并没有灰心，也没有退缩逃避。我信心十足，我还可以继续写出像以前那样的论文，而且，我认为我还能以相当好的成绩通过考试，不过，这类"文学大杂烩"完全对我失去了吸引力。我从来没有对自己的功课满意过，在您没有给我指出之前，我从未意识到我的困难所在。自从我10月份走进您的课堂以来，我一直尽我所能和别的同学做得一样好，尽可能忘记自己身体的局限和所处环境的特殊性。然而，现在我终于明白了：其实一直以来我都是在做不适合自己的事，就像有人企图给一匹马套上一个不适合它的马车。

我一直以来都是机械地接受别人的观点和经验，总是认为花费时间和精力用心去观察和描述自己的经验是不值得的。因此，我决定从今以后，我要有自己独立的思想，我要活出自己，我要把我的所思所想诉诸笔端。一旦我能写出那种有感而发、立意新颖、值得您为之评论的东西，我一定会送给您请您批评指教的。如果我能写出这样的文章，并且能得到您的肯定，那我一定会很开心的；如果您的评判是否定的，那么我会锲而不舍地努力下去，直到您满意为止……

致劳伦斯·赫顿夫人

柯立芝大街14，剑桥，1900年12月27日

……想必您已经在报纸上看到了关于我们"课堂午餐"的报道。我不明白，报纸怎么什么事情都能知道呢，我确定当时并没有记者在场。总之，我度过了一段非常愉快的时光，烤面包和演讲都很令人开心。我

只讲了几句话,因为直到我发言的前几分钟,我才知道有我的发言安排。我想我应该写信告诉你,我已经被推选为拉德克里夫学院新生班副部长了。

我在上一封信中有没有告诉你我的新衣服?是件真正的晚礼服,低胸短袖长裙曳地。那件衣服是浅蓝色的,上面镶着同样颜色的薄纱花边。我仅仅穿过一次,但我觉得,即使是所罗门在他最辉煌的时候也无法与我媲美!无论如何,他绝不可能拥有我这样的衣服⋯⋯

一位住在费城的先生在刚刚写给老师的信中提到了一个巴黎的盲聋儿童,他的父母都是波兰人。据这位先生说,小孩的母亲是一位医生,很有才华。在因病丧失听力之前,这个小男孩能说两三种语言,现在他只有五岁大。可怜的小家伙,我真希望自己能为他做点什么。可是他太小了,我的老师认为如果把他和他母亲分开,那就太糟了。我还收到了一封肖夫人的来信,信中也提到了为这些孩子提供帮助的可能性。贝尔博士认为:最近的人口普查将会表明,单单在美国就有至少一千名盲聋哑儿童(而处于适合接受教育年龄阶段的儿童要少一些,但是对于这类有缺陷人群的教育被忽视了);而肖夫人则认为,假如所有具有爱心的朋友们联合起来共同努力,那么"在新世纪伊始,一条爱心之旅的新航线就很容易开通,拯救这些不幸儿童的行动就会实现⋯⋯"

致威廉·韦德先生

剑桥,1901年2月2日

⋯⋯顺便问一句,您那里可有英式布莱叶盲文的范本?就是那种专为失明不久,由于长时间的工作而手指僵硬,因而触觉不太灵敏的盲人印制的标准字模?我在一本英文杂志上看到了关于这套盲文系统的介绍,我急切地想对其进行更多的了解。假如这套系统确实像介绍的那样有效,那么全世界的盲人就没有理由不采纳这种系统。据介绍:这种盲文系统适合多种语言使用,甚至连希腊语也可以通过这种系统制成浮雕文字。同样的道理,"混合浮点系统"的文字转化效率也应该是很高的，而且，这种系统还可以节省大量的空间和纸张。我认为，世界上再也没有比同时使用五六种盲文更荒谬的事了。

下面这封信是回应《大同世界》杂志编辑的一项提议的——假如拥有足够多的订户，他们愿意为盲人把这本杂志印制成"凸字版"的。显然，盲人们应该拥有一本用"浮雕文字"印制的高质量的杂志，不但是一本专为盲人出版的刊物，而且是当时最好的月刊之一。虽然盲人群体并没有订阅能力，但是补足这份额外的开销并不需要太多的钱。

致《大同世界》杂志社

剑桥，1901年2月16日

纽约《大同世界》杂志社：

先生们，只有在今天我才挤出时间来回复你们有趣的来信。一只歌唱的小鸟已经把好消息送到我的耳朵里了；但是，由于这个消息直接来自于你们，我的快乐又加倍了。

将《大同世界》用"可以触摸的语言"印制，这的确是一个壮举。但是，我不能确定你们为盲人所做的善举是否能得到那些视力健全的忠实读者的理解。能够让人们了解到世人的所思所想、所作所为，以及人们的喜怒哀乐、成功与失败——杂志带给读者的这份喜悦是远非文字所能企及的。我坚信《大同世界》这种给那些生活在黑暗中的人们带来光明的善举一定会得到它应有的鼓励和支持的。

但是，我对"浮雕文字"版的《大同世界》能否获得大量的订户是持怀疑态度的。因为据我所知，盲人阶层是很贫穷的。如果有必要的话，为何盲人的朋友们就不能为《大同世界》提供些帮助呢？我相信，所有的爱心和援手都已经做好了准备，慷慨无私的思想必将化为高贵的行为。

衷心祝愿你们的计划能够顺利开展，这对于我以及我的内心世界都是非常珍贵的。

致爱德华·埃弗里特·黑尔博士

剑桥，1901年11月10日

我和老师都期待着出席明天的"豪博士百年诞辰"纪念会。但是我很怀疑到时候我是否有机会同您说话，所以我现在就给您写信，我想告诉您：您即将在大会上发言的消息令我多么的激动。因为我知道，相比其他人来说，您更能表达出那些因豪博士的帮助而获得了教育、机会和幸福的人们发自内心的感激之情。豪博士不仅开启了他们失明的双眼，还给他们缄默无声的嘴唇带来了语言。

如今，我坐在自己的书房里，"看着"周围琳琅满目的书，尽情享受着同伟人智者亲密无间接触的愉悦。我努力想象着：假如豪博士没能完成上帝交给他的伟大使命，那么我的生活又会是怎样的呢？假如他没能承担起让劳拉·布里吉曼接受教育的责任，没能把她从"冥河"（冥河在这儿暗指懵懂无知的状态）引向人类知识的海洋，如今我又怎么可能成为拉德克里夫学院的大二学生呢？当然，在这里对豪博士的伟大功绩妄加揣测纯属浪费时间。

我想，只有那些像劳拉·布里吉曼一样，被人从"无望的生活"中拯救出来的人，才能体会到在黑暗中孤独、幽闭的痛苦。被生活的无望困扰，就如一个没有思想、没有信念、没有希望的灵魂。对于描述那些正在承受牢狱之孤独，或者是逃脱囚禁的灵魂的喜悦而言，任何言辞都是苍白无力的。我们比较一下豪博士开始他的事业之前盲人的贫困和无助与此后的自强而独立，我们就会意识到在这期间我们取得了多么大的成就啊。如果身体的缺陷阻碍了我们对外部世界的感知，就好比在我们周围竖起了一座座高墙，那会怎么样呢？幸运的是，在我们的朋友和伸出援助之手的人们的帮助下，我们的世界向上升腾，它宽广而高远，直到天堂！

令人欣慰的是，豪博士的崇高行为将会赢得它应有的欣赏和赞誉。而这个城市就是他为人类而付出艰辛劳动和伟大胜利的战场。

在此，我谨代表我和我的老师送去最诚挚的问候。

您忠实的朋友
海伦·凯勒

致尊敬的乔治·弗雷斯比·豪尔先生

剑桥，马萨诸塞，1901年11月25日

尊敬的豪尔参议员：

很高兴您喜欢我的那封有关豪博士的信。这封信完全发自我内心的真情实感，也许，这就是它能够打动别人的原因吧。我要请黑尔博士把那封信借给我一下，以便于我能为您复写一份。

您知道，我一直使用一台打字机，可以说，它就是我的得力助手。没有它，我都不知道我怎么能上大学。我所有的论文和考试都是靠这台打字机来完成的，甚至连希腊语也不例外。说真的，这台打字机只有一个缺点，不过很可能被教授们看作优点，那就是，错误只要稍微瞟两眼就能看出来；因为使用打字机的话，你就没有办法用模糊不清的字体来掩饰错误。

我想当我对您说我对政治极其感兴趣时，您也许会觉得十分好笑。我很喜欢让别人读报纸给我听，我试图去理解当今社会上的重大的问题。不过，恐怕我的政治见解还很不成熟，因为我每读一本新书，就会相应地改变自己的政治观点。过去我常常想，假如我学习了公民政治制度和经济学，那么我所有的困难和疑惑就不存在了。可是，唉！我发现在这片知识的沃土上稗子比麦子还要多……

莎莉文教育手记

任性的小女孩

从学习服从和爱开始

打开智慧之门

与海伦的手交谈

生活是最好的老师

赞赏式的教育

教海伦学会读书

旺盛的求知欲

爱心的意义

神秘的大千世界

思考的颜色

同情心和正义感

在快乐中学习

可爱的小女孩

世界上最灿烂的笑容

任性的小女孩

1887年3月6日，到塔斯甘比亚的第三天

我到塔斯甘比亚是六点半，凯勒夫人和詹姆斯·凯勒先生正在等我。他们说已经派人接了两天的火车。从车站到他们的家大约有一英里的路程，一路上宜人的风景让人感到无比惬意。

凯勒夫人的年轻让我有些惊讶，她看上去比我大不了几岁。凯勒上尉在院子里迎接了我们，热情地同我握手。

"海伦在哪儿？"我急切地问。我竭力抑制着自己，因为想见凯勒的迫切心情让我激动得有些颤抖，几乎走不动路。

当我们走近房子时，我看见门廊里站着一个小女孩，凯勒上尉说："就是她，她整天好像知道有什么人要来，她妈妈去车站接你的时候，她就一直激动不安。"

我几乎无法挪动双脚走上台阶。她朝我冲过来，如果不是凯勒上尉在我身后，我几乎被撞翻在地。她用手摸我的脸、衣服，还把提包拿走并试图打开它。那个包并不容易打开，她仔细摸索，寻找是不是有锁孔。找到之后，她指着包，朝我做出用钥匙开锁的手势。

这时，海伦的妈妈制止了她，示意她不要碰那个包。当她的妈妈试图把包从她手里拿走时，她显得非常生气，脸涨得通红。为了转移她的注意力，我把我的怀表拿给她玩，她很快平静下来。我们一起走上楼，我打开了包。她迫不及待地在包里搜来搜去，大概是希望找到什么吃的东西。或许朋友们都会把带给她的糖果放在包里，她也盼着能从我的包里找到糖果。我指了指客厅里的一只箱子，朝她点点头，表示这是我的箱子，然后我做了吃的动作，又点了点头，示意她应该在箱子里找食物。她马上就明白了，迅速跑下楼激动地用手势告诉妈妈，箱子里有为她准备的糖果。过了几分钟，她又跑回来帮助我整理行李。她把我的帽子戴在头上，对着镜子照来照去，就好像能看见一样，滑稽的样子令人忍俊不禁。

大概受豪博士对劳拉·布里吉曼刚到学院时的描述的影响，我原以为会见到一个苍白、柔弱的小女孩。可苍白和柔弱根本同海伦不沾边，她身强体壮，面色红润，就像一头欢蹦乱跳的小马驹。在她身上，没有其他盲童身上常见的那种怯懦和焦虑不安，她身体健康，精力充沛。

凯勒夫人说，自从那场疾病夺走她的视力和听力后，她就再也没有生过病。

她头脑灵活，有自主决断的能力。她的容貌很难描述，看上去聪明伶俐，但缺乏灵气，似乎少了某种内在的东西。她的嘴巴很大，不过很好看。她的一只眼睛要比另一只大，并且明显地向外凸出，让人一眼就可以看出她是个盲人。她很少笑，自从我来到这里后，我只见到她笑过一两次。除了她的妈妈，她对任何人的爱抚都表现出冷淡或很不耐烦。她性情急躁而任性，除了她哥哥詹姆斯，没有人能管得住她。最令人棘手的是，我必须要找到一种训练指导海伦的方法，又不能破坏她的情绪。我想刚开始应该从点滴入手，慢慢先赢得她的信任。而不是强迫她，不过我会从一开始就坚持合理的服从。

海伦不知疲倦的性格让每个人都印象深刻。她几乎不能安静地待上片刻。一会儿跑到这里，一会儿又跑到那里，处处都有她的影子。每一样东西她都要摸摸，但没有任何东西能引起她长久的注意。可怜的孩子，她那不安的灵魂在黑暗中探寻摸索，她那无知的双手会把触摸到的一切破坏掉，因为除此之外，她不知道还有别的事情可做。

她帮我打开箱子，当她发现学校的女孩子们送给她的洋娃娃时，显得十分开心。这是教她学习第一个单词的好机会。于是，我慢慢地在她的手上拼写"d—o—l—l"（洋娃娃）这个词，一边指着洋娃娃一边点头，好像她对属于自己的东西常做的手势一样。只要有人送给她东西，她就会先指一指东西，再指一指自己，然后点点头。她对我的拼写有点迷惑，于是我又重复拼写了一遍。她像模像样地模仿我，再指指洋娃娃。随后，我拿开洋娃娃，打算等她学会了拼写再还给她。谁知她以为我要夺走娃娃，马上生气了，紧紧抓住洋娃娃想夺回去。我一边摇头一边试图拿住她的手指拼写，但是她变得越来越愤怒。我使出浑身力气把她按在椅子上，直至筋疲力尽。就在那一刻，我突然意识到这样斗争毫无用处，应该做一些事情来改变她的想法。我放开她，但是拒绝给她洋娃娃。

我下楼拿了几块蛋糕（她很喜欢吃甜食），向她示意，并在她手上拼写"c—a—k—e"（蛋糕）。她很想马上吃到蛋糕，我没有给她，又把单词拼写了一遍，还轻轻地拍拍她的手。这一次她很快重复拼写了一遍，我把蛋糕给了她，她很快吃了。

我又向她示意了洋娃娃，同时把单词又拼写了一遍，她拼写了"d—o—l"，我把最后一个"l"添上，然后把娃娃递给她，她拿着洋娃娃飞快地跑下楼去，可能是没有什么更吸引她的东西了吧，这一天她再也没有到我的房间里来。

昨天，我让她做一个针线板。我先做一条垂直的线，然后让她触摸板上的几排小孔。她兴致勃勃地做起来，几分钟后就完成了，而且做得很好。

我想我应该再教她一个新单词，我拼写了"c—a—r—d"。她先拼写了"c—a"，停下来想了想，然后她一边把我往门口推，一边做出要吃东西的手势，她的意思是我必须下楼给她拿一些蛋糕吃。显然，"c—a"这两个字母让她想起了星期五的课。这说明她头脑中有了"cake"是食品名称的概念，并因此建立了单词与物品之间的简单联想。于是我把"c—a—k—e"拼写完整，同意了她的要求，她十分高兴。随后我拼写了"d—o—l—l"这个词，并且做出四处搜寻的手势。她的双手感觉着我的每一个动作，知道我正在寻找洋娃娃。于是指了指下面，意思是洋娃娃放在楼下。

我做了刚才她让我给她拿蛋糕吃时的手势，把她往门口推。她向前走了几步，又有点犹豫。显然在想要不要去。最后，她决定派我去拿。我一边摇头，一边又用力拼写了一遍"d—o—l—l"。我为她打开门，但她固执地拒绝了我的建议。

她的蛋糕还没有吃完，我把蛋糕拿开，向她表明，如果她把娃娃拿来，我就把蛋糕还给她。她静静地站了良久，脸涨得通红，最后，还是吃蛋糕的欲望占了上风，跑下楼取来洋娃娃。当然，我也把蛋糕还给了她。但之后，我又无法让她回到我房间里来。

今天上午我写信的时候，她不时地在我身后跑来跑去，一会儿在信纸上乱摸，一会儿把手指伸进墨水瓶里，把信上弄了很多污点。后来，我想起了幼儿园小孩玩的穿珠训练，就让她把珠子都穿起来。

我先穿两个木珠，再穿一个玻璃珠，然后再让她触摸绳子和旁边的两盒珠子。她点点头，立刻开始把木珠子穿起来。我摇摇头，把珠子全部取下来，让她触摸两个木珠和一个玻璃珠。她仔细地检查了一下珠子，然后重新开始穿。这一次她先穿了一个玻璃珠，接着又穿了两个木珠。我又把珠子取下来，向她演示，应该先穿两个木珠，然后再穿一个玻璃珠。这次她再也没有出错，穿得又快又好。

穿完之后，她把绳子两端系在一起，然后把珠串套在了脖子上。穿好一串珠子时，由于我打的绳结不够大，刚穿上去的珠子很快就脱落了。她独自解决了这个难题，她把细绳穿过一个珠子，然后再系上一个扣，这样做非常聪明。

直到吃晚饭的时候，她还在兴味盎然地穿珠子玩，还不时地向我展示珠串，希望得到我的称赞。

从学习服从和爱开始

星期一，下午

今天早上，我和海伦之间发生了激烈的冲突。尽管我尽力不使矛盾激化，但我发现有时真的很难避免。

海伦的餐桌礼仪令人震惊。她把手伸到我们的盘子里拿东西吃，上菜时，她会抓住盘子，挑她喜欢吃的东西。

今天早上，我不让她把手伸到我的盘子里，她坚持要，于是，一场意志力的较量开始了。搅得全家人不得安宁，纷纷起身离去。

我锁上餐厅的门，继续吃早餐，气得我被食物噎住差点窒息。海伦躺在地上乱踢乱叫，还试图把椅子从我身下拖走。闹了半个小时，她爬起来想看看我在做什么，我让她知道我在吃饭，但不许她把手伸到盘子里。她就掐我，每掐一次，我就打她一巴掌。她围着餐桌走了一圈，想看看还有谁在。当她发现除我以外没有别人时，有些不知所措。

几分钟后,她回到自己的座位上用手吃早餐。我递给她一把汤匙,她一下子就扔到了地上。我把她从椅子上拽下来,逼她去捡勺子。最后,我终于把她按到椅子上,把勺子塞到她手里,强迫她用勺子吃饭。

接下来的短短几分钟,她屈服了,顺从而安静地吃完了早餐。随后,我们又在折叠餐巾这个问题上进行了另一场斗争。吃完早餐,她把餐巾往地上一丢就跑到门口,发现门锁着,她又开始乱踢乱叫。

我花了一个小时才让她把餐巾叠好,然后放她到温暖的阳光下玩耍。而我回到自己的房间,筋疲力尽地扑倒在床上,痛痛快快地大哭了一场之后,感觉才好一点。我想,我可能要和这个小妮子进行很多同样的战争,才能教会她两种基本素质:服从和爱。

塔斯甘比亚,亚拉巴马,1887年3月11日

我和海伦搬到了一所有花园的小屋里过起了"自力更生"的生活。这里距她家大约有四分之一英里远。离"常春藤绿地"——凯勒家族的田产,只有咫尺之遥。

之所以搬到这里住,是因为我发现在家人的包围之中,我没法教育海伦,他们对她姑息迁就,任她为所欲为。她对待所有的人都霸道妄为,她的母亲、父亲、仆人,和她一起玩耍的黑人小孩,没有人违背她的意愿,只有她的哥哥詹姆斯偶尔会不听她的使唤。

我来了以后,和所有暴君一样,她坚持行使为所欲为的神圣权力。假如她没能得到她想要的东西,她认为那是因为她没有能让她的臣子们领悟她的命令。每一次欲望受挫都会引起她大发雷霆。

随着年龄的增长和身体日益强壮,她的坏脾气也会变得越来越不可理喻。从我开始教她起就困难重重。不和她抗争,她是不会轻易屈服的。但是我不会哄着她,更不会向她做出妥协。为了让她做一些简单的事情,比如让她自己梳头、洗手或者系鞋带,都不得不使用强硬手段,于是就会出现一些不愉快的场面。她的家人就会出面干涉,尤其是她的父亲,他无法忍受她的哭闹,为了得到安宁,他们都愿意做出让步。而且,她过去的经验和由此产

生的联想对我不利，我心里十分清楚，除非让她学会服从我，否则让她学习语言或者其他任何技能都是痴人说梦。

我想了很多很多，想得越多，我就越相信"服从"是孩子通往知识、信任与爱的必经之路。

开始，我打算用对待正常儿童的方法来赢得她的爱和信赖。但是我很快发现，所有进入这个孩子内心世界的常规途径通通向我关闭了。事实上，她接受我做的一切，但她拒绝接受我的爱抚，没有什么事情能让她展露爱心、童心。凡事对她来说就是愿意或不愿意，然后就结束了，就这么简单。也就是说，我们会为了一项任务而制订计划，可当真正行动的时刻，却发现我们一直遵从的价值体系并不起任何作用。除了依赖某种本能以外，我们几乎无计可施。这种与生俱来的天赋我们不会轻易察觉，直到有了真正需要时，我们才会意识到它的存在。

我和凯勒夫人进行了一次开诚布公的谈话，向她解释目前情况下，要对海伦做些什么事有多么困难。我跟她讲了我的想法，这个孩子应该和家庭分开几个星期，至少让她学会信赖和服从我，这样我的工作才能有所进展。良久，凯勒夫人说她必须仔细思考一下，还要看看凯勒上尉有什么意见。凯勒上尉很痛快地同意了我的安排，建议我们去老宅第的花园小屋。他说海伦或许认识那个地方，因为她常去那里玩，但她对周围的环境并不熟悉。凯勒夫妇说，他们每天都会过来看望我们，当然，不能让海伦知道父母来过。于是，我用最快的速度收拾行装，迅速搬进了新家。

小房子就像天堂的乐园，它由一大一小两间屋子组成，大屋是正方形，里面有一个大壁炉和一扇宽大的飘台窗户，小屋子里住着我们的仆人——一个黑人小男孩。房子前面有一个走廊，上面爬满了枝繁叶茂的葡萄藤，拨开藤蔓就能看到远处的花园。一日三餐都由家里送来，我们通常会坐在走廊上吃饭。当我们需要取暖的时候，黑人小孩会照顾炉火，这样我就可以把全部精力放在海伦身上了。

刚来时，她显得异常兴奋，手舞足蹈，大喊大叫，几近癫狂状态。晚餐她吃得津津有味，看上去好像很愉快，不过她还是拒绝我碰她。

第一天晚上，她专心致志地玩洋娃娃。到就寝时间了，脱衣上床时她还很乖，但当发觉我也在床上时，她马上跳了下去，任凭我怎么劝，她都不愿再上床。我担心她着凉，坚持要她回到床上。我们俩之间发生了一场争斗，几乎持续了两个小时，我从来没有见过一个小孩子竟然有如此顽强的意志力。庆幸的是我比她的力气要大一些，而且，一旦我下定决心，我也会坚持到底。最后我终于把她弄到了床上，给她盖上被子。她蜷曲着身子，并尽可能地往床边靠。

第二天一早，她显得很听话，不过很显然，她开始想家了。她不时地跑到门口，好像盼望有什么人来，还不时地摸摸自己的脸颊，这是表示妈妈的动作，然后难过地摇摇头。

她更多的时间和洋娃娃待在一起，对我则不理不睬。看着她搂着洋娃娃，我感到既有趣又可怜。我并不认为她会对洋娃娃产生出什么特别的爱心，我从来没有见过她亲吻娃娃。但是一整天，她反复给娃娃穿衣脱衣，那样子就像她的妈妈和保姆照看她的小妹妹一样。

今天早晨，海伦给她最喜爱的洋娃娃南希喂牛奶，可能她以为喂得太多，难以吞咽吧，她突然放下杯子拍打洋娃娃的后背，还把娃娃翻转身子放在自己的膝盖上，她一边微微地颤动双腿，一边轻柔地拍打娃娃的身体。这个过程持续了好几分钟，随着好心情的消散，南希又被残忍地扔到了地上。但是，至少这个粉红脸蛋儿和满头绒毛的"家庭成员"曾受过这个小妈妈的精心照顾。

海伦已经认识好几个单词了，但是她还不知道怎么用，也不知道世间万物都有一个对应的名字。我以前曾说过，她聪明伶俐，如果悉心调教，很快就会学到很多东西的。

打开智慧之门

1887年3月13日

我的工作进展得很顺利。这两天来，我没有碰到任何麻烦事。海伦又学会了三个新单词，我给她东西时，只要是她学过的，她就很快能拼写出名字。不过，学习结束的时候，她似乎更加高兴。

今天早晨，我和海伦在花园里追逐嬉戏。一碰到黄杨树篱笆，她就知道自己所处的位置。她还做出很多我不明白的手势，显然，这些手势代表生活在"常春藤绿地"中的其他家庭成员。

1887年3月20日

今天早晨，我的心儿似乎高兴得在唱歌。奇迹发生了。知性的光芒照亮了小海伦的心灵，看哪，一切都在改变！两个星期前还跟个野孩子似的小丫头，如今已经变得温驯有礼。我写信的时候，她就坐在我身边，用苏格兰羊毛编织着一条红色的围巾，表情宁静而愉快。

这个星期她学会了编织，并为此感到自豪。当我们成功地编好一条围巾后，她就会拉着线团穿过屋子，一边拍着自己的手臂，一边把手中的"第一件作品"轻轻地贴在脸蛋上。

现在她允许我亲吻她了，当她特别乖巧的时候，还会在我腿上坐上一两分钟。她还不会回吻我，但这是一个巨大的进步，这个小家伙已经学会了服从，而且她发现做到听话其实很容易。剩下的就是发掘潜藏在儿童内心世界里的聪明才智，这要令人愉快得多。

海伦的变化引起了人们的关注。她的父亲会每天早晚上下班时顺便来探望我们，当他看到海伦穿珠子，或者把针线板上的针摆放整齐时，惊呼："看她多安静啊！"

刚搬来时，她的出格举止的确引人注意，让人感到她身上有些异常乃至古怪的东西。后来，我注意到她吃得越来越少，这让她的父亲十分担心，他想把海伦接回家，他说她一定是想家了。虽然我不同意他的看法，但是我想我们很快就要离开我们的天堂乐园了。

这个星期海伦又学会了好几个名词。分清"m—u—g"（杯子）和"m—i—l—k"（牛奶）让她费了不少劲。当她拼写"milk"时，常指向水杯，而拼写"mug"时又做出倒水和喝水的手势。显然，她把这两个单词弄混了。

另外，她仍然弄不清楚每件东西都有一个名字。

昨天，给海伦上课的时候，我把黑人小男孩也叫了进来。这让海伦非常高兴，也激起了她要超过珀西的好胜心。当珀西犯错误时，她显得很开心，并让他拼写好几遍。当珀西的拼写让她满意时，她就会拍拍珀西长满鬈毛的头。珀西的一些小错误显然是故意为之，我想，这也许是为了让海伦高兴吧。

还是这个星期，有一天凯勒上尉带着贝拉来看我们，这是一只令他引以为豪的塞特种猎犬。他想看看海伦还能不能认出她的老伙伴。海伦正在给南希洗澡，起初没有注意到狗。她通常会觉察到最轻微的脚步，然后伸出胳膊探知是不是有人靠近她。

贝拉似乎并没有引起海伦的注意，大概半分钟时间，海伦似乎嗅到了什么，她把洋娃娃往盆里一丢，然后就在屋里四处摸索。终于，她在窗子边摸到了正蜷缩在地板上的贝拉。她显然认得这条狗，紧紧搂着贝拉的脖子。随后，她挨着狗坐下来，摆弄起贝拉的爪子。我们略微愣了片刻，搞不懂她在做什么。但是当我们看到她用自己的手指拼写出"d—o—l—l"时，我们才明白她在教贝拉认字。

1887年3月28日

昨天，我和海伦回家了。很遗憾，他们没能让我们再待上一个星期。不过，我们已经尽最大努力利用了过去的两个星期，而且，我和海伦之间也不会再有什么大的麻烦了，前进道路上的最大障碍已经越过了。

我用摇头或点头所传达出的"不"和"是"，在海伦眼里已经变成了像冷和热或者痛苦和愉快之间的差别一样清楚，她已经接受了这样的观念。

如果说她的学习进步必须以痛苦和烦恼为代价，那么，我并不愿意看到这种情况发生。我要在海伦和她姑息放纵的父母之间站稳立场，我已经向凯勒先生和凯勒夫人表明，他们不能以任何方式干涉我。

我苦口婆心地解释就是想让他们明白，如果由着海伦的性子为所欲为是多么糟糕的行为。我告诉他们，教育孩子，不能任何事情都听之任之，这对于孩子和老师都不是一件愉快的事。

他们同意让我放手去做，并尽可能地帮助我。他们在孩子身上看到的进步使他们对我更有了信心。当然，这也是一个艰难的抉择，看到自己的小孩不但要经受磨难，还要被严格管教，家长自然会感到心疼的。

就在我们谈话之后的几个小时（他们同意了我的一切要求），海伦突然冒出一个想法：她不愿意在就餐时使用餐巾了。她大概是想借此试探一下会产生什么样的后果。我几次把餐巾围在了她的脖子上，都被她扯下来扔到地上。后来，她开始踢桌子。我把她的盘子拿开，把她带出了房间。但是她的父亲坚决反对，认为任何理由都不能剥夺孩子吃饭的权利。

晚餐过后，海伦没有来我的房间，直到第二天早餐时我才看见她。我下楼时，她已经坐在自己的座位上了。这一次，她没有把餐巾别在背后，而是搭在了自己的胸前，这也是她以往的习惯。她提醒我注意她的新"方案"，看到我并没有反对，她显得挺高兴，还用手拍了拍自己。

吃完饭离开餐厅时，她拉过我的手轻轻拍打。我猜想她是不是在表示"和解"。不过，我想我应该借机重申一下"迟来的规矩"。我回到餐厅取了一条餐巾。海伦上楼来上课时，我像往常一样在桌子上摆放了几样东西，只是少了蛋糕。平时，当她把单词拼写得又快又准确时，我总会给她一小块蛋糕作为奖励。果然，她马上发现了异样，并做出要蛋糕的手势。

我向她出示了餐巾，并把餐巾围在了她的脖子上，紧接着，又把餐巾扯下来扔到地上，同时摇摇头。我把这个过程一连重复了好几遍。我想她已经完全明白了我的意思，因为她拍了几次手，还连连摇头。于是，我们像平时一样开始上课。我给了她一样东西，让她拼写出名称（现在她已经知道了十二种物品的名字）。拼到一半，她突然停了下来，好像突然想起了什么事情，她摸到了餐巾，然后把餐巾围在了自己的脖子上，做出要蛋糕的手势（你看，这本不该发生在她拼写单词的时候）。我把她的举动看作一种承诺——只要我给她蛋糕吃，她就会变成一个乖女孩。于是，我给了她一块比平时大得多的蛋糕，她满意地拍拍自己，发出了咯咯的笑声。

1887年4月3日

我们大多数时间都生活在花园里，周围的事物生机盎然。早餐过后，我们会去外面看人们工作。海伦和其他孩子一样也喜欢挖土和玩泥。今天早上，她把洋娃娃种植在地上，然后告诉我，她希望娃娃能长得像我一样高。她非常聪明，还有很多鬼心眼儿。

上午十点，我们回到屋子里穿了一会儿珠子。现在，她不但能穿出很多花样儿，还经常自己发明一些新玩法。随后，我让她自己决定是做缝纫还是做编织。

她学编织学得很快，正在为她的妈妈织一条围裙。上个星期她还给洋娃娃织了一条围裙。她编织的东西和同龄人编的一样好。我想，缝纫和编织大概是魔鬼的发明。我宁愿凿石铺路做苦工，也不愿意给一块手帕缝花边。不过，当一天的工作结束时，我仍然感到很开心。

十一点，我们开始上体操课。她知道所有的手部动作和哑铃操。她的父亲说要在水房辟出一块地方专门供海伦健身用。不过，相对于规规矩矩的体操，我们俩更喜欢无拘无束地嬉戏。

十二点到下午一点是学习新单词的时间，不过，你千万不要认为这是我教海伦拼写的唯一时间。从早到晚，我随时都会把我们所做的事情拼写在海伦的手上，尽管她并不完全理解其中的意思。

午餐后，我休息一个小时；而海伦不是和洋娃娃玩，就是跑到院子里和黑人小孩嬉戏。在我来之前，这几个黑人小孩一直是她的小伙伴。后来，我也会加入其中，我们绕着一所所房子闲逛，看看马厩里的马匹和骡子，搜寻草丛里的鸡蛋，喂喂火鸡。

如果天气好，我们经常在下午四点到六点之间骑车外出，去"常春藤绿地"海伦的姑姑家，或者去城里看望她的表兄妹们。海伦天生喜欢热闹，她愿意人们围着她转，她自己也喜欢走亲访友。大概是由于他们总会为海伦准备一些她爱吃的东西的缘故吧。

晚餐过后，我们会在我的房间里找些杂事做，直到八点，我帮这个小家伙脱去衣服，哄她上床睡觉。她现在和我一起睡，凯勒夫人想为她雇一个保姆，但我认为我就是海伦最好的保姆，我要比那些随便找来的又蠢又懒的黑婆娘强得多。我喜欢海伦凡事依赖我，愿意手把手地教给海伦一切知识，而且我发现，利用零散时间教她认字要比固定时间教她认字容易得多。

截至3月31日，海伦已经认识了十八个名词和三个动词。以下就是她所掌握的单词，后面打叉的单词是她主动要求学的：doll（洋娃娃），mug（杯子），pin（别针），key（钥匙），dog（狗），bat（木棒），cup（酒杯），box（盒子），water（水），milk（牛奶），candy（糖果），eye（眼睛），finger（手指），toe（脚趾），bead（珠子），cake（蛋糕），baby（婴儿），mother（母亲），sit（坐），stand（站），walk（走）。仅4月1日一天，她就学会了knife（刀子），fork（餐叉），spoon（勺子），saucer（碟子），tea（茶），papa（爸爸），bed（床），还学会了动词：run（跑）。

与海伦的手交谈

1887年4月5日

海伦终于知道了每一种东西都有一个名称，而手语是使她知晓这一切的钥匙。

"mug"（杯子）和"milk"（牛奶）这两个词给海伦带来的麻烦最大。显然，她把这两个名词和动词"drink"（喝）搞混了，她不知道"drink"所代表的意思是什么。因为，每当她拼写"mug"或者"milk"的时候，我总是通过"喝水表演"来向她解释。

今天早晨，她洗脸的时候很想知道"水"的名字是什么。当她想知道一个东西的名字时，就会一边指着那个东西，一边拍拍我的手。于是，我就在她手上拼写了一遍"w—a—t—e—r"（水）。吃完早餐，我突然心头一动，心想，说不定"水"这个新词，可以帮助她弄清"mug、milk"的难题。

我们来到了水房。抽水的时候，我让海伦拿着水杯等在喷水口前。冰凉的水流汩汩地喷涌而出，灌满杯子，我马上在海伦的另一只手上拼写出了"w—a—t—e—r"。在冰凉水流的浸润下，这个单词的真实感似乎令她为之一震。杯子从她手中跌落，她像被人施了魔法一样怔怔地呆立在那里，脸上出现一道全新的光彩。她把"water"一连拼写了好几遍，然后蹲在地上，指着水泵和旁边的棚子架问它们的名字。突然间，她转过身来问我叫什么名字。我为她拼写出了"teacher"（老师）。这时，保姆抱着海伦的小妹妹来到水房，海伦一边指着保姆，一边拼写出了"baby"这个词。

回家的路上，她异常兴奋，她学会了接触过的每一件物品的名字。在短短几个小时之内，海伦的词汇表里又增加了三十个新单词。比如：door（门），open（开），shut（关），give（给），go（去），come（来），还有很多其他单词。

第二天早晨，海伦就像一个容光焕发的小仙女，她的手轻轻地掠过一件件物品，不停地问着每一样东西的名字，兴高采烈地对我又亲又吻。昨晚我刚一上床，她就悄悄地钻进我的怀里，还破天荒地吻了我。当时，我激动得心都快蹦出来了。

生活是最好的老师

1887年4月10日

每天，不，几乎是每小时，我都能看到海伦的进步。无论去哪里，她都热切地问这问那，尤其是那些她在家里没学过的东西。她渴望朋友们教她拼写新单词。她逐渐放弃了令人困惑的手势、哑语，这些新词汇完全能够表达出她的真情实感。每学一个新的单词，都给她带来莫大的欢乐，她的表情一天比一天生动丰富。

我决定暂时不为海伦开设正规课程，把她当作一个两岁大的小孩子来对待。几天前我还在想，让一个词汇量不足的孩子在固定的时间前往固定的地点，背诵固定的功课，这种做法是不合理的。

给海伦上完课后，我坐在那里问自己："一个正常的孩子是怎样学习语言的？"答案很简单："模仿。"孩子都有与生俱来的学习能力，只要外界有足够的刺激，他就能自我学习。看到别人做什么事，他会学着做，听到别人讲话，他也学着去说。在他开口说出第一个单词之前，他就已经能听懂别人所说的话了。

最近我一直在观察海伦的小表妹。她才十五个月大，可已经能听懂很多话了。她会乖巧地指出自己的鼻子、嘴巴、眼睛、下巴、脸蛋儿和耳朵。如果我问她："宝宝的另一只耳朵在哪里呀？"她就会准确无误地指出来。如果我拿一枝花对她说："把这个送给妈妈。"她就会把花递给她的母亲。如果我问："小淘气鬼在哪里呀？"她就会藏到母亲座椅的背后，或者用双手蒙住自己的脸，十分调皮地从指缝中间偷偷地看着我。她也懂得服从，比如"过来"、"亲一下"、"去找爸爸"、"把门关上"、"给我拿一块饼干"。虽然她已经听人们成百上千次地重复这些话，而且显然听得懂这些话，但是，我从来没有听她说过这些简单的词汇。

这些观察给了我如何教育海伦一些有益的启示。应该把海伦当作具有模仿和吸收能力的普通儿童，就像对着小孩的耳朵说话一样，我可以通过手写，用完整的句子同她"说话"，必要的时候，再加上手势补充表达我的意思，但是不能把她的思维固定在某个范围内。我应该尽我所能启发她，激发起她的求知欲，然后看看结果会如何。

1887年4月24日

新计划非常有效，海伦已经掌握了一百多个单词，她每天都信心十足地学习新东西，取得的进步简直令人惊奇。

她的学习几乎是一种本能，就和鸟儿要学习飞翔一样。不过，你不要以为她已能够像同龄的孩子一样自由地讲话了。就像她的小表妹一样，她用单个词语来表达整句话的意思。她说"牛奶"，再加上一个手势，表示"再给我加一些牛奶"，她说"妈妈"，脸上做出询问的表情，意思是"妈妈在哪里"，"去"表示"我想出去"。

假如我在她手上拼写"给我一些面包"，她就会递给我一些面包。如果我说"戴上你的帽子，我们要出去散步"，她立刻照做。如果只写"帽子"和"散步"这两个词，效果也是一样。完整的句子如果在一天之内重复多次，就能在她的大脑中留下印象，渐渐的，她就会自己使用了。

我们经常玩一种小游戏，这个游戏对于智力开发很有帮助，而且，它还附带达到了学习语言的目的。这个游戏改编自"藏顶针"。

我先把一些东西藏起来，比如一个毛线球或者一个线轴，然后再去寻找。两三天前，我们第一次玩这个游戏时，她的机灵劲儿一点儿都没有表现出来。她会在一些根本不可能隐藏毛线球儿和线轴的地方搜寻。比如，我藏一个毛线球儿，她却在写字板下面找；我藏一个线轴，她又会在一个不足一英寸长的小盒子里乱摸。她自己也兴致索然，很快就放弃了寻找。现在，我已经能够让她保持一个多小时的兴趣。她也越来越聪明，越来越灵活。

今天上午，我把一块饼干藏了起来。她找遍了所有能想得到的地方，都一无所获。失望之余，她好像突然想起了什么，跑到我面前，让我张大嘴，仔仔细细地探查一番，没有发现饼干的踪迹，她就指指我的肚子，拼写出"吃"这个词，意思是："你是不是把它吃了？"

星期五我们去了城里，遇到了一位先生，他送给海伦一些糖果。海伦吃了些，把剩下的一小块糖装进了围裙兜里。回到家，她主动找到她妈妈说："给宝宝糖吃。"凯勒夫人向她拼写道："不，宝宝吃，不。"海伦就跑到摇篮边，摸摸米尔德莱德的嘴，又用手指着自己的牙齿。凯勒夫人在她手上拼写出了"牙齿"这个词，海伦却连连摇头，写道："宝宝牙齿，没有，宝宝吃，不。"意思再明白不过："宝宝没法吃，因为她没有牙齿。"

1887年5月8日

现在，我已经不再需要那些"幼儿园式"的启蒙教材了。最初我使用串珠、卡片和麦秸之类，因为我不知道还能做些什么。但是现在来看，这类启蒙性的训练已经不再需要了。

我现在开始怀疑所有经过精心设计的教育方法，它们似乎是建立在一种假定的基础之上，即每一个孩子都是白痴，必须有人教会他们如何思考。然而，假如让孩子自己学习，他们一定会学得更多更好。

让孩子自由地往来，让他们去接触一切真实的事物，让他们自己把印象联系起来，融会贯通，而不是让孩子们围坐在屋子里的一个小圆桌旁，由一个声音甜美的老师来告诉他们用积木建成一堵石墙，或者，用彩色纸条做一道彩虹，或者，让他们在花盆里种稻草。这种填鸭式的教育方法，只能在孩子的头脑中造成虚假的联想，只有让他们通过实际体验才能培养他们独立思考的能力。

海伦学习形容词和副词和她学习名词一样容易。她的思想始终领先于词语一步，很早以前，她就会用手势表示"小"和"大"了。如果她想要一件小一点的东西，而人们却给了她一个大的，她就会摇摇头，然后捏住拇指和其他手指之间的一小块皮肤。如果她想表明某个东西是大的，她就会把双手的手指尽量向外伸展，然后再把两只手合在一起，就好像抱住一个大球一样。

有一天，我用"小"和"大"这两个词代替了她的手势，她很快就接受了，而且放弃了原来的手势。现在，我可以让她拿给我一本大书或者一个小碟子，可以让她慢慢地上楼，或者跑快些，走快点儿。今天早上，她第一次使用了"and"（和）这个连词。我告诉她关上门，还补充道："并锁上。"

几分钟之前，她情绪激动地跑上楼来。起初我并不知道发生了什么事情，她不住地拼写"狗，宝宝"，伸出五个手指，一个个指过去，她还连连吸吮它们。我的第一个念头是，是不是狗咬了米尔德莱德，但是海伦喜气洋洋的表情消除了我的担心。

我随她下楼看个究竟，在水房的角落里，一条塞特犬和五只可爱的狗宝宝正挤在一起！我一边教她拼写单词"puppy"（小狗），一边拉着她的手触摸小狗；当小狗吮吸时，我把她的手放在他们身上，又拼写出"puppies"（小狗狗们）。

海伦对哺乳的过程非常感兴趣，写了好几遍"妈妈，狗"和"宝宝"。她发现小狗的眼睛是闭着的，于是就拼写道："眼睛，闭上，睡觉，不。"她的意思是："虽然小狗闭着眼睛，但是它们并没有睡觉。"当这些个小家伙一边唧唧尖叫一边奋力挣扎着往妈妈身边挤时，海伦高兴得尖叫起来，她拼写道："宝宝，吃得大。"我猜她的意思大概是"宝宝们吃得很多"。

她一个接一个地指指小狗，又指指自己的五个手指，于是，我教她拼写

"五"这个单词。她伸出一根手指说"宝宝",我知道她是指米尔德莱德,于是我拼写道:"一个宝宝和五只小狗。"

她和小狗玩了一会儿,突然想起,小狗们也应该像人一样有自己的名字,她想知道每一只狗的名字。我对她说可以去问她的爸爸,她却说:"不,妈妈。"显然,她认为母亲更有可能了解孩子的生活起居。

她注意到其中一只小狗的个头明显小于其他小狗,于是她一边拼写了"小",一边做出相应的手势。我说"非常小",她马上就明白"非常"是一个需要记住的新单词。

在回家的路上,她不时地用"非常"这个词,用得都很正确。一块石头是"小的",另一块石头"非常小"。当她触摸自己的小妹妹时,她说:"宝宝,小;狗狗,非常小。"接着,她走路的步伐也开始忽大忽小起来,她把小碎步称做"非常小"。现在,她正在屋里走来走去,仔细地检查房子的每个角落,想把学到的新词用在各种东西上。

自从我放弃了常规授课的想法之后,海伦学习的速度更快了。我相信,老师们殚精竭虑地发掘儿童的智力,为孩子们播种知识,只不过是为了获得"种植"的满足感,这种做法是应该被摒弃的。我想不妨这样看,孩子们都有扮演好自己的角色的能力,所以,你播下去的种子一定会在合适的时间开花结果的。无论如何,这对儿童来说是公平合理的,而且,你也可以省却很多不必要的烦恼。

赞赏式的教育

1887年5月16日

我们每天早餐之后都会出去散步。这天天气晴朗,空气中弥漫着草莓的芳香。我们的目的地是田纳西河边凯勒家的码头,这里离家大约有两英里。我们从来不去想我们是怎么到那里的,也没有想过要待多长时间,这增加了我们的乐趣,就好像遇到的都是新奇而陌生的景物,事实上,直到现在,我都觉得我从未见过任何东西。

一路上，海伦问这问那。我们追逐蝴蝶，偶尔还会捉住一只。然后，我们会在一棵大树下，或者一片灌木丛的阴影中坐下来研究它、讨论它。如果下课时蝴蝶还活着，我们就把它放生。但是通常情况下，它的生命和美丽会成为我们学习的牺牲品。但从另一种意义上来说，它转变成了活生生的思想，难道这不是另一种形式的永生吗？这是多么奇妙的想法啊！海伦每学习一个新词，似乎都附带学到了更多，通过这种持续不断的刺激，她的智力和思想一刻不停地成长着。

凯勒家的码头在内战期间曾用于军队登陆，现在已经荒废很久，破败不堪，长满了苔藓和杂草，荒凉僻静让人产生出梦幻般的感觉。码头附近有一个美丽的小喷泉，海伦称之为"松鼠的水杯"，因为我对她说过松鼠们常常到这里来喝水。她触摸过松鼠、兔子和其他野生动物的尸体，非常想见到一只会"走路的松鼠"。我想，她真正的意思应该是想看看"活的松鼠"。我们通常在午餐时间回家，海伦会急切地把她看到的一切讲给母亲听。

将别人告诉过她的事情复述的愿望是海伦智力发展的显著进步。在学习语言方面，这也是一种非常宝贵的刺激因素。我请求她的朋友，希望他们鼓励海伦把自己的经历讲给他们听，并尽可能地对她的每一个小小的进步都表现出好奇和欣赏。这种做法既满足了儿童被认可的愿望，又能保持了他们对外界的求知欲，也是进行实质性交流的基本原则。

当然，她也犯了不少错误，比如曲解单词和词组，说话时本末倒置，经常在动词和名词之间纠缠不清。不过，这些错误听力正常的孩子们也常会犯。我相信，这些困难最终都会被克服的，想要说话的冲动才是至关重要的。当她忽略或遗忘了什么事情的时候，我就会不时地用单词或句子提醒她，这样，她的词汇量才会迅速增长，而这些词汇又带给她新的思想，而世界正是由这些思想和词汇组成。

1887年5月22日

我每天的工作越来越有趣，也越来越有意义。海伦真是一个非常优秀的孩子，她的求知欲强烈，在不到三个月的时间内，她已经掌握了大约三百个单词和很多习惯用语。

观察一个人的出生、成长，以及最初在愚昧与智力之间的痛苦挣扎，这是十分罕有的机遇，而我遇到了，上天给我这个机会，让我唤醒、引导这个人的聪明才智。

假如我能更好地肩负起这个伟大的使命该多好，我越来越感到力不从心。我有很多想法，但是我却无法付诸实施。我的思想散漫无章，一些想法在黑暗的角落里挤成一团，左冲右突。我多么想把它们安排得井然有序啊！哦，要是有人帮帮我该多好啊！就像海伦一样，我也需要一位老师的指引。

我深知，对这个孩子的教育将成为我一生中最瞩目的事，假如我有能力和毅力。有一件事情我下定了决心：海伦必须要学会读书。事实上，我们俩都应该学会读书，这种想法提醒了我，让阿纳戈诺斯先生帮我找佩雷兹和萨利的心理学著作，它们会对我有所帮助和启发。

我们每天都上阅读课。通常，我会把海伦已经知道名字的东西放在房子附近的一棵大树下，然后，我们会花一两个小时去找出来，以这种方法温习海伦学过的单词。我们把它当成一种游戏来做，看看谁找得快。

海伦用手指，我用眼睛。在她已掌握的词汇的帮助下，我解释的新单词她都能听懂学会。当她的手指触摸到一个认识的单词时，她就会高兴地尖叫起来，还抱着我不住地亲吻。假如她认为把我打败了，她的样子尤其兴奋。

在短短的一个小时之内，以这种愉快的方式，她学到的词汇数简直叫人吃惊。随后，我会用新词组成短句。偶尔，我也会用这些词给她讲一个小故事，一只蜜蜂、一只小猫，或者是一个小男孩什么的。现在，我可以让她做很多事情——上楼、下楼、出门、进屋、锁门、开门、拿来、送去，以及坐、站、走、跑、躺下、爬行、翻滚、攀爬。

她喜欢表示动作的词，所以教她学动词没有丝毫困难。此外，她时刻都准备学习新的东西，对知识的渴求令人欢欣鼓舞。每当掌握一个句子时，她就像一个攻克了敌人要塞的将军一样喜气洋洋。

海伦总想毁坏东西的坏习惯一直难以纠正。如果她发现有什么东西挡住了去路，她就会一下子把那东西扔在地上，从来不问那东西是什么，不论是玻璃杯、水壶，还是提灯，她都照扔不误。她有许多洋娃娃，可以说，每个娃娃都曾在她的盛怒或者厌倦之下被撕扯摔打过。有一天，一位从孟菲斯来的朋友给她带来了一个新的洋娃娃。我打算利用这个机会，让海伦明白随意毁坏东西是不对的。

我让她敲打洋娃娃的头，接着，我对她拼写道："不，不，海伦真淘气，老师很难过。"然后，我让她触摸到我脸上的悲伤表情。同时，我又让她一边爱抚洋娃娃，一边亲吻洋娃娃受伤的地方，我还让她把洋娃娃轻轻地抱在怀里，对她拼写道："乖海伦，老师很高兴。"并让她触摸我脸上的微笑表情。她接连将这些动作重复了好几遍，然后，一脸困惑地站了一会儿。突然，她似乎豁然开朗，一边对我拼写"乖海伦"，一边故意做出一个大大的笑容。随后，她把洋娃娃拿到楼下，把它放在衣橱的顶层，再也没有碰过它。

教海伦学会读书

1887年6月2日

这里的天气非常炎热，很久没有下雨了。大家都为海伦担心，她最近一直躁动不安，食欲不振，甚至晚上也睡不着觉，我们不知道如何是好。医生说她的思维过于活跃，但是我们怎么能阻止她思考呢？每天早上一醒来就开始拼写单词，一整天都写个不停。如果我拒绝和她讲话，她就会在自己的手心里写，显然，她沉浸在自言自语的状态里。

我把我的盲文写字板拿给她玩，希望这个可以在纸上刺出小孔的机械装置会引起她的兴趣，让她平静下来。但我震惊地发现，这个小魔女竟然在上面写起了信！我不知道她是否真的知道信是什么东西。我经常带她去邮局寄信，还常把信中的内容转述给她。她也知道我有时候会在写字板上给小盲女们写信，但是我并不相信她真的明白写信是怎么一回事。

一天，她递给我一张上面打满孔的纸，让我装进信封然后送到邮局。她对我说："弗兰克，信。"我问她都给弗兰克写了些什么，她说："许多话。小狗妈妈，五只。宝宝，哭。热，海伦散步，不。太阳着火，坏。弗兰克，来。海伦，吻弗兰克。草莓，很好吃。"

海伦的阅读欲望和她说话的欲望一样强烈。我发现她已经能够抓住句子的重点，还能联系上下文推断自己没学过的单词的意思。她的求知欲表明她的思想正向外界延伸，并产生了非同寻常的影响。

一天晚上，我上床就寝时，发现海伦已经睡熟，怀里还紧紧抱着一本书，看样子，她看书的时候睡着了。第二天一早，我问她看了什么，她回答说："书，哭。"为了表达清楚，她还颤抖着做出害怕的手势。我教她拼写"害怕"这个单词，她说："海伦不害怕，书害怕，书会和女孩一起睡。"我告诉她书不会害怕，它们要在书架上睡觉，而女孩不能在床上看书。她一副顽皮的模样。显然，她知道我已经看穿了她的诡计。

我内心深处有一个声音告诉我，我一定要实现自己的梦想。我并不是凭空冒出这几乎不可能实现的荒谬想法，我认为对海伦教育取得的成就一定会超越豪博士的。海伦有着出众的能力，我相信我能发掘她的潜力。我不知道自己怎么会有这个想法，不久前，我对如何开展工作还没有什么头绪。我在黑暗中摸索前行，但不管怎么说，我知道自己在做什么，知道做这些事情的意义，但我无法解释。当困难来临时，我不再手足无措，或犹豫不决，我知道如何解决，我似乎能够察觉海伦的特殊需求，这种感觉真是神奇。

人们对海伦产生了强烈的兴趣，凡是见到她的人都对她留下深刻的印象。她不是一个普通的孩子，人们对她接受教育的兴趣也不是普通的兴趣。所以，用多么详尽的笔墨来描述她都不为过。

1887年6月5日

炎热的酷暑令海伦无精打采，灼热的鬼天气几乎把人都烤化了。昨天下午，海伦脱掉衣服坐在窗边看书。当太阳照到窗子的时候，她立刻起身关闭了窗子。但是阳光依旧。她一脸沮丧地跑到我身边，对我写道："太阳是个坏男孩，太阳应该去睡觉。"

她现在可是一个聪明伶俐的小丫头，简直可爱极了！有一天，我想让她去拿一杯水，你猜她说什么："腿很累，腿哭得很厉害。"

今天上午，她对小鸡破壳而出产生了浓厚的兴趣。我让她把一个蛋壳握在手里，感觉小鸡喳喳的啄壳声。当她发现蛋壳中竟然藏着一个小动物时，她的惊讶几乎无法描述。孵蛋的母鸡很温驯，对我们的研究并没有提出抗议。除了小鸡，我们还增添了好几位新成员：两只小牛犊、一匹小马驹，还有一窝可爱的小猪崽。如果你看到我抱起一头吱吱尖叫的小猪崽的样子，你一定会乐的。海伦把小猪全身都摸了个遍，问了我无数个问题，每一个问题都不是那么容易回答的。看完了小鸡破壳而出后，她问道："猪宝宝也是从蛋壳里出来的吗？那么多蛋壳都到哪里去了？"

海伦头部的周长是二十点五英寸，我的是二十一点五英寸。看，我的头只比海伦的大了一英寸！

1887年6月12日

天气依然炎热。海伦还是老样子：苍白而瘦削。不过你不要以为她真的生病了。我相信，是炎热的天气造成她现在这个样子，而不会是她天生聪明活跃的大脑出了问题。当然，我是不会让她负担过重的。一些自认为对上帝所忽略的世界充满使命感的人们常常困扰着我们，他们说海伦是在"超负荷运转"，她的思维过于活跃（恰恰是这些人，在几个月之前还认为海伦根本没有思维），然后提出很多荒谬而不切实际的歪点子。好在迄今为止，还没有人想到麻醉她这一招，我想，这是阻止她进行思维训练的唯一有效方式。很奇怪人们总是会无根无据地提出忠告，无论有多少次经验证明他们是错的，他们仍旧滔滔不绝地发表着自己的意见，好像是全能的上帝要他们这样做的一样！

我教海伦方块手语字母供她解闷，这样可以让她保持平静，不至于无事可做。在令人萎靡不振的天气里，安静地坐在那里是比较合适的选择。她对数数已经到了痴迷的程度，她把房子里的每一样东西都数了个遍，现在，正忙着数识字课本上的单词呢，但愿她不会去数自己的头发。如果她能看能听，我想，她大概就不会用增加大脑负担的方式来发泄过剩的精力了。正常的孩子有时也把自己的游戏看得那么认真，比如，幼儿园的孩子们可以一圈圈玩驾驶"纽约飞人"的游戏，画出工程师也想不出来的马蹄形曲线，把心思全部放在他们的玩具火车上。

刚才，海伦焦急地走过来对我说："女孩，数不了很大（多）的单词。"我对她说："不数了，去和南希玩吧。"这个建议并没有让她高兴起来，她回答说："不，南希病得厉害。"我问她得了什么病，她说："很多牙齿让南希病了。"（米尔德莱德正在长牙）

有一天，我不经意地告诉她，缠绕篱笆的藤蔓是一条"爬虫"。她觉得十分有趣，于是立刻寻找自己的动作和那些植物之间的相似之处。她不停地跑，爬行，单脚跳，蹦，弯腰，蹲下，攀爬，旋转。还淘气地对我说她是一个"会走路的植物"。

昨晚，海伦想故意惹我生气。当我给钟表上好发条后，她就开始转起了圈子，她一边转圈一边不停地拼写："拧得快，拧得慢。"显然，她对自己的小把戏很是得意。

1887年6月15日

昨晚下了一场暴风雨，今天感觉特别凉爽，大家精神全都为之一振，仿佛痛痛快快地冲了个淋浴。海伦也变得活蹦乱跳，她想知道，轰隆隆的雷声是不是有人正在朝天空开枪，树木和花草是不是会喝光所有的雨水。

旺盛的求知欲

1887年6月19日

我的"小弟子"一如既往地保持着高涨的学习热情。她醒着的每一分钟都在努力满足着自己的求知欲。她的脑袋一刻不停地运转着，我们都为她的健康感到担心。不过，经历了几个星期的萎靡不振后，她的食欲已经恢复，晚上睡觉也安稳了许多。这个月27日她就满七岁了，现在她有四英尺一英寸高，头围是二十英寸半。丈量的时候，头围线是以顶骨和额骨的下缘为标准的，在这条线之上，头围还会增加一又四分之一英寸。

我们散步的时候，她总是不停地拼写，还兴奋地跑来跑去，蹦蹦跳跳，做各种动作，比如跳跃、快跑、缓行等等。如果她把针线弄掉了（没能把线缝好时），她会说："海伦错了，老师会哭。"如果她想要一杯水，她会说："给海伦水喝。"她已经掌握了四百多个单词和许多专有名词。

这是我在一堂课上教给海伦的单词：bedstead（床架），mattress（床垫），sheet（床单），blanket（毯子），comforter（被子），spread（被罩），pillow（枕头）。第二天，我发现除了spread（被罩），她记住了所有的单词。还是那天，她还学习了下面这些单词：house（房子），weed（杂草），dust（尘土），swing（秋千），molasses（糖浆），fast（快），slow（慢），maple sugar（枫树糖）和counter（计算器）。这些词她一个都没有忘记。这让我对她出色的记忆力有了更深的了解。

她能很快地从一数到三十，会写七个方块体盲文字母，还能用这些字母组词。她好像懂得了写信是怎么回事，而且迫不及待地想给弗兰克写信。她很喜欢用锥子在纸上打孔。我想，也许她最后可以数出自己的成绩。有一天，我观察她打孔时惊讶地发现，她好像是在想象着写一封信。她先拼写出了"伊娃"（她最喜欢的一个表妹），然后假装写在了纸上。接着拼写"病在床上"，然后又装模作样地往纸上写。她一直这样做了将近一个小时。在纸上写字（或者想象着在纸上写字）让她乐此不疲。写完信，她把那张纸拿给母亲看，拼写道："弗兰克的信。"然后还让她哥哥把信送到邮局。以前她曾跟我一起去过邮局寄过信。

海伦能很快认出她曾见过的人，还能拼写出他的名字。同劳拉·布里吉曼不同的是，她更喜欢先生。我们都注意到，她能在很短的时间里同一位先生交上朋友，而这种情形很少发生在女士身上。

她喜欢毫无保留地和周围的人分享一切。她很喜欢精美漂亮的服饰，如果她发现自己的裙子上有个破洞，就会显得很不高兴。当她困得几乎无法站稳时，仍然坚持把头发用"卷发纸"卷好。有一天早晨，她发现自己的靴子上有了一个小洞，于是，刚一吃完早餐，她就跑到她爸爸面前拼写道："海伦的新靴子，辛普森（她的兄弟）的虫子藏了进去。"你很容易就能明白她的意思。

爱心的意义

1887年7月3日

今天早晨，楼下传来了一阵吵闹声。我听见海伦的尖叫，赶忙跑下楼一探究竟。她异常愤怒，真希望再也不要发生这样的事情了。过去的两个月，她一直都是那么温柔顺从，我以为爱心已经驯服了这只小狮子，没想到，这只狮子只是睡着了。她像野兽一样抓咬撕扯着维妮。原来，海伦正在往一只玻璃杯里装石头，维妮担心海伦会打碎杯子，想把杯子拿走，海伦坚持不让，于是维妮就使劲儿夺。我想她大概打了海伦，或者是做了一些其他事才引起海伦大发雷霆的。

当我拉住她的手时，她仍气得浑身颤抖，大哭起来。我问她发生了什么事，她写道："维妮，坏。"然后又怒不可遏地踢打维妮。我紧紧地握住她的手，直到她慢慢平静下来。

后来，海伦来到了我的房间，看上去很伤心，还想凑过来吻我。我对她说："我不想吻淘气的女孩。"她写道："海伦乖，维妮坏。"我说："你对她又踢又打，伤害了她，你是淘气的孩子，我不会吻淘气的女孩。"

她静静地站了一会儿，从她困惑通红的脸上看出，她在进行着激烈的思想斗争。最后她说道："海伦不爱老师，海伦爱妈妈，妈妈会鞭打维妮。"我让她不要再谈起这件事了，去好好想一想。她知道这件事让我很不开心，想凑到我身边，但我觉得这时还是让她独自反省为好。

吃饭的时候，她忐忑不安，因为她发现我没有吃东西，说"快给老师煮一杯茶"。我对她说我的心里很难过，吃不下东西。她呜呜地哭了起来，还紧紧地依偎在我身上不停地抽泣。

上楼的时候，她依然情绪激动。我试图用一种叫做"棒棒虫"的奇特昆虫吸引她的注意力。这是我所见过的最古怪的东西，它的身子像是一小捆柴把，如果不是看到它在动，我简直不相信它是活的。这只小虫子更像是一个机械玩具，而不太像自然界的生物。

但这个可怜的小姑娘根本无法集中注意力。她还在为刚才的事情烦恼，想一吐为快。她对我说："小虫也知道我是淘气女孩？小虫是不是很快乐呢？"接着，她搂着我的脖子说："明天我就乖了，海伦天天都乖。"我说："那你会向维妮道歉吗？"她笑着回答说："维妮不会拼写单词。""我会告诉维妮说你很抱歉，"我说，"你愿不愿意和我一起去找维妮？"她很乐意去见维妮，还让维妮吻了她，不过她并没有回吻她。

自此以后，她比以前更有爱心了。从她的脸上，我似乎看到了以前不曾见过的心灵之美。

神秘的大千世界

1887年7月31日

海伦的铅笔字写得非常好，我正在教她盲文字母表，她很高兴能写出可以用手指摸到的字母。现在，她的智力已经发展到了疑问不断的阶段。整天问："是什么？""为什么？""什么时候？"尤其爱问"为什么"。显然，随着智力的发育，她的求知欲也变得越来越迫切。

曾记得朋友的孩子的好奇心简直令人难以招架。不过现在我知道，这些问题恰恰表明儿童对事物的动机越来越感兴趣。"为什么"恰如一把通往理性世界的钥匙。"木匠怎么会知道造房子？""是谁把小鸡放进了鸡蛋里？""为什么维妮是黑人？""蚊子为什么会叮人？""蚊子能知道不要叮人吗？""爸爸为什么杀羊？"当然，并不是所有问题都像上面那样聪明，她的思维也并不比普通孩子更有逻辑性。大体上说，她问的问题同一个三岁大的聪明小孩问的问题类似。但是，她的求知欲似乎更强烈些，她问的问题从来不单调乏味，它们几乎穷尽了我所有的知识储备。

上个星期天，我收到了劳拉·布里吉曼寄来的一封信。请转达我的致意和海伦的亲吻。晚饭的时候，我读了这封信时，凯勒夫人惊呼道："安妮小姐，海伦也能写出这样的信！"这的确是真的。

1887年8月21日

我们在亨斯维尔过得很开心。这里的每一个人都喜欢海伦，送给她礼物和亲吻。我们刚到的第一天晚上，她就知道了旅馆里所有人的名字，大概有二十多人。第二天一早，我们惊讶地发现她不但记住了所有人的名字，而且能够认出头天晚上见过的每一个人。

她教年轻人手语字母表，有几个人已经可以同她交谈。一个小女孩教她跳波尔卡舞，还有一个小男孩让她看了他养的兔子，还把这些兔子的名字一一拼写给她。海伦很高兴，高兴地拥抱亲吻了小男孩，让这小家伙显得很不好意思。我给海伦和一只毛茸茸的红眼睛小狮子狗照了一张相。小狗似乎天生具有讨人喜欢的本领，它同我的有优雅姿态的小女士配合得十分默契。

回来之后，海伦就滔滔不绝地讲述在亨斯维尔的所见所闻，我们都发现她的语言表达能力又有了明显进步。奇怪的是，除了那条漂亮的卷毛狗，我们驾车前往"蒙蒂·萨诺"顶峰——距亨斯维尔不远的一座美丽的大山——的旅程似乎是令她印象最深的事情了。她几乎一字不差地把我所说的一切复述给她的母亲听。最后，她问她的妈妈是不是也很想看看"高耸的大山和美丽的云海"。我并没有使用过这种表述方式。我对她说："白云萦绕在山间，就像美丽的花朵。"你必须用我的想象力和她所熟悉的单词结合起来描述，但对一个从来没有见过大山的人而言，用词语向她传达出"宏伟"的概念，几乎是不可能的。没有人能了解她的感受是什么，也没有人知道她从被告知的事情中获得快乐的真正原因。我们只知道，她具有出色的记忆力和丰富的想象力。

1887年8月28日

我真希望世间万物都不要再繁衍！"新生的小狗"、"新生的小牛犊"和"新生的婴儿"简直把海伦问"为什么"的好奇心推到了发烧的程度。

前天，"常春藤绿地"新出生了一个婴儿，这引发了海伦一连串的有关宝宝降生和生物由来的问题。"莱拉的新宝宝是从哪儿来的？医生怎么会知道到哪里去找宝宝？莱拉是不是告诉医生想要一个很小的宝宝？医生是在哪里找到盖伊和普林斯（两条小狗的名字）的？""伊丽莎白·伊芙林的妹妹是怎么来的？"……

有时候，这些问题真让人难堪，我决心要采取一些措施。如果说海伦问的这些问题是她的天性，那么我就有责任回答这些问题。随着孩子观察和鉴别能力的提高，他们自然会产生强烈的求知欲，用谎言和废话来搪塞他们是十分错误的。开始，我的准则是尽可能地在海伦能够理解的范围内来回答，并且一定要诚实。

我扪心自问："为什么我要用不同的态度对待这些问题？"我最后判定，其实根本没有特殊原因，只是因为我们对隐藏在身体里的某种事实竟然如此的无知，正是这种无知让我一头闯进了连经验丰富的人也不敢涉足的领域。在这个领域里，没有任何人可以帮助我解决这些教育上的难题，我唯一能做的事情，就是在迷茫困惑中一直前行，在错误中学习。在这件事上，或许我没有错。

我把海伦带到树林里，向她传授植物学知识，"植物如何生长"是我们经常阅读学习的内容。我用朴素的语言向她讲述植物的生长，提醒她，她曾在春天种下的玉米、豆子和西瓜的种子。现在农田里的玉米、大豆和西瓜藤都是这些种子发育而来的。我告诉她，种子在泥土中保持温暖和潮湿，然后生根发芽，破土而出，在阳光下尽情呼吸新鲜空气。当它们开花结果，就会产生出更多的种子，种子又会变成更多的幼苗。

我把植物和动物进行类比，告诉她种子就像母鸡和鸟儿下的蛋一样，母鸡孵蛋，让蛋保持温暖和干燥，才能孵出小鸡。我让她明白，所有的生命都从卵里来，鸟妈妈把蛋下在巢里，孵出小鸟。鱼妈妈把卵产在湿润安全的地方，小鱼才会诞生。我对她说，卵可称作"生命的摇篮"。然后，我又告诉她其他一些动物，如狗啊、牛啊，还有人类，是不会下蛋的，她们在自己的身体里孕育后代。

我很容易地让她明白，假如动植物不能繁衍后代的话，它们就会绝种，世界上所有东西就会很快消亡。但是关于性的功能我只是一带而过。我力图让她明白，是爱让生命延续。这个话题很难，我的知识也十分有限。但我欣慰的是，我没有逃避责任。我想，我这种结巴、踌躇、又不甚完整的解释，一定会在我的学生心中引起了深深的共鸣。她对自然的理解，让我确信在孩子的心中天然具备着人类所有的经验，只不过这些经验处于睡眠状态，就像照片的底片，当孩子的语言能力发展到一定程度，记忆的影像就会呈现在底片之上。

思考的颜色

1887年9月4日

今天上午，海伦收到了她的叔叔凯勒医生寄来的信，邀请她去"温泉"镇做客。"温泉"这个名字引起了她的兴趣，她问了很多问题。她知道普通的泉水，塔斯甘比亚附近就有好几处，小镇也因此地最大的一处喷泉而得名。"塔斯甘比亚"在印第安语中就是"很大的泉水"的意思。海伦很奇怪地下会流出热水。她想知道是谁在地下生火，就像在炉子里生火一样，生火时会不会烧到植物的根。

这封信让她非常开心，问完了她关心的所有问题后，她拿着信去找妈妈，她妈妈正在客厅里做针线活。她一手拿着信，一手为她的妈妈拼写句子，就像我给她读信时的样子。后来，她又试图把信读给猎狗贝拉和她妹妹米尔德莱德听。我和凯勒夫人站在门边，默默地观察着这出孩子般的喜剧表演。贝拉昏昏欲睡，米尔德莱德心不在焉，海伦则是一脸严肃，有那么一两次，米尔德莱德想抓住那封信，海伦不耐烦地把她的手拨开。

后来，贝拉爬起来抖了抖身子，准备走开，海伦却按住它的脖子，强迫它再次躺下。这时候，米尔德莱德已经抓到信爬开了。海伦蹲在地上摸索，没有找到信，怀疑妹妹拿走了信，发出轻轻的声音，那是她呼唤宝宝常用的声音。接着，她站起来侧耳倾听，捕捉米尔德莱德的声音。终于，当她锁定了声音的位置后，迅速扑向那个"小嫌犯"，发现小妹妹正在撕咬那封宝贵的来信！这封信对海伦又是如此重要，她把信抢了过来，还狠狠地拍打妹妹的小手，凯勒夫人赶忙过去抱起孩子。

待她平静下来，我问她："你对宝宝做了什么？"她显得有些不安，迟疑了片刻才回答说："坏女孩吃信，海伦打坏女孩。"我告诉她说米尔德莱德还小，不知道把信放在嘴里是不对的。

"我已经告诉宝宝，不，不，很多次。"海伦回答。

我说："米尔德莱德还听不懂你用手指说的话，我们要非常温柔地对待她。"

海伦摇了摇头："宝宝，不会思考，我会给宝宝合适的信。"

说完她就跑上了楼拿了一张折叠整齐的盲文纸下来，她已经在上面写了几个词，她把那张纸给米尔德莱德，一边写道："宝宝可以吃这些词。"

1887年9月18日

报社要我写一份关于海伦的报告，我不知道为什么就答应了，因为我厌倦了说"不"。凯勒上尉力促我一定要写一写。他赞同阿纳戈诺斯先生说的，应该让更多的人从我的教学经验中受益，海伦的重生或许对其他残疾儿童有所帮助。

当我坐下来提起笔时，思绪却僵住了，写出来的东西就像一排排的木头士兵。不过，说海伦是一个令人惊奇的孩子是再容易不过的事了，因为她的确名副其实。上周，我把她讲的每一句话都记了下来，发现她已经认识了六百多个单词，尽管她有时还不能完全正确地使用它们。有时候，她说出的句子就像中国的谜语，正是用这些孩子似的谜语，她表达着对世界一知半解的认识。海伦有学习评议的强烈愿望，在传情达意时用词丰富灵活。

最近她对色彩产生了浓厚的兴趣。她在自己的识字课本上发现了"棕色"这个词，想知道这个词的意思。我告诉她，她的头发就是棕色的。她问："棕色漂亮吗？"接着，我们把屋里的东西摸了个遍，告诉她每一种东西的颜色。她还想去鸡舍和马厩看一看，我对她说，我太累了，改天再去吧。我们坐在吊床上，但是还是无法休息，海伦渴望了解到更多的颜色。我怀疑她可能对颜色有点模糊的感觉，包括对光线和声音的早期记忆。一个十九个月大还能看能听的正常孩子，应该对周围的环境留有一些原始的印象，尽管这种印象很朦胧。海伦问了很多触觉无法感知的东西，如天空、日夜、海洋和山脉。她还特别喜欢让我给她讲述画面上的东西。

我好像离题了。"思想是什么颜色的？"伴随着吊床的前后摆动，海伦问。我告诉她，我们快乐的时候，思想是欢快的，我们难过的时候，思想是伤心的。她反应很快地说："我的思想是白色的，维妮的思想是黑色的。"你看，她竟然把思想的颜色同皮肤的颜色联系起来。我忍不住笑了起来，因为恰恰在这个时候，维妮扯开嗓门喊叫道：

"我渴望坐在碧玉墙上，看着受诅咒的罪人们失足坠落！"

1887年10月3日

我终于写完了教学报告并寄了出去。我想小盲女们会喜欢海伦的信，正如她们说的，海伦是用自己的头脑写信。

海伦跟我讲了很多到波士顿后的打算，有一天她问我："谁来把波士顿的事情安排好？"她还说米尔德莱德不会去，因为她"整天哭闹"。

1887年10月25日

昨天，海伦又给小盲女们写了一封信，她的父亲已经把信寄给了迈克尔·阿纳戈诺斯先生。她已经学会了使用人称代词。

今天早晨，我不经意地说："海伦要上楼了。"她却笑着说："老师说错了，是你要上楼了。"这又是一个巨大的进步，这种事情每天都会发生。昨天还费解的事情，今天竟变得如此简单；今天的困难明天也将成为过去。

观察海伦的心智发展让人感到妙趣横生，我想大概没有任何老师从事过如此吸引人的工作，它让人深深沉浸其中。我想在我出生时，天空中一定闪现过一颗幸运之星，现在，我已经感到了它闪烁的光环。

1887年10月

海伦写给小盲女们的第二封信跟第一封信相比，显示出来的进步简直令人难以置信。只有那些和她朝夕相处的人，才会意识到她在语言学习方面的进步是多么迅速。从她的信中，可以看出她已经能够正确地使用代词，在谈话中，她也很少用错或者漏掉。

她热衷于把她的想法记录在纸上。她还会讲故事，当然故事中的许多情节都是虚构的。她已经意识到她同其他孩子不同，有一天她问我："我的眼睛怎么了？"我告诉她，我能用眼睛看东西，她可以用手指看东西。她想了一会儿说："我的眼睛是坏的！"然后又纠正说："我的眼睛生病了！"

同情心和正义感

有一天，海伦的小马驹和小驴子并排站着，她一个个地仔细检查它们，最后，她把手放在"奈狄"（小驴子）的头上，说："亲爱的奈狄，你真的没有黑美人那么漂亮，你的体形不够优美，脸也不够英俊，脖子也没有漂亮的弧线，另外，你的长耳朵看上去有一点滑稽。当然，这都是天生的，你自己无法改变这一切，但是，我仍然会爱你，就像你是世界上最美丽的动物。"

海伦对"黑美人"的故事有浓厚的兴趣，为了说明她的理解力和想象力多么敏锐，我举一个例子，任何读过这个故事的人都会有同感。我向她读了下面一段：

"那匹马瘦骨嶙峋，栗色的皮毛被磨得斑斑驳驳，两条腿颤颤巍巍，站都站不稳。她正吃着干草，风把一缕干草吹起，她不得不伸出瘦长的脖子捡草吃，随后转过来想找更多的草，呆滞的眼神中流露出一丝绝望的表情，那眼神让人心动。我想，以前我曾在什么地方见过她。这时她正上上下下打量着我说：'黑美人，是你吗？'"

读到这里，海伦按住我的手，让我停下来，不由自主地抽泣着说："可怜的金格尔！"开始，她只能说这句话。后来，当她再谈论这个故事的时候说："可怜的金格尔，这些文字在我脑海里留下一幅清晰的图画，我看到了金格尔的样子，她失去了所有的美，曲线优美的脖子已耷拉下来，眼神也没有了昨日的光彩，再也见不到顽皮快乐的样子，哦，我以前从来没有想过任何事会有这么大的变化。金格尔的一生中只有很少一点的阳光，却有那么多的悲伤。"过了一会儿，她又悲伤地说："我害怕人们的生活都会变成像金格尔那样。"

今天上午,海伦第一次读布莱恩特的诗。"哦,一个伟大民族的母亲。"我说:"告诉我,当你读完这首诗后,你觉得这位母亲是谁呢?""你向自由敞开大门,"她惊呼道,"是美国,大门是指纽约,自由指的就是自由女神像。"当她读完"战场",我问她哪一段最美,她说:"我最喜欢这一段:

隐藏的真理将会再度重生,
因为上帝赐予她永恒;
迷失、创伤渐渐消亡,
留给朝拜者的是隐隐伤痛。"

她常常沉浸在故事情节之中,如果正义获得了胜利,她会欣喜若狂;若美德沦丧,她就会悲伤无语。当读到英雄的事迹时,她会露出钦佩崇敬之情。她甚至能领悟到战争的精神,她说:"人类反对不公正,和暴君而进行的战争是正义的。"

在快乐中学习

1887年11月13日

今天,我们带着海伦去看马戏,尽情享受了一段美妙的时光。马戏团的人们对海伦很感兴趣,尽可能让海伦第一次看马戏就留下难忘的印象。在确保安全的前提下,几乎让她触摸了所有的动物。

她给大象喂食,还爬上最大的一只大象的背,那头叫作"东方公主"的大象驮着她绕场一周。她还触摸了几只小狮子,它们像小猫一样温驯。不过我告诉她,等她们长大之后就会变得野蛮凶猛。她对饲养员说:"我要把小狮子带回家,教它们温柔和善。"

驯兽员让一头大黑熊直立站起,向我们伸出巨大的熊掌,海伦礼貌地同黑熊握了握手。她同猴子玩得很开心，猴子耍把戏的时候，她一直把手放在这位"明星演员"的身上，当猴子脱帽向观众致敬时，她开心得大笑起来。

一只可爱的小猴子偷走了她的发带，另一只想抢走她帽子上的绢花，我不知道当时谁更开心，是猴子，是海伦，还是观众。一只大花豹舔了她的手，驯鹿员把她抱起来，让她摸长颈鹿的耳朵，并感受这个动物的个头。

她还触摸了一辆希腊战车，驾车的人想带她绕场兜一圈，但是她害怕那"许多疾驰的战马"。马戏团里的骑手、小丑，还有走钢丝的演员，都乐意让这个小盲女触摸他们的演出服装，或向她表演动作。为了表示感谢，海伦亲吻了马戏团里所有的演员，一些人流下了眼泪，一个来自婆罗洲的野蛮人诚惶诚恐地避开了她那张可爱的小脸。

自那以后，除了马戏团，海伦再也不谈别的。为了回答她的问题，我不得不逼着自己读很多有关动物的书，我觉得自己好像到了丛林里。

1887年12月12日

如果不是海伦整天唠叨着圣诞节，我几乎没有觉察到节日气氛的临近。去年圣诞节我们过得多开心啊！

海伦终于学会了分辨时间，她父亲准备在圣诞节时送她一块表。

和所有其他正常的孩子一样，海伦喜欢听故事，她总是让我反复给她讲《红衣小骑士》的故事，我几乎都能倒背如流了。她喜欢那些让她感动得流泪的故事——我想我们都是这样的人，如果没有什么特别的事情让你难过的时候，你就会感到悲伤的感觉很美妙。

我还教她一些押韵的短诗，那些诗给她留下了很深的印象，而且也促进了她智力的发育。因为它激发了孩子的想象力。当然，我并不打算向她解释所有的含义，如果那样做，她就不能充分展开想象的翅膀了。过度的解释只能让孩子专注于遣词造句的技巧，而忽略了对整体意识的把握。

1888年1月1日

你感到在这个世界上是有用的，有些人很需要你，这种感觉真是好极了。

海伦对我的依赖令我感到了自己存在的价值，也让我感到了自己肩上的责任。

这里的圣诞节也是忙忙碌碌的，所有的儿童娱乐活动都邀请海伦参加，我尽可能多地带她去参加。我希望她能多认识一些孩子，多和他们在一起。有几个小姑娘对自己已经学会了用手指拼写感到非常自豪。有一个七八岁的小男孩，在人们的劝说下也去学字母，并向海伦拼写了自己的名字。海伦非常高兴，拥抱亲吻了小男孩，这让他很不好意思。

星期六，我带海伦参观了小学生们的圣诞树。她第一次见到圣诞树，感到很迷惑，问了很多问题。"谁把树种在屋子里？为什么这么做？谁放了那么多的东西在树上？"她反对把各色各样的水果挂到树上，并想把它们摘下来。显然，她以为这些水果都是为她准备的。

我告诉她，每个孩子都有礼物。当被允许由她把这些礼物分发给每个孩子时，她非常高兴。她得到了几份礼物，但她尽量克制自己不去打开，直到所有的孩子都拿到了礼物。一个小女孩收到的礼物要比别人少一些，海伦执意把自己的礼物分给小女孩一些。看到孩子们对海伦的热情劲儿，真让人备感温馨。活动在九点钟开始，我们离开时已一点钟了，我的手和头都痛得厉害，海伦却像刚离开家时一样兴致勃勃。

晚餐后，天空飘起了雪花，我们一边嬉戏一边谈论着窗外的雪景。星期天早上，地面完全被积雪覆盖了，海伦、厨师家的孩子，还有我，在雪地里滚雪球。中午时分，雪就融化了。这是我在这里看到的第一场雪，这让我有点想家。圣诞节为我们提供了许多学习机会，海伦的词汇量又大大增加了。

一连几个星期，除了阅读、交谈、讲述圣诞节的故事，我们没有做任何事情。当然，我不打算把全部新词解释给海伦听，她也不是完全明白我讲的故事。不过，连续不断地重复这些单词和短语，她就会渐渐明白它们的意思。

在语言教学中，我认为虚假的谈话毫无意义，不管对老师还是对学生来说都是愚不可及的，谈话必须是自然的，是人们交流思想的途径。如果孩子的意识里没有沟通的内容，却要求他在黑板上写出或用手指拼出干巴巴的词：猫、鸟、狗，这种做法毫无意义。我一开始就努力和海伦进行自然交流，教她把自己感兴趣的事情告诉我，问她想要问的问题。

当看到她想急切地告诉我什么，却又因为单词贫乏受阻时，我就教她单词和必要的短语。用这种方式，我们取得了显著的成绩，孩子的学习热情和兴趣帮助她克服了许多障碍。而如果我们停下来详细地解释这一切，这些障碍就无法越过。假如一个人通过我们解释那些最普通的常用词汇的能力来测试我们的智力水平，那情形将会怎样？如果让我接受这样的测试，我会觉得自己好像被送到了一个弱智的初级学校里。

看着海伦沉浸在她的第一个圣诞节中，让人觉得感动而美好。她把自己的两只长袜悬挂起来，唯恐圣诞老人把她的袜子漏掉。她躺了好久都没有睡意，还爬起来两三次查看是不是有什么事情发生。我告诉她，只有在她睡着了的时候，圣诞老人才会来。她闭上眼睛，说："这样，圣诞老人就会以为我睡着了。"

第二天一早，她醒来的第一件事就是跑到壁炉边找她的袜子。当她发现圣诞老人把两只长袜都装满了礼物的时候，她高兴得手舞足蹈。过了一会儿，她渐渐安静下来，走到我面前问："是不是圣诞老人弄错了，以为有两个小姑娘，所以留下两份礼物，如果他发现了错误，会不会把礼物拿走？"她还得到了给南希的一个箱子和一些衣物，她说："现在南希可以参加宴会了。"当她发现盲文写字板和纸张时说："我要写很多信感谢圣诞老人。"

每一个人，尤其是凯勒夫妇感到了由衷的快乐，这个圣诞节和去年是多么的不同啊，去年，他们的女儿还对圣诞节的欢乐毫无知觉。当我们来到楼下的时候，凯勒夫人眼含泪花地对我说："安妮小姐，我感谢上帝把你派到我们身边，不过我从来没有意识到这一点，直到今天，我才发觉你给我们带来多大的幸福。"凯勒上尉握住我的手没有说话，但他的沉默却胜过千言万语。我的内心也充满了感激和神圣的喜悦。

有一天，海伦在一个小故事里偶然看到"祖父"这个单词，就问她的妈妈："祖父在哪里？"她当然指的是自己的祖父。凯勒夫人回答："他已经死了。"海伦问："是父亲开枪打死了他吗？"接着又补充道："晚餐时我要吃祖父。"迄今为止，她对死亡的唯一认识就是和吃的东西有关，她知道爸爸会射杀鹌鹑、野鹿和其他猎物。

今天上午她问我"木匠"是什么意思,结果,这个问题成了一整天课程的主要内容。在谈论过木匠做的各种各样的东西后,她问:"我是木匠做的吗?"不等我回答,她又很快拼写道:"不,不,是摄影师用银板制作了我。"

一个巨大的铁熔炉在谢菲尔德投入使用,前天晚上我们去看它们融化东西,海伦感到了热气,就问:"太阳掉下来了吗?"

我们参观了一所聋哑学校,受到了热情的接待,海伦也很开心结识这些小伙伴。学校里有两位老师懂得手语字母,无需翻译就能同海伦交谈。他们对海伦的语言表达能力感到十分惊讶,说学校里没有一个孩子能达到这样的水平,尽管有些孩子已学习了两三年。

刚开始我有点不相信,但是对孩子观察了几个小时后,发现他们说的是真的,就不再感到奇怪。在一间小教室里,几个孩子站在黑板前痛苦地造着简单的句子,一个小女孩写道:"我有件新衣服,一件漂亮的新衣服,是妈妈给我做的漂亮的新衣服,我爱妈妈。"一个头发卷卷的小男孩写道:"我有一个大皮球,我喜欢踢我的大皮球。"

我们走进教室时,孩子们的注意力马上被海伦吸引了过去。一个孩子拉着我的袖子说:"女孩是个盲人。"这时,老师在黑板上写道:"女孩叫海伦,她听不见,也看不见,我们都为她感到难过。"

我问她:"为什么把这些句子写在黑板上呢?如果你直接向孩子介绍海伦,难道他们不懂吗?"老师说这是为了造句的需要,然后又继续以海伦为题做造句练习。那个用新衣服造句的小女孩是不是真的喜欢她的新衣服,我又问道。"不。"她回答说,"我想不会,但是如果让孩子们写一些她们自己关心的话题,学习效果会更好一些。"

这种教学方法是多么呆板!我为这些可怜的孩子感到痛心。没有人会让一个听力正常的孩子一开始就说:"我有一件新衣服。"没错,这些孩子比咿呀学语的孩子大一些,但当正常孩子一边说着"爸爸亲宝宝——漂亮",一边指着自己的新衣服时,这是一种自然渐进的表达方式。但如果简单地把意思灌输到他们的脑子里,并不能提高他们的理解能力和使用语言的能力。

整个学校都存在这样的问题。我在每个教室里都看到写在黑板上的句子。那些句子都可以解释语法规则,也可以温习以前学过的句子。这种方法也许在教育的某个特定阶段是必要的,但它不应该成为学习语言的主要方法。我想,让孩子自由自在地讲话比这些在黑板上的练习有效得多。

教室不是一个教孩子讲话的地方,至少对于失聪的孩子不是。聋哑孩子应该和正常孩子一样保持一种无意识的学习状态,而且我们应该允许他们用手指、铅笔像孩子一样说一些单音节词。随着智力的提高,当他们需要用到这些句子时,自然就会说出来了。

语言的学习不应该同学校漫长的课程、艰深晦涩的语法,或者其他任何与快乐作对的方法联系在一起。话虽如此,我们不能总是严厉地批评别人的教学方法,也许我也会和他们一样走弯路。

可爱的小女孩

1888年1月26日

今天上午,我要海伦给弗兰克叔叔写一封信,可是她拒绝使用铅笔。她说:"铅笔太累脑子,我要用盲文给弗兰克叔叔写信。"

我说:"弗兰克叔叔不会读盲文。"

她回答说:"我教他。"我只得向她解释说弗兰克叔叔老了,很难学习盲文。

谁知她马上回答说:"弗兰克叔叔太老了,看不了太小的铅笔字。"

最后我终于说服她写了几行字,但是她的铅笔折断了六次。

我对她说:"你是一个淘气的女孩。"

她回答说:"不,是铅笔太脆弱了。"

我想,她之所以拒绝使用铅笔,大概是因为她想表明,她已经给朋友和陌生人写了很多的信,她不想再写下去了。你也知道,学校里的孩子是多么厌恶写信,因为这个过程太慢,而且他们无法阅读自己写的东西,也不能纠正错误。

海伦对颜色的兴趣越来越浓厚。当我告诉她米尔德莱德的眼睛是蓝色的时，她问道："是不是像两片小小的蓝天？"过了一会儿，我告诉她别人送她的康乃馨是红色的，她噘着嘴说："嘴唇是红色的。"我说，嘴唇（lip）像郁金香（tulip），当然她还不能理解这种文字游戏。

我不相信她在失明前的那一年半时间里，对看到的颜色和听到的声音全无印象。我们对所见所闻总会留在头脑中的某个角落里，它很模糊，甚至难以辨认，就像在暮色时分逐渐消失的风景。

1888年2月10日

昨天晚上我们回到了家，孟菲斯之旅令人非常愉快。但我的休息不够，因为自始至终我都在激动兴奋的状态中，乘车、宴会、招待会，还带着海伦这样一个好奇、不知疲倦的孩子。

她一刻不停地讲话，如果不是教会几个年轻人学会和她交谈，我真不知道该怎么办，他们暂时把我解放出来。即使这样，我也得不到片刻的安静。他们不停地问我："哦，莎莉文小姐，请告诉我海伦在说什么。"或者："莎莉文小姐，请把我们的话解释给海伦听好吗？我们无法让她听明白。"我相信，孟菲斯城有一半白人想拜访我们，海伦收到的拥抱和亲吻几乎可以把一个天使宠坏，但我不认为这会把她惯坏，因为她没有太强的自我意识，她太有爱心了。

孟菲斯的商店相当不错，我把带的钱都花光了。有一天，海伦对我说："我要给南希买一顶漂亮的帽子。"我说："好极了，今天下午我们就去买。"她有一个银币和一角钱。到了商店，我问她打算花多少钱为南希买帽子。她迅速回答："一角钱。""你想用那一块钱做什么呢？"我问。"我要买一些好吃的糖果带回图斯甘比亚。"她回答说。

我们参观了证券交易所和一艘轮船。海伦对轮船十分感兴趣，执意要触摸船上的一切，从引擎到旗杆上的旗帜，她都不放过。上个星期，我在《国民》杂志上看到了介绍海伦的文章，这让我感到非常高兴。

自从我的那份报告刊载之后，凯勒上尉收到两封有意思的来信，一封来自亚历山大·格雷厄姆·贝尔博士，另一封信来自爱德华·爱弗雷特·黑尔博士，黑尔博士声称和海伦有血缘关系，似乎对她的小表妹非常自豪。贝尔博士说海伦的成就在聋哑人教育中是无与伦比的，还对我说了很多赞美的话。

1888年3月5日

昨天，我实在抽不出时间把信写完。伊芙小姐帮我把海伦学会的单词列成一个单子，我们列到字母"P"时，她已经掌握了九百多个单词。从3月1日开始，我让海伦开始写日记（遗憾的是，这些日记大多都散失了，幸好海伦还写了很多信，做了很多习题，这些都基本保存完好），我不知道她能坚持多久，我想这也许是很乏味的事，好在她觉得写日记很有趣，她喜欢讲述她知道的一切。这是她星期天写的日记：

"我起床，洗脸，洗手，梳头，摘了三朵带着露珠的紫罗兰给老师，然后吃早餐。吃完饭，我玩了一会儿玩具，南希很不乖，哭喊踢打。我在书上读了一些巨大、凶猛的动物，凶猛就是脾气很坏、非常强壮、十分饥饿，我不喜欢凶猛的动物。我给詹姆斯叔叔写了信，他住在温泉镇，是个医生。医生可以让生病的女孩好起来，我不愿意生病。然后我吃了午餐，我特别喜欢吃冰淇淋。饭后，爸爸坐火车去了很远的伯明翰。我收到了罗伯特的来信，他爱我，说很高兴收到亲爱的、可爱的小海伦的来信，我会在阳光灿烂的日子来看你。纽森夫人是罗伯特的妻子，罗伯特是她的丈夫。我和罗伯特会跑啊跳啊、跳舞游泳，我们还会谈论小鸟、花朵、树木、青草。詹宝和贝拉会跟我们一起来。老师会说，我们俩都玩疯了。老师很有趣，有趣就是让我们哈哈大笑。娜塔丽是一个好女孩，她不哭闹。米尔德莱德却总是哭。她很快就会是一个乖女孩，和我一起跑出去玩。格里弗斯太太正在给娜塔丽做衣服，梅奥先生去达克山带回很多芬芳的花朵，梅奥先生、法瑞斯先生和格里弗先生喜欢我和老师，很快我就要去孟菲斯看他们了，他们会拥抱我，亲吻我。桑顿上学去了，他弄脏了脸，男孩子必须要非常小心。晚饭后，我和老师在床上玩闹，她把我埋在枕头下面，然后我慢慢出来，就像大树从地下长出来一样。现在，我要去睡觉了。海伦·凯勒"

世界上最灿烂的笑容

1888年4月16日

我们刚从教堂回来。今天吃早饭的时候,凯勒上尉说他希望我带海伦去教堂。长老会全部到场,他希望牧师们见一见海伦。

我们到教堂的时候礼拜课正在进行,我希望你能亲眼目睹海伦出现时的动人一幕。做礼拜的孩子看到海伦非常高兴,完全忘记了老师的存在,跑过来把我们团团围住。海伦亲吻了他们每一个人,男孩、女孩,情愿的、不情愿的。起初,她似乎以为这些孩子都是牧师带来的,很快就认出几个小朋友也在其中。我告诉她,牧师是不会带孩子来的,她带着失望的神情说:"我要给他们很多亲吻。"

一位牧师让我问海伦:"牧师是做什么的?"她回答:"他们大声朗读说话,让人们都成为好人。"这位牧师把海伦的话记在本子上。

礼拜仪式开始的时候,海伦非常激动,我想最好还是带她离开,但凯勒上尉说:"不用,她会没事的。"没办法,我们只好留下。这样一来,想让海伦保持安静几乎是不可能的。她不停地拥抱亲吻,坐在她对面的是一位神态安详的牧师,他把自己的表给她玩,但还是无法让她静下来,她想把表给坐在我们后面的一个小男孩看。

圣餐开始了,显然她闻到了酒香,她使劲地用鼻子嗅,声音大得每个人都能听见。当酒杯传到我们的邻座时,那个人不得不站起来以防海伦把酒杯抢走。我从来没有如此急切地想要离开过一个地方,而这个地方竟然是一所教堂。我不断催促海伦离开这里,可她却一边走一边伸着胳膊,每碰到一件衣服的后摆都必须扭转一下,根据孩子的说法,碰到多少后摆,就会收到多少亲吻。

每个人都在笑海伦的滑稽,你大概可以想象得出那儿几乎成了一个娱乐场所,而不是一个教堂。凯勒上尉邀请了一些牧师吃午餐,海伦抵制不住兴奋,她用生动的手语描述她将要在布鲁斯特海滨做什么,时不时地加一些拼写做补充说明。最后她离开餐桌,做出了捡拾海藻和贝壳的动作,为了防止溅水,她还轻轻把裙子提起来,接着她趴在地板上做出奋力游泳的姿势,几乎把我们从椅子上踢下来。她的动作比任何文字都富于表现力,她如同一个优美的小仙女。

日子过得真慢,我们谈计划,谈梦想,而话题除了波士顿、波士顿,剩下的还是波士顿。凯勒夫人已经决定随我们一起去,不过她不会整个夏天都待在那里。

1888年5月15日

我们和医生们度过了很愉快的一个星期。凯勒医生在孟菲斯迎接了我们,火车上的人几乎都是医生,而凯勒医生好像认识每一个人。到达辛辛那提后,我发现这里简直成了医生的天下,其中还有几位来自波士顿的著名医生。我们住在波内特旅店,大家都很喜欢海伦,所有的人都对海伦的智力和快乐感到惊奇,他们为海伦所吸引。我想,那是因为她对任何人、任何事都充满了快乐的好奇心。

不管到了哪里,她都会成为人们关注的焦点。她很喜欢旅店的管弦乐队,只要音乐响起,她就会绕着屋子翩翩起舞,拥抱亲吻碰到的每一个人。她的快乐感动了所有的人,没有人会觉得她可怜。

一位绅士对凯勒医生说:"我活了这么大,见过很多快乐的面容,可从来没有见过笑容如此灿烂的小姑娘。"可惜,我没有时间把人们的赞美之词一一记下来,这些评价足够写成一本厚厚的书,他们为我们所做的一切,那又将是一本厚厚的书。

凯勒医生向人们分发了阿纳戈诺斯先生寄给我的报告摘要,可惜数量有限,有很多人没有拿到。你还记得加赛隆医生吗?几年前,他曾做过缅因州的州长。一天下午,他开车带我们出去兜风,他想送给海伦一个洋娃娃,但海伦却说:"我不喜欢有太多的孩子,南希病了,艾德琳脾气暴躁,埃达也很不听话。"看她那一脸严肃的样子,我们都笑出了眼泪。"那你想要什么?"医生问道。"一些会说话的漂亮手套。"医生有些不解,他从来没有听说过会说话的手套。我解释说,她曾见过一只印有字母的手套。我跟他说如果他愿意，可以买一些手套，我再把字母表印上去。

我们和萨耶尔夫妇共进午餐。她问我是怎么教海伦形容词和一些抽象概念的，如"善良"、"幸福"。那些学识渊博的医生也曾无数次问我同样的问题。我很奇怪人们为什么会对这么简单的事情感到如此惊奇。如果孩子的头脑中有某个概念的名称，那么教他就很容易，就好像教实物的名字一样。如果孩子的头脑中根本就不存在这些概念，教起来就异常困难。换句话就是他的经验和观察力不能把他引向那些概念：小、大、好、坏、甜、酸，他就无法找到相对应的单词。

也许是孤陋寡闻吧，面对东西方博学的专家们，我是这样解释这个简单的问题：如果你给孩子一些糖果，他会咂嘴卷舌品尝甜甜的味道，看上去很开心，这样他就有了一种明确的感觉，如果每次他都听"甜"这个词，或者把这个词拼写在他手上的时候，他会很快知道用这个任意的符号代表这种感觉。

同样的道理，如果你把一小块柠檬放在他嘴里，他就会噘起嘴巴，把柠檬吐出来。有了几次这样的体验之后，如果你再递给他一个柠檬时，他就会闭紧嘴巴扮鬼脸，分明是在告诉你，他记得那种令人不快的味道。此时，你用"酸"来标记这种感觉，他自然就会接受这个符号所传达的意思。

如果你把这种感觉用"白"、"黑"来表示，他照样会接受，他会用"黑"、"白"表示原来用"甜"、"酸"表示的东西。用同样的方式，孩子从许多经验中学习、区分各种感觉，我们就把这种感觉的名字告诉他：好、坏、温柔、粗鲁、快乐、悲伤。这不仅是一个传授词语的过程，还是一个开发孩子感官能力的过程。